Deutschlands

Die Bundesrepublik Deutschland

MENSCH UND RAUM

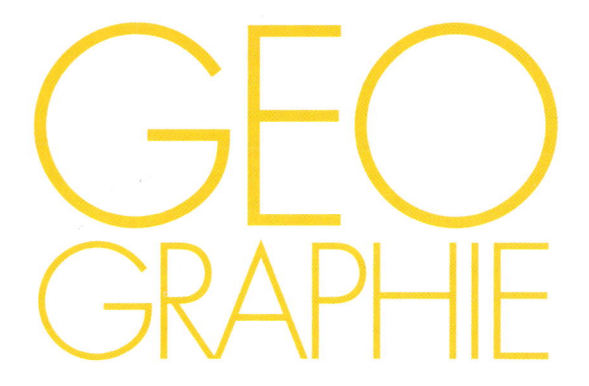

GEO GRAPHIE

SCHLESWIG-HOLSTEIN 5/6

Herausgegeben und bearbeitet von
Peter Fischer und Bernd Walther

mit Beiträgen von
Raimund Barth, Helmut Eck, Dr. Wolfgang Gerber,
Hans M. Gerst, Erich Geyer, Ulrich Jäger, Rainer Koch,
Dr. Erhard Neuhoff, Edgar Reinert, Lothar Schwandt, Ingrid Seidel

in Zusammenarbeit mit der Verlagsredaktion

Cornelsen

Projekt
Seiten mit diesem Zeichen zeigen, wie ihr etwas gemeinsam tun könnt, zum Beispiel eine Erkundung durchführen oder eine Wandzeitung herstellen.

Erkunden und Erarbeiten
Seiten mit diesem Zeichen stellen geographische Arbeitsmethoden und Hilfsmittel vor. Anleitungen und Aufgaben helfen dir beim Kennenlernen und Üben.

Wissenswertes
Seiten mit diesem Zeichen stellen dir ein Thema vor, mit dem du dein Wissen erweitern kannst. Das Thema bezieht sich auf das Kapitel.

Rätsel und Spiele
Bei Seiten, die mit diesem Zeichen markiert sind, kannst du dich selbst testen oder deinen Nachbarn. Ihr könnt diese Seiten auch in der Gruppe bearbeiten.

Redaktion: Otto Berger
Technische Umsetzung: Katrin Nehm
Kartographie und Graphik: Uly Creativ, Hannover

1. Auflage ✔
Druck 4 3 2 1   Jahr 2000 99 98 97
Alle Drucke dieser Auflage können im Unterricht nebeneinander verwendet werden.

© 1997 Cornelsen Verlag, Berlin
Das Werk und seine Teile sind urheberrechtlich geschützt. Jede Verwertung in anderen als den gesetzlich zugelassenen Fällen bedarf deshalb der vorherigen schriftlichen Einwilligung des Verlages.

Druck: Cornelsen Druck, Berlin

ISBN 3-464-08190-7

Bestellnummer 81907

gedruckt auf säurefreiem Papier, umweltschonend hergestellt aus chlorfrei gebleichten Faserstoffen

Inhaltsverzeichnis

Schatzkarte Gehe vom Anlegeplatz x aus in Richtung Südosten zwischen den beiden Bergen hindurch. Nach 2 km musst du ein Hindernis überwinden. Gehe noch 1,5 km in Richtung Südost weiter. Die nächsten 3 km musst du unbedingt genau die Richtung nach Osten einhalten, jede Abweichung nach Süden könnte dein Leben kosten. Jetzt 1000 m nach Nordosten, und du stehst am Fuße eines Berges. Nur 2 km, genau im Osten von hier, liegt am südlichen Fuß eines weiteren Berges der Schatz unter einem großen Felsen vergraben.

Maßstab 1 : 100 000

Die Erde erkunden 6	3. Leben mit Vulkanen und Erdbeben 34
	Projekt: Wir informieren uns
Kolumbus entdeckt die Neue Welt 8	über aktuelle Ereignisse 36
Astronauten sehen die Erde und das Weltall 10	Wissenswertes:
Kontinente und Ozeane 12	Der Aufbau der Erde 38
Projekt: Wir orientieren uns	Leben in bedrohten Gebieten bei uns 40
im Gelände 14	1. Sturmfluten an der Nordseeküste 40
Globus und Gradnetz 16	2. Küstenschutz 42
Wir stellen eine Deutschland-	3. Nationalpark Wattenmeer 44
karte her 18	Projekt: Wir bauen einen Deich 46
	Projekt: Wir arbeiten mit dem Sandkasten 46
Wie wir und andere leben 20	
	Ohne Landwirtschaft geht es nicht 48
Projekt:	
Wie wir wohnen 22	Projekt: Nahrungsmittel aus aller Welt 50
Ein Besuch in Dänemark 24	Projekt: Wir erkunden einen Bauernhof 52
Leben und Wirtschaften der Eskimos 26	Ökologischer Anbau und
Kinder auf der Erde 28	artgerechte Tierhaltung 54
Leben in bedrohten Gebieten 30	1. Vom Bauernhof zum landwirtschaft-
1. Europas Feuerinseln 30	lichen Betrieb 54
2. Wenn die Erde bebt 32	2. Ein Ökobauernhof stellt sich vor 56

3

Urlaub auf dem Bauernhof	58
Landschaftlich begünstigte Landwirtschaft	60
Weinanbau in Deutschland	60
Wissenswertes: Bodennutzung in Deutschland	62

Deutschland: vom Industrie- zum Dienstleistungsland — 64

Kohle, Stahl und neue Produkte von der Ruhr	66
1. In einem Steinkohlenbergwerk	66
2. Stahl – ein vielseitiger Werkstoff	68
3. Neue Produkte von der Ruhr	69
4. Im Chemiegebiet Mannheim-Ludwigshafen	70
5. Das Sächsische Industriegebiet	72
Wir arbeiten mit Wirtschaftskarten und untersuchen Wirtschaftsräume	74
Der Wirtschaftsraum Halle-Leipzig	74
Das Rhein-Main-Gebiet	75
Umwelt in Not	76
Projekt: Weniger Müll in der Schule	76
Ein Auto entsteht	78
1. Fahrzeugbau in Zwickau und Mosel	78
2. Autos nützen und schaden	80
3. Konkurrenz aus dem Ausland: So baut Japan Autos	82

Wissenswertes: Bodenschätze und Industrie in Deutschland	84
Dienstleistungen großer Städte	86
1. Messestadt Leipzig	86
2. Messestadt Hannover	87
3. Verkehrsdrehscheibe und Bankenzentrum Frankfurt	88
4. Eine Kulturstadt: Dresden	90
5. Eine Hauptstadt zieht um: von Bonn nach Berlin	92
Ferien, Reisen, Urlaub	94
1. Naherholung: Naturpark Holsteinische Schweiz	94
2. Urlaub an der Ostsee: Grömitz	96
3. Urlaub im Mittelgebirge: Thüringer Wald	98
4. Winterurlaub in den Alpen: Seefeld	100
Wissenswertes: Erholungsgebiete in Deutschland	102

Europas Landschaftsgürtel beeinflussen unsere Lebensweise — 104

Die Großlandschaften in Europa	106
Klima und Jahreszeiten in Europa	108
1. Unser Wetter	109
Projekt: Wir entwickeln ein Klimadiagramm	110

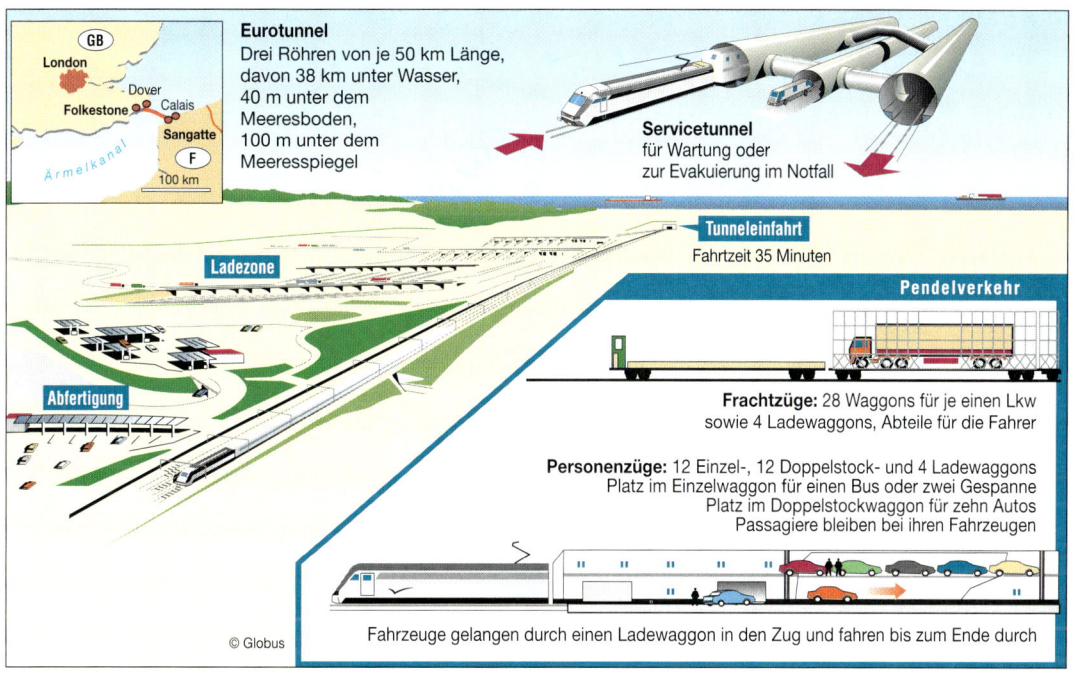

Eurotunnel
Drei Röhren von je 50 km Länge, davon 38 km unter Wasser, 40 m unter dem Meeresboden, 100 m unter dem Meeresspiegel

Servicetunnel für Wartung oder zur Evakuierung im Notfall

Ladezone

Tunneleinfahrt
Fahrtzeit 35 Minuten

Pendelverkehr

Abfertigung

Frachtzüge: 28 Waggons für je einen Lkw sowie 4 Ladewaggons, Abteile für die Fahrer

Personenzüge: 12 Einzel-, 12 Doppelstock- und 4 Ladewaggons
Platz im Einzelwaggon für einen Bus oder zwei Gespanne
Platz im Doppelstockwaggon für zehn Autos
Passagiere bleiben bei ihren Fahrzeugen

© Globus

Fahrzeuge gelangen durch einen Ladewaggon in den Zug und fahren bis zum Ende durch

2. Die Entstehung der Jahreszeiten 112	3. England – die Wiege der modernen Industrie 142
3. Polartag und Polarnacht 114	4. Durch den Eurotunnel nach London 144
4. Das Seeklima 116	5. Italien – zwei Länder in einem? 146
5. Das Mittelmeerklima 118	6. Rom – Hauptstadt Italiens und Stadt des Papstes 148
Experiment: Klima und Vegetation 118	7. Unser Nachbar Polen 150
Wissenswertes: Klimagebiete und Landschaftsgürtel in Europa 120	8. Warschau – die Hauptstadt Polens 152
Spiel: Durch die Klima- und Vegetationszonen in Europa 122	Wir arbeiten mit Bildern 154

Neue Verkehrswege verbinden Europa 124

Europas Wirtschaft wandelt sich 156

1. Brückenschlag nach Skandinavien 126
2. Europa im Zeichen schneller Züge 128
3. Verkehrswege über die Alpen 130
Projekt: Brauchen wir die Ostseeautobahn? 132
Spielend durch Europa 134

Das Sorgenkind der EU: die Landwirtschaft 158
Wir arbeiten mit Tabellen und Diagrammen 160
Arbeitsteilung in Europa 162

Die Vielfalt Europas im Spiegel seiner Länder 136

Wanderungsbewegungen in und nach Europa 164

Einzelbilder ausgewählter Länder in Europa 138
1. Frankreich – von der Landwirtschaft zur Spitzentechnik 138
2. Paris – viele Nationalitäten in einer Stadt 140

Flüchtlinge und Arbeitssuchende in Europa 166
Flüchtlinge und Asylbewerber bei uns 168
Projekt: Wir befragen Ausländer bei uns 170
Wissenswertes: Gründe für Wanderungsbewegungen 172
Register und Worterklärungen 174
Bildquellen 176

Die Erde erkunden

Was du am Globus ablesen kannst.

- Nordpol
- Breitenkreise
- Nordhalbkugel
- Längengrade
- Äquator
- Kontinente (Europa, Afrika, Asien)
- Südhalbkugel
- Ozeane
- Südpol

7.1 Eratosthenes im Hafen von Alexandria

Eratosthenes und der Erdumfang

In der ägyptischen Hafenstadt Alexandria leitete vor etwa 2200 Jahren ein Grieche namens Eratosthenes die damals größte Bibliothek der Welt. Eratosthenes war ein kluger Mann, der mit offenen Augen durch das Leben ging.

Wenn er im Hafen der Stadt war, fiel ihm auf, dass von einem noch weit entfernten Segelschiff zunächst nur die Mastspitze zu sehen war. Je näher es auf die Hafeneinfahrt zukam, umso mehr war vom Schiff selbst zu sehen.

Das legte den Schluss nahe, dass die Erdoberfläche gekrümmt sein muss. Beweisen konnte Eratosthenes diese Erkenntnis später auch noch: Seine komplizierten Messungen zwischen Alexandria und der südlich gelegenen Stadt Assuan ergaben, dass die Erde eine Kugel mit einem Umfang von 39 000 km ist. Nach neueren Berechnungen beträgt der Erdumfang 40 076 km.

Eratosthenes zeichnete sogar eine Karte von der Erde. Sie ist in einigen Teilen erstaunlich genau.

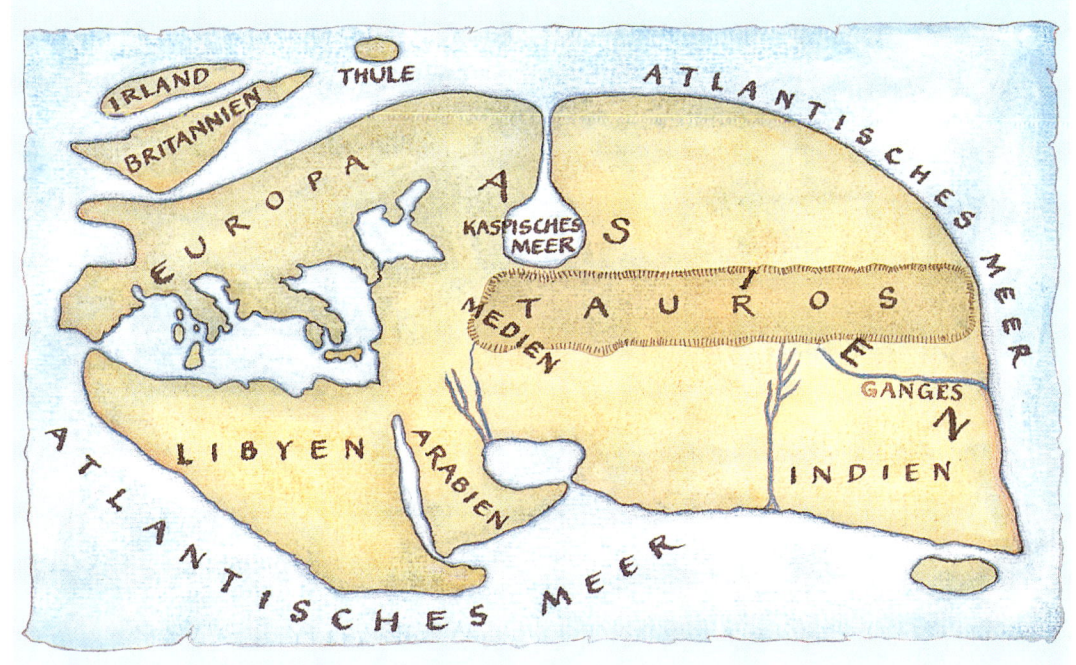

7.2 Die Weltkarte des Eratosthenes

Kolumbus entdeckt die Neue Welt

Freitag, den 12. Oktober 1492: Um zwei Uhr morgens kam das Land in Sicht, von dem wir etwa acht Seemeilen entfernt waren. Wir holten alle Segel ein und fuhren nur mit einem Großsegel. Dann legten wir bei und warteten bis zum Anbruch des Tages. Es war ein Freitag, an welchem wir zu einer Insel gelangten, die in der Sprache der Indianer Guanahani (San Salvador) hieß. Dort erblickten wir sogleich nackte Eingeborene. Ich begab mich an Bord eines mit Waffen versehenen Bootes an Land. Dort entfaltete ich die königliche Flagge. Unseren Augen bot sich eine Landschaft dar, die mit grün leuchtenden Bäumen bepflanzt und reich an Gewässern und allerhand Früchten war.

(Aus dem Bordbuch von Kolumbus)

8.1 Nachbau der Santa Maria in Barcelona

Vor mehr als 500 Jahren entdeckte Christoph Kolumbus Amerika. Der aus Genua stammende Seefahrer hatte Karten und wissenschaftliche Berichte genau studiert. Er war überzeugt, dass die Erde eine Kugel sei. Er meinte, er könnte Indien und die Gewürzinseln auf einem westlichen Weg erreichen. Das Vorhaben war unter den Gelehrten umstritten. Im Westen der damals bekannten Welt dehnte sich nämlich der Atlantische Ozean aus. Seine Größe kannte niemand. Dennoch stimmte das spanische Königshaus einer Expedition zu. Am 3. August 1492 startete Kolumbus mit drei Schiffen von Spanien aus nach Westen.

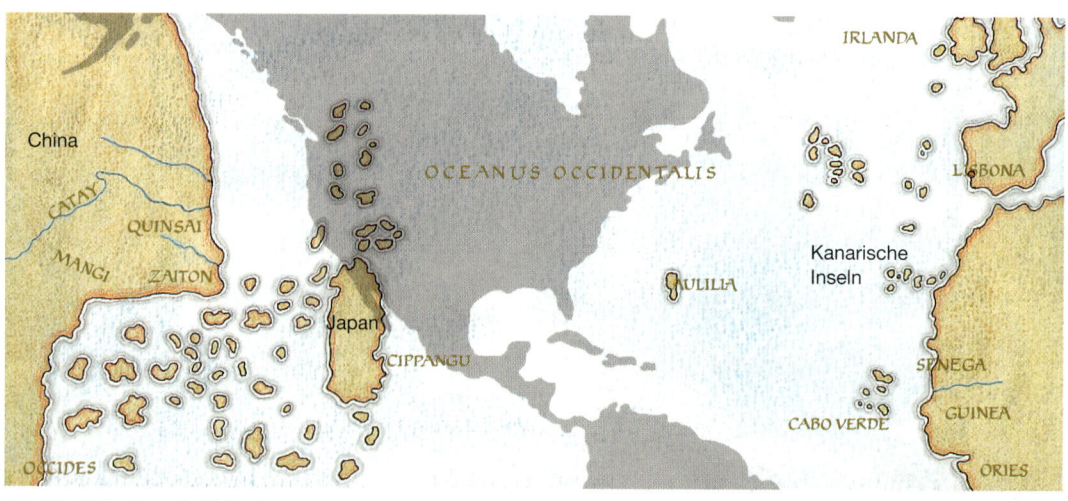

8.2 Wie Kolumbus die Welt sah

Kolumbus brachte von seinen Entdeckungsfahrten Dinge mit, die man in Europa nicht kannte, zum Beispiel:
Hängematten, die die Eingeborenen „Hamorcas" nannten. Von dieser Zeit an benutzten seine Seeleute an Bord Hängematten und konnten so unbelästigt von Ratten, Schmutz und Nässe schlafen.
Süße Früchte, die nur in der Neuen Welt wuchsen. Kolumbus brachte **Ananas** und **Bataten** (Süßkartoffeln) mit.
Gold, mit dem er dem spanischen Königspaar die Kosten für die Expedition zurückerstatten wollte. Daraus wurden später Goldmünzen mit dem Bild des Königspaares geprägt.

9.1 Die erste Begegnung mit den Eingeborenen

Was die meisten Menschen zur Zeit des Christoph Kolumbus glaubten

- Die Erde ist eine vom Meer, dem Ozean, umgebene Scheibe. Am Rand des Ozeans brennt ein gewaltiges Feuer. In der Mitte der Erdscheibe liegt das Mittelmeer. Es wird von den drei Erdteilen Afrika, Europa und Asien begrenzt. Wer sich über den Rand der Erdscheibe wagt, fällt in den Feuerschlund.
- Kein Mensch kann auf der anderen Seite der Erde mit dem „Kopf nach unten" leben.
- Das Befahren des Ozeans ist unheimlich: Sobald die Schiffe an den Rand der Scheibe geraten, bleiben sie im Salz stecken oder sie werden von Ungeheuern verschlungen. Überqueren die Schiffe den Rand der Scheibe, stürzen sie in die Unterwelt ab.
- Die Erde ist der Mittelpunkt des Weltalls.
- Sonne und Sterne drehen sich um die Erde.

Du kannst

- dich in Sachbüchern über die vier Entdeckungsfahrten des Kolumbus informieren,
- ein Lebensbild über andere Entdecker anfertigen,
- eine Wandzeitung über Kolumbus und andere Entdecker anfertigen,
- eine kleine Briefmarken- oder Postkartensammlung über die „Neue Welt" anlegen,
- in Zeitungen und Zeitschriften nach neuen Entdeckungen und Reiseberichten forschen.

1. Welche Erdteile entdeckst du auf der Karte (Amerika wurde nachträglich eingetragen)?
2. Suche auf einer Atlaskarte die Inselgruppe vor Amerika, auf der Kolumbus zuerst landete. Wie heißt sie?
3. Warum nannte Kolumbus die Bewohner der Insel Indier beziehungsweise Indianer? Wie kam es zu diesem „Irrtum"?

Astronauten sehen die Erde und das Weltall

„Man sieht die Einzelheiten erstaunlich genau, den Lauf der Ströme, die Wälder und die Ozeane. Bei den Farben herrscht das Blau vor, dann das Weiß der Wolken. Ein dunkler Hof umgibt die Erde. Ich sehe als erster Mensch die Kugelgestalt der Erde. Besonders eindrucksvoll ist der Übergang von der hellen Erdoberfläche zum vollkommen schwarzen Himmel, an dem die Sterne zu sehen sind."

(Der russische Kosmonaut Juri Gagarin berichtet 1961 aus seiner Raumkapsel in 250 km Höhe über der Erde. Juri Gagarin war der erste Mensch, der die Erde umkreiste.)

„Die Erde erinnerte uns an eine im schwarzen Weltraum aufgehängte blaue Christbaumkugel. Im Laufe unseres Flugs schrumpfte sie auf die Größe einer Murmel. Es war die schönste Murmel, die ich je gesehen hatte."

(Der amerikanische Astronaut James Irwin gehörte zu der Mannschaft, die 1969 als erste zum Mond flog).

Heute kreisen bemannte Raumstationen mehrere Jahre lang um die Erde. Ihre Besatzungen werden nach einigen Monaten ausgetauscht.

Die Erde ist ein Himmelskörper, ein **Planet.** Sie umkreist als einer von neun Planeten die Sonne. Zusammen mit der Sonne bilden die Planeten unser Sonnensystem. Die Sonne ist nur einer von Milliarden Sternen im Weltall. In einer klaren Nacht können wir schon von der Erde über 5000 solcher Sonnen mit bloßem Auge sehen.

Die Planeten erhalten von der Sonne Licht und Wärme. Der Planet Erde ist blau. Nur er hat Sauerstoff zum Atmen und Wasser für die Pflanzen, Tiere und Menschen. Der Mars hat eine rötliche Farbe, der Saturn ist gelblich. Uranus und Neptun zeigen grünlichen Schimmer, die anderen Planeten sind weiß. Aus ihrem Raumschiff erkennen die Raumfahrer deutlich den gekrümmten Rand der Erde. Er hebt sich vom Dunkel des Weltalls ab.

10.2 Die Planeten unseres Sonnensystems

1. Berichte von den Eindrücken der Weltraumfahrer.
2. Die Erde ist nur einer von neun Planeten in unserem Sonnensystem. Nenne die anderen.
3. Wie würdest du als Astronaut die Umrisse von Schleswig-Holstein beschreiben (Abb. 11.1)?
4. Welche Inseln kannst du benennen?

11.1 Schleswig-Holstein im Satellitenbild

11.2 Astronaut über dem Erdhorizont

11.3 Die Erde geht auf – vom Mond aus gesehen

Kontinente und Ozeane

Von einem Raumschiff aus wirken die großen Erdteile oder **Kontinente** wie Inseln, die in den Weltmeeren, den **Ozeanen,** schwimmen. Jeder Kontinent hat seine unverwechselbaren Umrisse mit **Buchten, Halbinseln** und **Inseln.** Besonders reich gegliedert ist Europa. Blickt man aus dem Weltraum auf die Erde, so wird deutlich, dass die Erdkugel eigentlich eine Wasserkugel ist, auf der die Kontinente ungleich verteilt sind. Auf der **Nordhalbkugel** liegt der größte Teil der Landmassen. Die **Südhalbkugel** ist vorwiegend mit Wasser bedeckt. Den Äquator, die Pole und das Gradnetz können die Weltraumfahrer natürlich nicht als Linien oder Punkte sehen. Sie sind nur auf Karten und auf dem Globus eingezeichnet.

Mit einer Weltkarte im Atlas und der Karte rechts kannst du die folgenden Aufgaben lösen:
1. Welche Kontinente liegen auf der Südhalbkugel, welche auf der Nordhalbkugel?
2. Welche Kontinente liegen auf beiden Halbkugeln nördlich und südlich des Äquators?
3. Welche Ozeane grenzen an die einzelnen Kontinente?
4. Europa und Asien bilden eine zusammenhängende Landmasse. Die Grenze zwischen den Kontinenten folgt dem Verlauf von Gebirgen, Flüssen, Seen und Meeren. Wie heißen sie (Europakarte im Atlas)?
5. Welcher Pol liegt auf dem Festland (Globus)?
6. Durch welche Kontinente läuft der Äquator?
7. „Wohin ich auch blicke, es gibt nur eine Himmelsrichtung: Süden". Auf welchen Punkt der Erde trifft dieser Satz zu?
8. Ordne die sechs größten Staaten der Erde den Kontinenten zu.
9. Rekorde der Erde (1–11 auf der Karte rechts). Lege eine Tabelle nach folgendem Muster an:

Rekorde der Erde	Name	Kontinent/Ozean
1. Wasserreichster Fluß ……	……………	

1. Wasserreichster Fluß, 2. Bevölkerungsreichste Stadt, 3. Größte Insel, 4. Größte Wüste, 5. Längster Fluss, 6. Größter Binnensee, 7. Größte Halbinsel, 8. Längste Umfangslinie, 9. Höchstes Gebirge, 10. Höchster Berg, 11. Größte Meerestiefe

Wie groß ist 1 km²?
1 km² (Quadratkilometer) ist eine Fläche mit je 1 km Seitenlänge.

Fläche in Mio. km²
- Indischer Ozean 75
- Atlantischer Ozean 106
- Pazifischer Ozean 180
- Antarktis 14
- Australien / Ozeanien 9
- Afrika 30
- Asien 44
- Nordamerika 24
- Südamerika 18
- Europa 10

Rekorde der Erde
- Äquator
- Amazonas
- Arabien
- Grönland
- Himalaya
- Kaspisches Meer
- Marianengraben
- Mount Everest
- Nil
- Sahara
- São Paulo

Asien

London Berlin Moskau
Paris Europa Wolga
Donau
⑥
Pazi-
Peking
Tokio
fischer
Ozean
Kairo
④ ⑤ ⑦ Indus ⑨ ⑩
Ganges Mekong
Kalkutta
Hwangho
Afrika
⑪
Kongo ⑧
Indischer

Ozean

Australien

Sydney

N
Nordwest Nordost
W O
Südwest Südost
S

Antarktis

Die größten Staaten der Erde

1. Russland	2. Kanada	3. VR China	4. USA	5. Brasilien	6. Australien	Erde
Fläche: 17 Mio. km²	Fläche: 10 Mio. km²	Fläche: 9,6 Mio. km²	Fläche: 9,4 Mio. km²	Fläche: 8,5 Mio. km²	Fläche: 7,7 Mio. km²	Land-fläche: 149 Mio. km²
Einwohner: 148 Mio.	Einwohner: 30 Mio.	Einwohner: 1200 Mio.	Einwohner: 265 Mio.	Einwohner: 162 Mio.	Einwohner: 18 Mio.	Einw.: 5800 Mio.

Projekt
Wir orientieren uns im Gelände

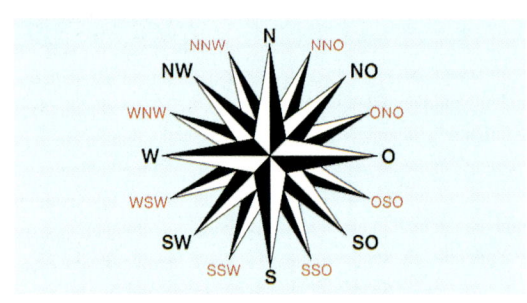

14.1 Die Windrose

14.2 Gesichtsfeld und Horizont

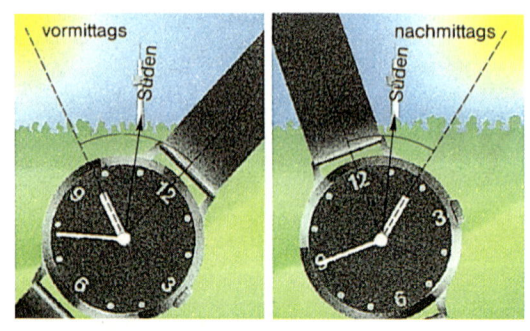

14.3 Bestimmung der Himmelsrichtung mit der Uhr

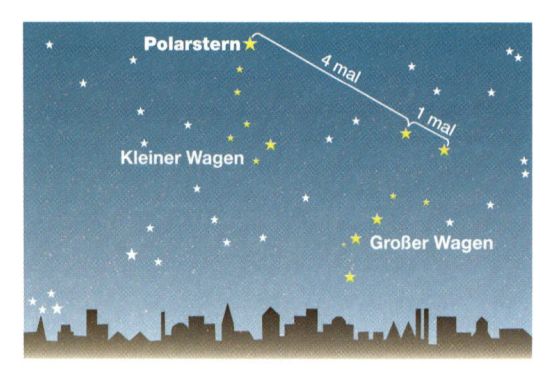

14.4 Die Lage des Polarsterns

Die **Himmelsrichtungen** dienen der Orientierung. Durch sie ist es möglich, die Lage eines Gebietes, eines Ortes oder eines Gebäudes vom eigenen oder von einem anderen Standort aus zu bestimmen.

In einer **Windrose** sind die Himmelsrichtungen mit ihren Abkürzungen eingetragen. Norden (N) ist die Richtung, die zum Nordpol zeigt, die entgegengesetzte Richtung ist Süden (S). Westen (W) liegt auf der Windrose links, Osten (O) rechts. Für Osten wird häufig die Abkürzung E (engl. east = Osten) verwendet. Meist reichen die vier Haupthimmelsrichtungen nicht zur genauen Orientierung aus. Auf der Windrose stehen daher noch Nebenhimmelsrichtungen.

Anne berichtet: Auf unserer letzten Wanderung haben wir uns verirrt. Wir waren die Strecke schon ein paar Mal gegangen, doch den See, den wir suchten, fanden wir nicht. Stattdessen standen wir plötzlich vor einer Scheune. Wir hatten die Orientierung verloren. Wo waren wir, und in welche Richtung sollten wir gehen? Wir wussten nur: Unser Ziel, der See, lag im Osten unseres Ausgangspunktes. Offenbar hatten wir an der letzten Abzweigung die falsche Richtung genommen.

Zum Glück war es ein sonniger Tag und gerade Mittag. Wenn die Sonne mittags ihren höchsten Stand erreicht hat, steht sie im Süden und der Schatten zeigt dann nach Norden. Kehrt man der Sonne den Rücken, dann sieht man nach Norden. Rechts ist Osten, links Westen. So stellten wir fest, dass wir nach Westen gegangen waren und zurückgehen mussten. Als wir an die Abzweigung kamen, kannten wir uns wieder aus.

Von unseren Freunden bekamen wir später Ratschläge, wie man die Himmelsrichtungen auch anders bestimmen kann. Ich hatte schon gehört, dass es mit einer Zeigeruhr funktioniert. Michael erklärte: Man richtet den kleinen Zeiger zur Sonne. Dann ist Süden die Mitte zwischen dem kleinen Zeiger und der 12 auf der Uhr.

Markus wusste, dass man sich in klaren Nächten auch mit Hilfe des Polarsterns orientieren kann: Er steht genau im Norden und ist am Nachthimmel leicht zu finden. Blickt man in seine Richtung, so liegt Westen links und Osten rechts.

Von einem erhöhten Standort aus kann man nach allen Seiten hin nur ein bestimmtes Gebiet überblicken. Dies ist das **Gesichtsfeld.** Je höher man steigt, desto größer wird das Gesichtsfeld. Am Ende des Gesichtsfeldes, wo Erdoberfläche und Himmel einander scheinbar berühren, liegt der Horizont.

Als wir später noch gemeinsam ein Stück wanderten, zeigte uns Michael einen Windflüchter. So werden die einzeln stehenden Bäume genannt, deren Wipfel von der vorherrschenden Windrichtung abgekehrt sind. Um danach die Himmelsrichtungen bestimmen zu können, muss man natürlich wissen, dass in Deutschland westliche Winde vorherrschen. Die Wipfel dieser Bäume sind also nach Osten gebogen. Häufig sind freistehende Bäume auch auf der Wetterseite, das heißt auf der Westseite, mit Flechten und Moos bedeckt. Markus hatte uns gerne noch gezeigt, wie man sich an alten Kirchen, deren Chor meist nach Osten weist, orientieren kann, aber wir kamen auf unserem Weg an keiner Kirche vorbei.

Der Kompass

Das bekannteste Hilfsmittel zur Orientierung ist der Kompass: Er besteht aus einer Magnetnadel und einer Scheibe. Die Nadel hat einen dunklen und einen hellen Teil. Sie ist so auf einen Stift aufgebracht, dass sie sich frei drehen kann. Wenn der Kompass waagerecht gehalten wird, pendelt sich die Magnetnadel ein. Das Magnetfeld der Erde richtet sie in Nord-Süd-Richtung aus. Die dunkle Hälfte der Nadel zeigt die Nordrichtung an.

Auf der Kompassscheibe sind die Windrose und die magnetische Nordrichtung eingezeichnet. Um die Nordrichtung festzustellen, dreht man den Kompass so lange, bis die Kompassnadel in die magnetische Nordrichtung zeigt. Die Beschriftung N zeigt dann genau nach Norden, zum Nordpol. Nun ist es auch möglich, die weiteren Himmelsrichtungen zu bestimmen.

1. Erkläre, wie man Himmelsrichtungen ohne Kompass bestimmen kann. Beziehe Abb. 15.4 ein und erläutere sie.
2. Beschreibe einen Kompass.
3. In welcher Himmelsrichtung liegt von der Schule aus gesehen eure Wohnung/dein Stadtteil?

15.1 Windflüchter

15.2 Wetterseite einer Buche

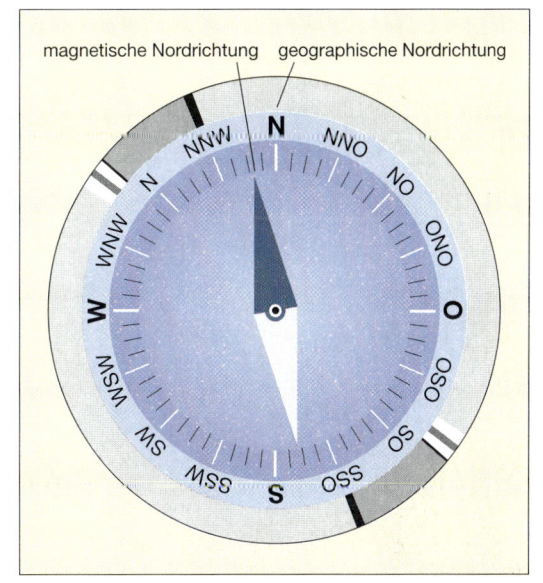

15.3 Der Kompass

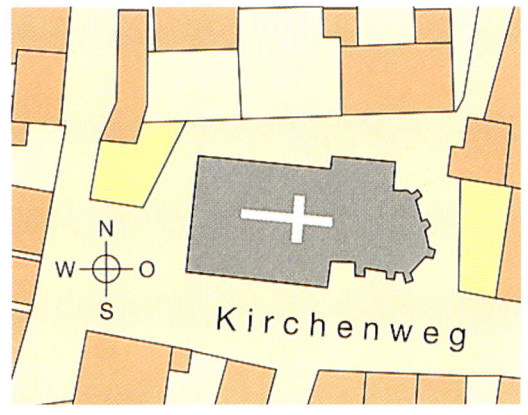

15.4 Ausrichtung einer alten Kirche

Globus und Gradnetz

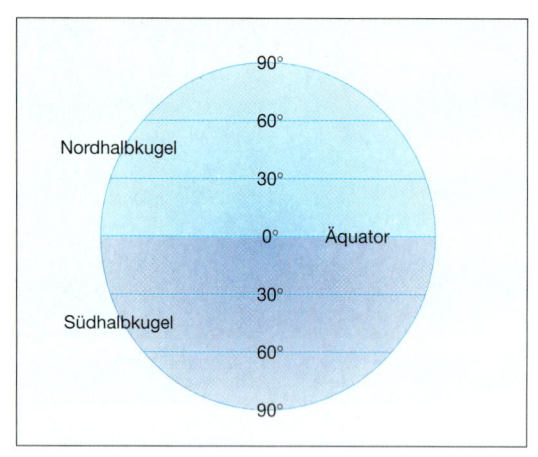

16.1 Breitenkreise

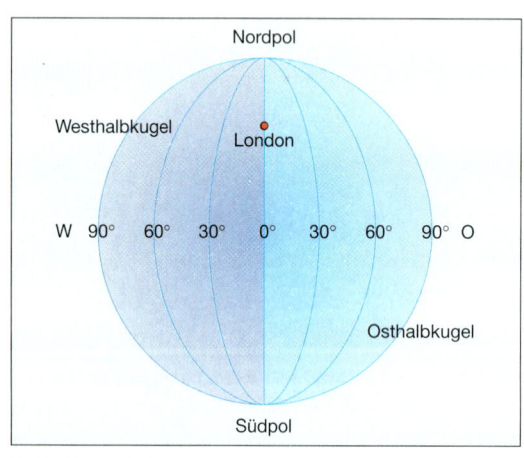

16.2 Längenkreise

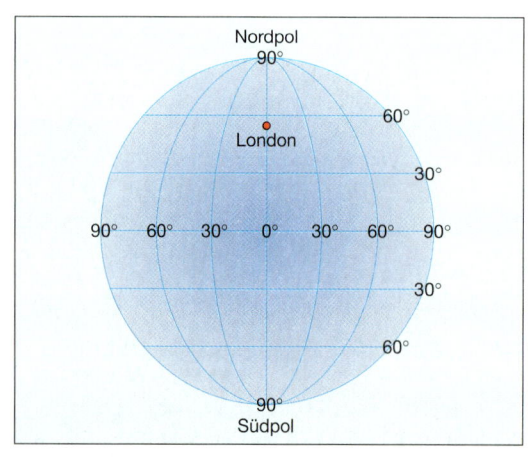

16.3 Gradnetz

Der Untergang der Titanic

Am 15. April 1912, um 2.20 Uhr morgens, versank das größte und prachtvollste Schiff seiner Zeit, die Titanic, auf ihrer ersten Fahrt im Nordatlantik. Sie galt als unsinkbar und sollte die Königin der Meere werden.

Mit äußerster Fahrt voraus (rund 40 Stundenkilometern) fuhr das Prunkstück der britischen Seefahrt durch die sternenklare Nacht. Als einer der Posten im Ausguck den Eisberg als Schatten in der Nacht erkannte, war es bereits zu spät. Der Luxusdampfer versank in kurzer Zeit in den eisigen Fluten. Für 1500 Passagiere gab es kein Entrinnen.

Immerhin konnten etwa 700 Menschen gerettet werden, weil andere Schiffe, alarmiert durch SOS-Rufe der Titanic, Kurs auf die Unglücksstelle genommen hatten: 42° N/50° W.

42° N / 50° W – eine Geheimsprache? Wie war es möglich, dass die in Seenot geratene Titanic in den unendlichen Weiten des Nordatlantiks, mitten in der Nacht, gefunden werden konnte? Die Überlebenden verdankten ihre Rettung dem Funker Phillips, denn er hatte die Unglücksstelle genau angegeben: 42 Grad nördlicher Breite, 50 Grad westlicher Länge.

Die Kapitäne der zu Hilfe eilenden Schiffe konnten diese Stelle genau bestimmen, weil auf ihren Karten ein **Gitternetz** von Linien eingezeichnet war, das eine leichte Orientierung überall auf See ermöglicht. Dieses Netz umspannt die ganze Erde. Auf der Erdoberfläche sind diese Linien jedoch nicht zu sehen.

Um die Erde verläuft in gleichem Abstand zu den beiden Polen eine Linie, die man **Äquator** nennt. Diese Bezeichnung leitet sich von einem lateinischen Wort ab und bedeutet „Gleichmacher". Der Äquator teilt die Erde in eine nördliche und eine südliche Halbkugel.

Zwischen dem Äquator und einem Pol verlaufen in gleichen Abständen 90 Parallelkreise, die auch **Breitenkreise** heißen. Der jeweils 90. Kreis ist nur noch ein Punkt, nämlich der Pol (Abb. 16.1). Der größte Breitenkreis ist der Äquator; er hat die Breitenbezeichnung 0.

17.1 Europäische Städte im Gradnetz

Die Entfernung vom Äquator zum Pol wird in Grad angegeben. Vom Äquator nach Norden zählt man die nördliche Breite (N), vom Äquator nach Süden die südliche Breite (S). Der Abstand eines Ortes auf der Erdoberfläche vom Äquator ist seine geographische Breite.

Außer den waagerecht verlaufenden Breitenkreisen gibt es noch die senkrecht dazu verlaufenden **Längenkreise.** Sie werden auch **Meridiane** oder **Mittagslinien** genannt, weil alle Orte auf demselben Meridian auch zur gleichen Zeit Mittag haben. Der wichtigste Längenkreis ist der Meridian, der durch die Sternwarte von Greenwich bei London läuft. In einer internationalen Vereinbarung wurde 1911 festgelegt, dass dieser Längenkreis der **Nullmeridian** für alle Staaten sein soll. Von diesem Meridian aus zählt man die westlichen und östlichen Längenkreise.

Es gibt 180 Meridiane nach Westen und 180 Meridiane nach Osten (Abb. 16.2). Der Abstand eines Ortes vom Nullmeridian ist seine geographische Länge. Man unterscheidet eine westliche Länge (W) und eine östliche Länge (O). Jeder Punkt auf der Erde hat seine geographische Lage.

Wir können diese geographische Lage also mit Hilfe von den Längenkreisen und Breitenkreisen genau bestimmen (Abb. 16.3).

Die Zusammenhänge und die Bedeutung all dieser Hilfslinien erkennt man am besten auf dem **Globus.** Er ist ein verkleinertes, kugelförmiges Abbild der Erde.

1. Bestimme auf einer Weltkarte die Stelle, an der die Titanic sank.
2. Wie heißt der längste Breitenkreis (Atlas oder Globus)? Welches sind die beiden kürzesten Breitenkreise?
3. Ermittle mit Hilfe einer Weltkarte im Atlas die Lage der Kontinente auf den beiden Erdhalbkugeln.
4. Auf welcher Halbkugel der Erde liegen die Staaten Deutschland, Neuseeland, Norwegen, Argentinien, Madagaskar (Globus und Atlas)?
5. Bestimme die geographische Lage folgender Orte: Amsterdam, Frankfurt, Hamburg, Königsberg, Krakau, Wien und Zürich (Abb. 17.1).
6. Gib die Längen- und Breitenkreise an, die sich bei Berlin schneiden (Abb. 17.1).

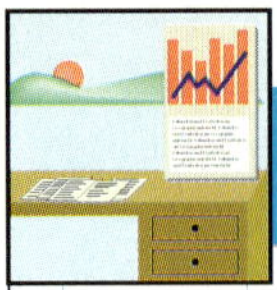

Wir stellen eine

18.1 Physische Karte von Deutschland

18.2 Grundkarte: Umrisse und wichtige Flüsse

1 In diesem Kapitel lernt ihr, eine Karte von Deutschland zu zeichnen. So könnt ihr euch die wichtigsten Flüsse und die Bundesländer mit ihren Hauptstädten leicht einprägen. Ihr lernt auch die vier wichtigsten Landschaftszonen in Deutschland kennen, nämlich das Norddeutsche Tiefland, das Mittelgebirge, das Alpenvorland und die Alpen. Zuerst besorgt ihr das Handwerkszeug. Ihr braucht einen Atlas, Transparentpapier und Farbstifte. Wenn ihr außerdem eine selbstgezeichnete große Deutschlandkarte für euer Klassenzimmer haben wollt, dann bildet eine „Gruppe Tageslichtprojektor". Diese Gruppe braucht eine Folie, Folienstifte und dicke Filzschreiber. Außerdem muss die Gruppe einen weißen Fotokarton oder Tapetenrollenreste selbst besorgen.

2 Jetzt kann es losgehen. Zuerst sucht ihr im Atlas eine Deutschlandkarte. Danach zeichnet ihr auf dem Transparentpapier die Umrisse von Deutschland schwarz ein. Das kann anstrengend sein. Ihr braucht deshalb nicht alle Windungen ganz genau nachzuzeichnen. Die Grenzen werden mit einem roten Stift nachgezogen. Dann zeichnet ihr mit blauem Stift die wichtigsten Flüsse ein: Elbe, Oder, Weser, Fulda, Werra, Rhein, Main, Mosel und Donau (Abb. 18.2).
Die „Gruppe Tageslichtprojektor" befestigt den weißen Karton oder die Tapete an der Tafel. Sie legt ihre Folie auf den Tageslichtprojektor und zeichnet mit einem dicken Filzstifte das „Bild" nach.
Ach ja, den Maßstab nicht vergessen! Und zieht auch einen Rahmen um eure Karte.

Deutschlandkarte her

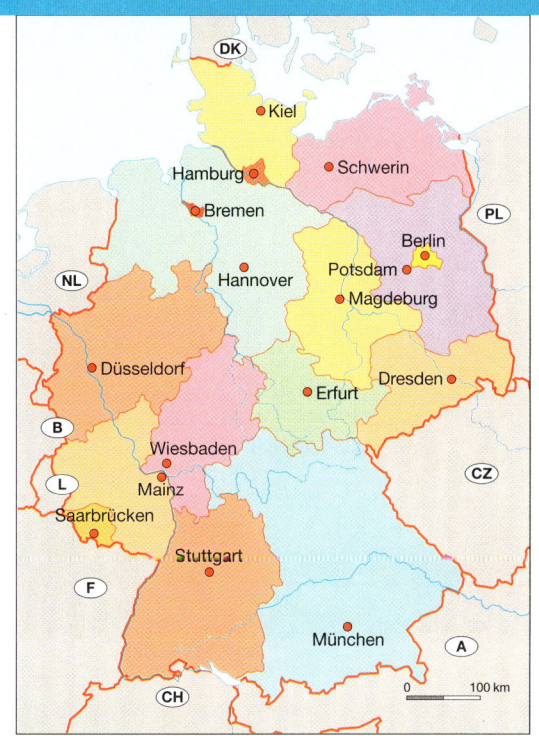

19.1 Die Bundesländer und ihre Hauptstädte

19.2 Landschaften

3 Mit dem nächsten Schritt wird die Karte vollständiger. Ihr tragt die Umrisse der Bundesländer ein, am besten schwarz gestrichelt. Die Grenzen der Bundesländer könnt ihr aus der physischen Karte ablesen. Eine andere Möglichkeit ist die, in einer politischen Karte von Deutschland nachzusehen (z. B. im Atlas). Zur Kontrolle könnt ihr die Seiten hinter dem vorderen Einbanddeckel von diesem Erdkundebuch aufschlagen.
Nun tragt ihr die Hauptstädte der Bundesländer als rote Punkte ein. Die Karte ist fast fertig. Aber etwas fehlt noch. Die Karte ist „stumm". Ihr müßt sie noch „zum Sprechen" bringen.
Das ist eure Hausaufgabe zur nächsten Erdkundestunde: Städte, Flüsse und Landschaftszonen beschriften.

4 Zum Schluß tragt ihr noch die Landschaftszonen ein. Das geht ganz einfach. Zuerst zeichnet ihr eine dicke Linie zwischen dem Norddeutschen Tiefland und dem Mittelgebirge, dann eine Linie zwischen Mittelgebirge und Alpenvorland und schließlich eine Linie zwischen Alpenvorland und Alpen. Das Norddeutsche Tiefland wird grün ausgemalt, das Mittelgebirge orange, das Alpenvorland hellbraun und die Alpen dunkelbraun. Versucht die Flächen gleichmäßig auszumalen.
Die „Gruppe Tageslichtprojektor" schreibt die Namen der Städte und Flüsse auf kleine Kärtchen. Mit Stecknadeln oder Klebeband befestigt ihr die Kärtchen an der Deutschlandkarte.
Eure Lernkarte in der Klasse ist jetzt fertig.

20.1 Schule in Itzehoe

20.2 Schule in Afrika

Wie wir und andere leben

21.1 Kinderarbeit in Indien

21.2 Kinderarbeit in Ecuador

Projekt
Wie wir wohnen

Monika, 11 Jahre, Schülerin der 5. Klasse, berichtet:

„Ich wohne hier mit meinen Eltern, meinen zwei älteren Brüdern und meiner Oma in Kollmar. Das ist ein kleines Dorf in der Nähe von Glückstadt im Kreis Steinburg. Von unserem Haus sind es nur wenige hundert Meter bis zum Elbdeich. Von dort kann man immer schön die Schiffe sehen, die von Hamburg kommen oder nach Hamburg fahren.

Wir wohnen in einem alten Bauernhaus. Mein Vater hat es vor einigen Jahren gekauft. Ich habe ein eigenes Zimmer. Meine beiden Brüder müssen sich ein Zimmer teilen, denn unsere Oma wohnt auch bei uns. Morgens fahre ich mit dem Schulbus in die Schule nach Glückstadt. Manchmal ist das sehr lästig. Morgens muss ich schon früh aufstehen und mittags bin ich an einigen Tagen erst um 14 Uhr zu Hause.

Trotzdem fühle ich mich sehr wohl. Hier kenne ich jeden Menschen. Ich habe viele Freundinnen. Wir gehen fast jeden Tag zu den Pferden. Wir dürfen sie pflegen und reiten. Manchmal fahre ich auch mit dem Fahrrad nach Glückstadt und besuche dort eine Freundin. Wir bummeln dann in der Stadt herum. Kinder aus der Großstadt finden das vielleicht langweilig. Aber ich lebe gern im Dorf."

Wahrscheinlich werden nur wenige Mitschülerinnen und Mitschüler den hier vorgestellten Kreis Steinburg kennen. Dabei ist er vielleicht gar nicht so weit von eurem Schulort entfernt.

Zum Kreis gehören fünf Städte und 109 Gemeinden. Der Kreis Steinburg ist nicht sehr dicht besiedelt. Insgesamt leben heute etwa 132 000 Menschen dort.

Der eine Teil des Kreises zur Elbe hin ist Marschland, der andere Teil gehört zur Geest.

Im Kreis Steinburg haben wir die tiefste Stelle Deutschlands. Sie ist in Neuendorf bei Wilster und liegt 3,5 Meter unter dem Meeresspiegel.

1. Vergleiche Monikas Heimat mit deinem Wohnort.
2. Wie weit ist der Kreis Steinburg von deinem Wohnort entfernt?
3. Wie viele Menschen leben in deinem Dorf/Schulort oder in deiner Stadt?

Wir untersuchen unseren Wohnort

Glückstadt

Fragebogen der Klasse 5:

Schule: _____

Datum: _____

Interviewer: _____

Thema: _____ *Wohnen und Wohnumfeld*

Befragte Person:
Geschlecht: männlich ◯ weiblich ◯

Alter: _____ Jahre

1. Nehmt einen Plan eures Wohnortes und markiert darauf eure Wohnungen.

2. Teilt eure Klasse in Gruppen ein (Gruppenstärke: 3 bis 4 Teilnehmer).

3. Stellt mit Hilfe der folgenden Hinweise einen Fragebogen zusammen. Befragt mit eurer Gruppe Mitschülerinnen und Mitschüler und Mitbürgerinnen und Mitbürger nach:
   - Art des Hauses, in dem die Befragten wohnen (Mehrfamilienhaus, Reihenhaus, Einfamilienhaus);
   - Alter des Hauses (Baujahr);
   - Haustyp, Baumaterial;
   - Einkaufsmöglichkeiten in der Nähe der Wohnung;
   - Weitere Angebote in der nahen Wohnumgebung (Arzt, Reinigung, Werkstatt);
   - Bildungsangebot in Wohnungsnähe (Kindergärten, Schulen, Büchereien);
   - Spiel-, Freizeit- und Erholungsmöglichkeiten am Wohnort;
   - Verkehrsbedingungen am Wohnort oder in der Nähe der Wohnung;
   - Umweltbedingungen am Wohnort oder in Wohnungsnähe (Lärm, Schmutz, Geruch);
   - Zufriedenheit bzw. Unzufriedenheit mit Wohnung und Wohnort;
   - Änderungswünsche/Wohnungswünsche

4. Vergleicht die Untersuchungsergebnisse der einzelnen Gruppen; fertigt eine Zusammenfassung an.

5. Stellt eure Ergebnisse mit Hilfe von Fotos und kleinen Merksätzen in einer Wandzeitung zusammen.

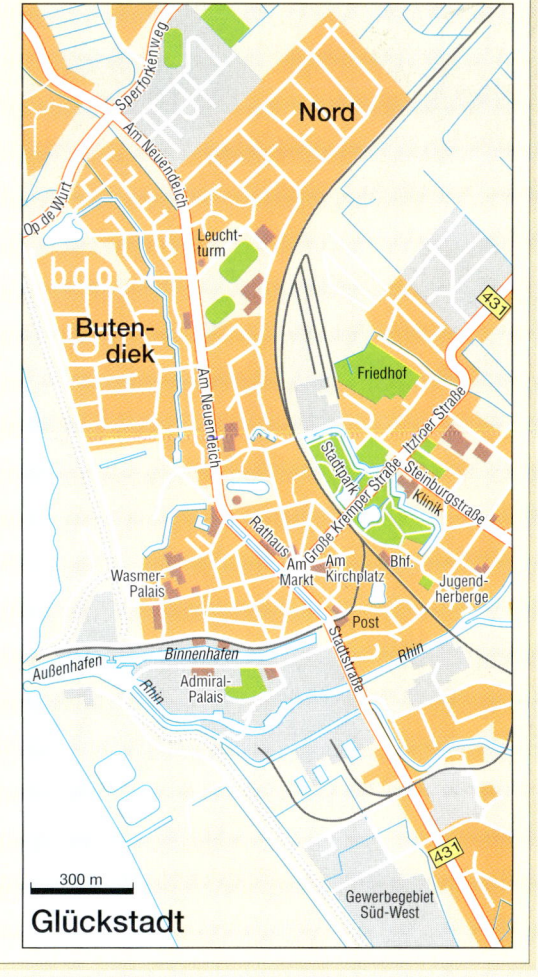

23.1 Erkundungsbogen

Ein Besuch in Dänemark

24.1 Kopenhagen – Stadtteil Christianshavn

„Ich habe eine Überraschung", sagte Bentes Mutter. „Dein Onkel Jan aus Nykøbing hat uns zu einem Familienfest eingeladen und fragt, ob du auch mitkommen möchtest."

Natürlich wollte ich, denn ich wollte endlich den dänischen Zweig unserer Familie Olesen kennenlernen. Zwei Wochen später war es soweit. Die Koffer waren im Auto verstaut, deutsches Geld in dänische Kronen gewechselt, die letzten Geschenke eingepackt und los ging es.

In Lübeck sind wir auf die Autobahn Richtung Puttgarden gefahren. Diese Strecke nennt man auch Vogelfluglinie, weil seit Jahrtausenden die Zugvögel diese Strecke im Frühjahr und im Herbst benutzen. Zwei Stunden später waren wir an der Fähre, die uns nach Rødbyhavn in Dänemark bringen sollte. Auf der dänischen Autobahn ging es dann weiter über Maribo bis Nykøbing. Tante Mette und Onkel Jan warteten schon auf uns: „Goddag, goddag, velkommen! Hvordan har du det?" Und mein Vater antwortete: „Tak, godt. Hej Mette, hej Jan, tak for indbydelsen." Ich verstand kein Wort. Später erklärte mir Onkel Jan, dass man uns willkommen geheißen und mein Vater sich für die Einladung bedankt hat. Gottlob wurde dann fast nur deutsch gesprochen, was teilweise ganz lustig klang, weil die Dänen das „sch" wie „ß" sprechen.

An diesem Abend wurde „typisch dänisch" gegessen und gefeiert. Weil es ein Familientreffen der Olesens war, stand auch ein kleiner Fahnenmast mit dem Danebrog, der dänischen Nationalflagge, auf dem Tisch. Das Essen begann mit einer reichhaltigen Fischplatte, zu der kalter und warmer Fisch gehörte. Anschließend gab es verschiedene Fleisch-, Geflügel- und Wurstsorten, auch wieder kalt und warm. Wer wollte, konnte zusätzlich unter verschiedenen Käsesorten wählen. Es folgte mein Lieblingsessen: rote Grütze mit Milch. Zwischen den einzelnen Gängen wurde erzählt, gelacht und auch gesungen. Ein starker Kaffee beendete das Essen. Die gemütliche Tischrunde löste sich aber erst weit nach Mitternacht auf.

Auch ohne ein Fest ist der Abend für eine dänische Familie immer wichtig. Oftmals arbeiten beide Elternteile den ganzen Tag in ihrem Beruf. Es liegt daran, dass alle Dänen ungewöhnlich hohe Steuern zahlen müssen.

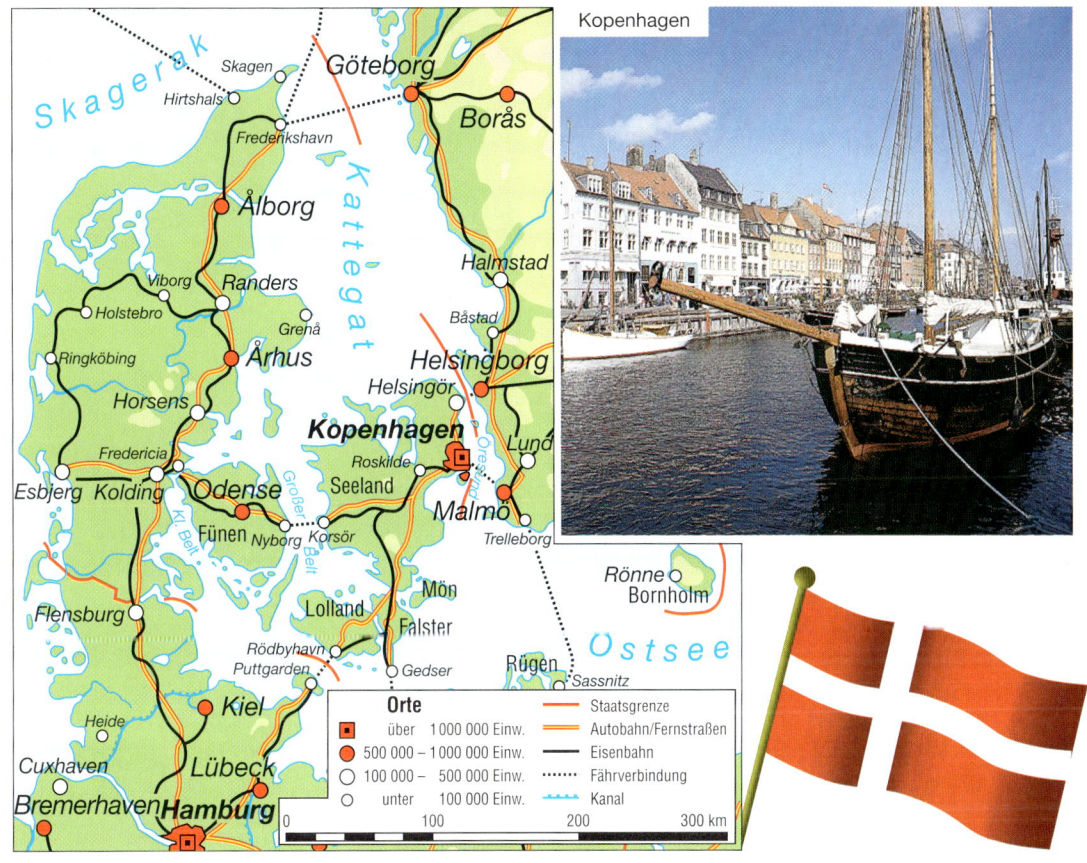

25.1 Dänemark

Diese Gelder werden von der Regierung, dem „Folketing", benötigt, um zum Beispiel Straßen zu bauen, die Schuleinrichtung oder die Betreuung von alten oder behinderten Menschen bezahlen zu können. Daher freuen sie sich, abends in Ruhe das erzählen zu können, was tagsüber passiert ist.

Auch Schulkinder haben einen langen Tag. Sie gehen auf eine Gesamtschule, die um acht Uhr beginnt und erst am frühen Nachmittag endet. Sie haben dreimal eineinhalb Stunden Unterricht, danach jeweils eine halbe Stunde Pause. Dann kann man in der Caféteria auch etwas Warmes zum Essen kaufen, wenn man sein „smørbrød" vergessen hat. Anschließend nutzen viele die Freizeitschule, eine Art Volkshochschule für Kinder. Dort werden kostenlos zahlreiche interessante Dinge angeboten: Sport, Fremdsprachen, Theater, Ballett, Reiten, Bergsteigen, Vorbereitung von Auslandsreisen, nächtlicher Besuch bei der Feuerwehr.

Am nächsten Tag besuchten wir Kopenhagen, die Hauptstadt Dänemarks. Hier leben 1,2 Millionen Menschen. Das ist fast ein Viertel aller Dänen. Als wir eine große Autobahnbrücke überquerten, erklärte mein Onkel, dass Dänemark viele Brücken und Fähren brauche. Dänemark besteht nämlich aus der Halbinsel Jütland, den Inseln Seeland, Fünen, Lolland, Bornholm, Falster, Langeland, Alsen und 400 weiteren kleinen Inseln. Früher gehörten die Faröer Inseln und Grönland dazu.

In Kopenhagen kamen wir in einen Stau, weil Königin Margarete II. Staatsgäste auf dem Schloss Amalienborg empfing. Wir fuhren in Richtung Öresund; mein Onkel wollte uns dort die Meerjungfrau zeigen, das Wahrzeichen der Stadt. Sie ist nach einer Märchenfigur des dänischen Dichters Hans-Christian Andersen entstanden. Weitere Märchenfiguren traf ich am Nachmittag im Vergnügungspark Tivoli, der mitten in Kopenhagen liegt.

1. Vergleiche deinen Tagesablauf mit dem einer dänischen Familie. Wo gibt es Unterschiede und welche Gemeinsamkeiten gibt es?

Leben und Wirtschaften der Eskimos

26.1 Jagd im Kajak

26.3 Moderne Fischereifahrzeuge

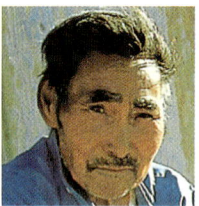

„Am wichtigsten war früher der Robbenfang. Im Sommer gingen wir Männer in leichten Kajaks zwischen den Eisbergen auf die Jagd. Wir wussten aus Erfahrung, wo sich die Robben aufhielten. Tauchte eine Robbe auf, um Luft zu holen, töteten wir sie mit dem Wurfspeer. Oft hatte ich abends zehn Robben im Schlepp. Jede lieferte mindestens 20 kg Fleisch für die Großfamilie und unsere Hunde. Besonders gefährlich war die Eisbärjagd. Dazu waren wir oft wochenlang unterwegs und lebten in Iglus".

„Wir Frauen waren für den Lebensunterhalt der Familien genauso wichtig wie die Männer. Wir begleiteten sie zur Robbenjagd. Mit dem Messer häuteten wir die erlegten Tiere und bearbeiteten die Felle. Daraus nähten wir Kleidung, Bootsbespannungen und Sommerzelte. Aus dem Fett der Robben und Wale gewannen wir Tran für die Lampe und für den Ofen in der Winterhütte. Die Knochen wurden zu Werkzeugen und Waffen verarbeitet. Bei langen Schneestürmen konnten wir nicht jagen und hatten Hunger."

26.2 Querschnitt durch einen Iglu

26.4 In einer modernen Wohnsiedlung

Leben auf Grönland früher – heute

„Eskimo" – „Rohfleischesser", so bezeichneten die Indianer Kanadas ihre weiter im Norden lebenden Nachbarn. Die Eskimos selbst nennen sich dagegen „Inuit", das heißt „Menschen".

Früher versorgten sich die Inuit fast ausschließlich durch die Jagd. Sie fingen Robben und kleine Wale. Sie hatten keine pflanzlichen Nahrungsmittel. Deshalb mussten sie ihren Bedarf an Vitaminen aus Fleisch decken. Weil die Vitamine im Fleisch durch Kochen zerstört werden, aßen die Inuit einen Teil roh, vor allem die vitaminreiche Leber. So entstand der Name „Rohfleischesser".

Heute leben nur noch wenige Inuit im Norden Grönlands von der Jagd. Die meisten Inuit verdienen ihr Geld beim Fischfang oder in den Fischfabriken. Dänemark half mit beim Aufbau einer Fischereiwirtschaft. Die Männer mussten sich an die Arbeit auf den Fischkuttern erst gewöhnen. Früher war für sie das Fischen eine unwürdige Tätigkeit. Die Frauen können auch nicht mehr wie früher ihre Männer auf der Jagd begleiten. Arbeit gibt es für sie nur noch in den Fischfabriken.

Mit der Fischerei veränderte sich auch die Lebensweise der Inuit. Sie mussten dorthin umziehen, wo es Häfen und eine Fischfabrik gibt. Hin- und herfahren zwischen Wohnort und Arbeitsplatz kann man auf Grönland nicht. Außerhalb der Ortschaften gibt es keine Straßen. Viele Inuit fanden keine Arbeit oder gaben sie wieder auf. Ihnen war die Arbeit in einer Fabrik zu eintönig. Es gibt immer mehr Jugendliche, die wieder lernen Kajaks zu bauen und Robben zu jagen.

Grönland – größte Insel der Erde

Fläche: 2,2 Mio. km² (140 mal größer als Schleswig-Holstein), davon 1,8 Mio. km² mit „ewigem Eis" bedeckt (Fläche so groß wie Deutschland, Frankreich, Großbritannien, Italien und Norwegen zusammen).

Einwohner: 55 400 (Wie viele Einwohner hat dein Heimatort?).

In der Mitte der Insel ist das Eis bis zu 3200 m mächtig. Vom Rand des Eises schieben sich Gletscher in das Meer. An ihrem Ende brechen große Blöcke ab und treiben als Eisberge nach Süden. Im Innern der Eiswüste wurden −70 °C gemessen. An den Küsten gibt es schmale eisfreie Streifen.

Vor etwa 12 000 Jahren wanderten die Inuit von Sibirien aus über die Beringstraße nach Nordamerika ein. Damals, während der letzten Eiszeit, lag der Meeresspiegel tiefer als heute. Daher bestand zwischen Nordasien und Nordamerika eine Landbrücke. Im Laufe der Zeit besiedelten die Inuit die Küsten Alaskas, Nordkanadas und Grönlands.

Die Hauptstadt von Grönland ist Nuuk. Hier leben heute 15 000 Einwohner. Die Stadt hat Linienbusse, Taxis und einen Flughafen. Die Wohnungen haben Strom und fließend heißes und kaltes Wasser. Arztbesuche, Krankenhaus und Medikamente sind für alle Einwohner von Grönland kostenlos.

1. Was bedeuten die Namen „Eskimo" und „Inuit"?
2. Berichte über die frühere Lebensweise der Inuit. Schildere, wie sich das Leben der Inuit gegenüber früher verändert hat.

27.1 Robbenjagd auf dem Eis

27.2 Frauenarbeit in der Fischfabrik

Kinder auf der Erde

Die Kinder dieser Erde unterscheiden sich nach ihrer Herkunft, ihrem Aussehen, ihrer Sprache, ihrer Religion, ihren Essgewohnheiten und auch nach dem, was sie lernen. Alle Kinder brauchen Nahrung, Kleidung, Wohnung und eine gute Vorbereitung für ihr späteres Leben. Bei vielen Kindern können diese Grundbedürfnisse nicht ausreichend befriedigt werden.

1. In welchen Ländern leben die hier abgebildeten Kinder (Atlas)?
2. Sprecht in der Klasse über die unterschiedlichen Lebensumstände dieser Kinder.
3. Welche dieser Kinder gehen wie du regelmäßig zur Schule?
4. Können einige dieser Kinder etwas, das du nicht kannst?

Ivo mußte in Kroatien viele Monate Hunger und Krieg erleben. Viele Wochen war er auf der Flucht. Sein Vater wurde erschossen, das Elternhaus zerstört.

Ivo

Bob wohnt auf einer Farm in Kansas. Täglich holt ein Schulbus ihn und die Farmkinder der Umgebung ab. Es sind 38 km bis zu Bobs Schule.

Bob

Ihr könnt
- gemeinsam eine große Weltkarte für euer Klassenzimmer herstellen.
- Bilder von Kindern aus aller Welt sammeln und sie auf die richtige Stelle eurer Karte kleben.
- eine bunte „Welt der Kinder" in euren Heften gestalten.

Manuel gehört zu den Straßenkindern von Rio de Janeiro. Um sein Essen und einen Unterschlupf für die Nacht kümmert er sich selbst. In die Schule geht er nicht.

Manuel

Losinyen ist ein Nomadenkind in Kenia. Er wohnt im Internat der Missionsstation South Horr, um eine gute Ausbildung für später zu bekommen.

Akio soll später eine leitende Stellung in einer großen Firma erreichen. Deshalb wird er täglich in eine Oberschule gefahren, wo er sehr viel lernen muss. Er wohnt in einem eleganten Vorort von Tokio.

Sunil, buddhistischer Mönch auf Sri Lanka, trat mit 9 Jahren freiwillig in ein Kloster ein. Die Mönche nahmen ihn wie einen Sohn auf.

Sadhana lebt mit ihrer Familie auf der Straße in Bombay. Täglich sammelt sie Verwertbares vom Müll ihres Viertels und verkauft es selbstständig an einen Händler. Damit hilft sie ihre Familie zu ernähren.

Irina wohnt mit den Eltern und ihrer Schwester in einem großen Wohnblock in Moskau. Ihnen wurde eine kleine Zweizimmerwohnung zugewiesen. Wie alle Kinder besucht sie das Schulzentrum ihres Viertels.

Leben in bedrohten Gebieten

Ätna, ital. *Monte Etna,* größter noch tätiger Vulkan Europas an der Ostküste Siziliens, 3340 m; 300 m hoher Zentralkegel, viele Nebenkrater, aus denen meist die Lavamassen hervorbrechen.
(aus einem Lexikon)

Lavastrom bedroht Zafferana

Sizilien. Ein Strom glühender Lava, die sich stetig aus dem Ätna ergießt, bedroht den kleinen Ort Zafferana am Fuße des Vulkans. Die 7000 Einwohner hoffen noch immer, dass der Lavastrom langsamer wird und zum Stehen kommt.

Sprengstoff und Beton sollen Lavastrom stoppen

Der Lavastrom, der seit Tagen das sizilianische Dorf Zafferana bedroht, wälzt sich mit einer Geschwindigkeit von 10 bis 15 Metern in der Stunde zu Tal.
Soldaten der italienischen Armee brachten neben dem Lavastrom Sprengkörper an. Damit soll die glühende Gesteinsmasse in ungefährliche Bahnen umgeleitet werden.
Hubschrauber der Armee werfen große Betonklötze ab, um die Geschwindigkeit des Lavastroms zu verringern. Die in Zafferana versammelten Wissenschaftler versprechen sich davon die Rettung des Ortes.
(nach verschiedenen Zeitungsmeldungen)

1. Europas Feuerinseln

Antonia Tavolazzi, eine 68jährige sizilianische Bauersfrau, in der Nähe von Catania, erzählt:
*„Der Ätna hat unsere schöne Stadt Catania und einen Teil unseres Bauernhofes schon mehrmals zerstört. Deshalb fürchten wir den Ätna; zugleich lieben wir ihn auch, „unseren" Vulkan, und sind stolz auf ihn. Wir wollen unsere Heimat am Ätna nicht verlassen, obwohl uns dort ständig Gefahren drohen. Wir ziehen immer wieder zum Vulkan zurück und bauen das Zerstörte wieder auf. Der Ätna ist nämlich auch gut zu uns:
Er schenkt uns fruchtbaren Boden, er ernährt uns, und er warnt uns früh genug, wenn er ausbrechen will."*
(aus einem Illustriertenartikel)

Sizilien:
Der sich auf den Ort Zafferana zubewegende Lavastrom hat inzwischen den Ortsrand erreicht und bedroht Häuser und Obstgärten.
(Nachrichten vom 14. 4. 1992)

Sizilien:
Trotz verschiedener Maßnahmen konnte der Lavastrom nicht gestoppt werden. Am Ortsrand wurden bereits einige Häuser verschüttet.
(Nachrichten vom 16. 4. 1992)

30.1 Lavaausbruch am Ätna

31.1 Vulkane in Europa

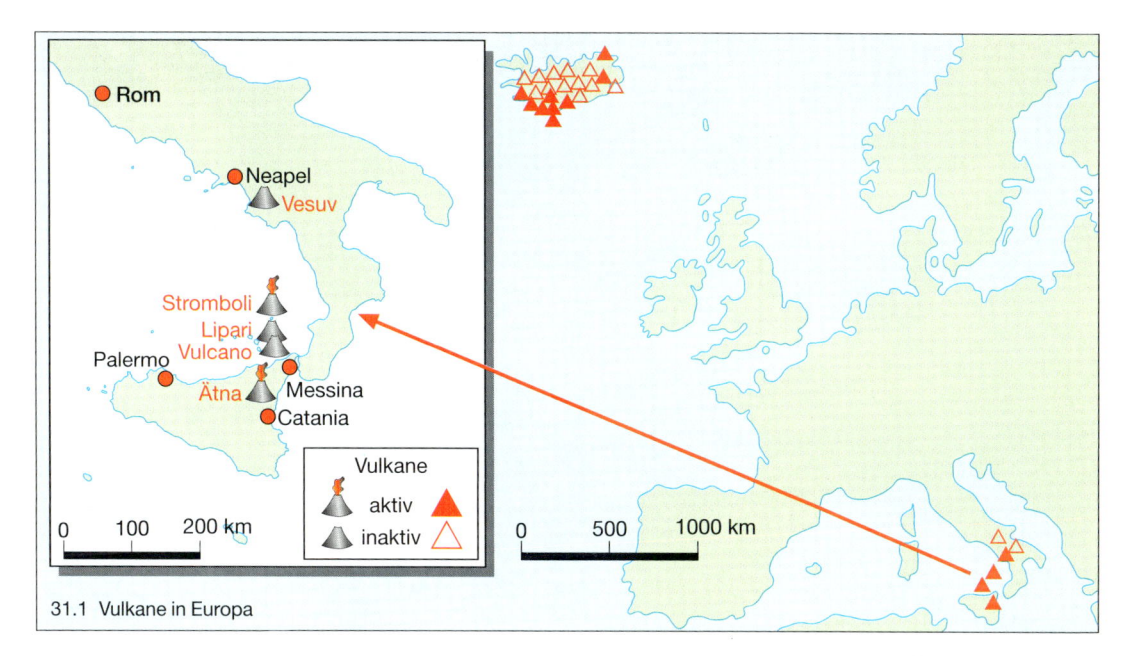

Vulkan

(der; nach Vulcanus) im weiteren Sinne jede Stelle der Erdoberfläche, an der Magma durch Eruption austritt, im eigentlichen Sinne nur der durch Anhäufung von Magmamassen entstandene feuerspeiende Berg. Unter Mitwirkung von Gasen steigt das Magma durch einen Schlot an die Erdoberfläche und verlässt den Krater in Form von Lava, vulkanischen Bomben und Aschen. Bei Ausbrüchen dünnflüssiger Lava entstehen Schild-Vulkane (z. B. auf Hawaii), aus geschichteten Lavabänken und Aschen bauen sich Schicht-Vulkane auf.

Es gibt auf der Erde rund 475 bis 500 tätige Vulkane, davon allein drei Viertel rund um den Pazifik (Feuerring genannt).

(aus einem Lexikon)

31.2 Schichtvulkan

Tief im Innern besteht die Erde aus geschmolzenem Gestein, dem etwa 1200 °C heißen Magma. Die Erdkruste ist fast überall so dick, dass die Gesteinsschmelze nicht an die Erdoberfläche gelangen kann. An einigen Stellen jedoch kann Magma durch Vulkane entweichen: Magma, Gas und Wasser sammeln sich einige Kilometer unter der Erdoberfläche in einer Kammer. Wenn der Druck zu groß wird, steigt dieses Gemisch nach oben und durchbricht die Erdoberfläche – ein Vulkan bricht aus. Das Magma, das wir jetzt Lava nennen, erkaltet und wird fest.

(aus einem Sachbuch)

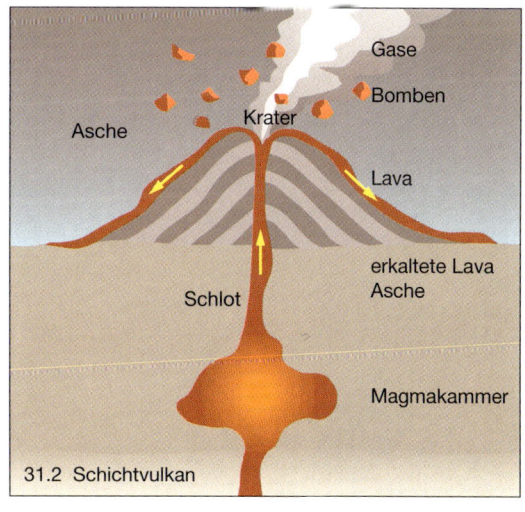

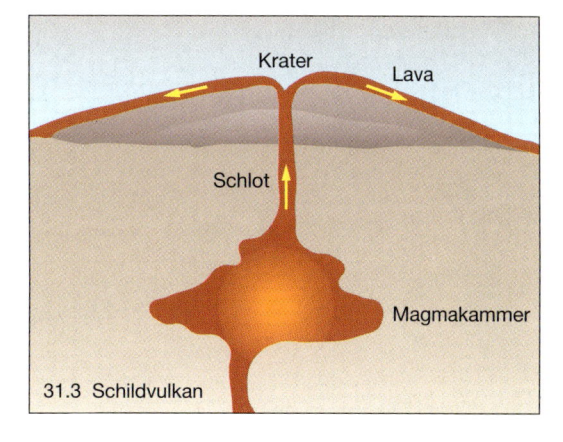

31.3 Schildvulkan

32.1 Nach dem Erdbeben in Mariano (Friaul)

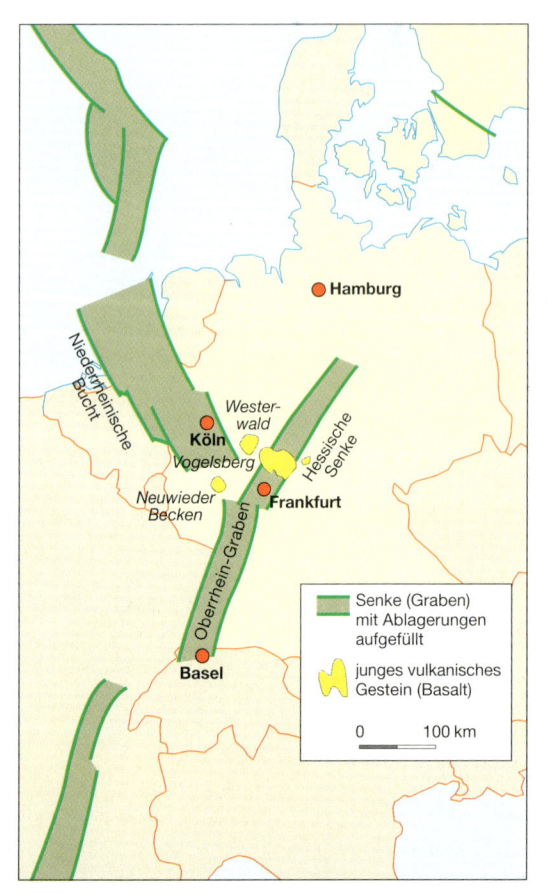

32.2 Erdbebengebiete in Deutschland

2. Wenn die Erde bebt

Erdbeben in Europa

Ein Zeitungsbericht vom 14. April 1992:

> Die Uhr zeigte 3.20 Uhr, als viele Menschen aus dem Schlaf gerissen wurden. Die Wände vibrierten, der Boden bebte. 15 Sekunden dauerte der Spuk, dann war es wieder still.

Was war geschehen? Ein Erdbeben hatte die Erschütterung ausgelöst. Es war das stärkste Beben in der Region seit 1756. Sein Zentrum lag in der niederländischen Grenzstadt Roermond. Die Bodenschwingungen waren in einem Umkreis bis zu 250 km in den Niederlanden, in Belgien, Luxemburg, Frankreich und Deutschland zu spüren.

In der Nähe des **Bebenzentrums** stürzten einige Häuser ein, viele Wände zeigten große Risse. An einigen Stellen im Ruhrgebiet senkte sich die Erde um etwa 10 Zentimeter. Schornsteine und Dachziegel fielen von den Häusern und beschädigten Autos. Geschirr und Gläser klirrten in den Schränken. Alarmanlagen schrillten.

Aufgeregte Menschen berichteten, dass bereits wenige Minuten vor dem Erdbeben Tiere sich außergewöhnlich verhalten hatten. So seien Vögel mit lautem Schreien weggeflogen. Glücklicherweise wurden nur wenige Menschen verletzt.

33.1 Folgen des Erdbebens in Kalifornien

Am 7. Mai 1976 um 21 Uhr erschütterte ein Erdbeben die norditalienische Region Friaul. Ausläufer des Bebens waren bis in den Nordseeraum und bis nach Sizilien spürbar. In der Provinz Udine wurden von den betroffenen 150 Orten 30 völlig zerstört.

Die Regierung erklärte die Provinz Udine zum Katastrophengebiet. Umgehend organisierte das Rote Kreuz zusammen mit Polizei, Feuerwehr und Armee Hilfsmaßnahmen. Hilfsorganisationen europäischer Länder stellten aus ihren Beständen Lieferungen zusammen. Schon nach 24 Stunden waren Zelte, Feldbetten, Wolldecken, Nahrungsmittel und Medikamente sowie Ärzte und Sanitäter auf dem Weg ins Katastrophengebiet.

1. Welche Schäden sind auf den Bildern zu erkennen?
2. Nenne Hilfsorganisationen, die in solchen Fällen mit ihren Menschen und mit Material Hilfe leisten.
3. Vergleiche die Auswirkungen des Erdbebens in Deutschland und in Italien mit denen in Kalifornien.
4. In Deutschland gelten das Alpenrandgebiet, die Schwäbische Alb, der Vogelsberg, die Rhön und der Oberrheingraben als gefährdet. Suche die Gebiete im Atlas.

Erdbeben in Kalifornien

Die Uhr zeigte am 17. Oktober 1989 kurz nach fünf. Lee und Terry waren gerade im Stadion angekommen. Sie wollten das Baseballspiel San Francisco gegen Oakland sehen. Lee dachte zuerst, dass das Stadion sehr wacklig gebaut ist. Er wunderte sich, als die Zuschauer alle aufstanden. Es war plötzlich ganz still geworden. Als sie merkten, was los war, schrien sie vor Freude. Alle waren froh, daß sie noch lebten.

Einige Fans hatten das Stadion nicht mehr erreicht. Auf der Straßenbrücke zwischen Oakland und San Francisco war ein 16 m langes Stück nach unten weggeklappt. Das Beben hatte auf anderthalb Kilometern Länge die oberste Fahrbahn der zweistöckigen Schnellstraße von den Stützen gehoben. Wie viele Menschen in ihren flachgepressten Autos saßen, wussten die Rettungstrupps noch nicht.

Jeder erinnerte sich an die Katastrophe von 1906. Damals stürzten die Häuser zusammen, Gasleitungen platzten und ein Feuer wütete drei Tage und drei Nächte. Die Armee sprengte ganze Straßenzüge, um das Feuer einzudämmen.

Am 17. Januar 1994 bebte die Erde wieder, diesmal in Los Angeles. Wieder kamen Menschen zu Tode. Die Kalifornier wissen von der Gefahr, aber die meisten wollen nicht wegziehen.

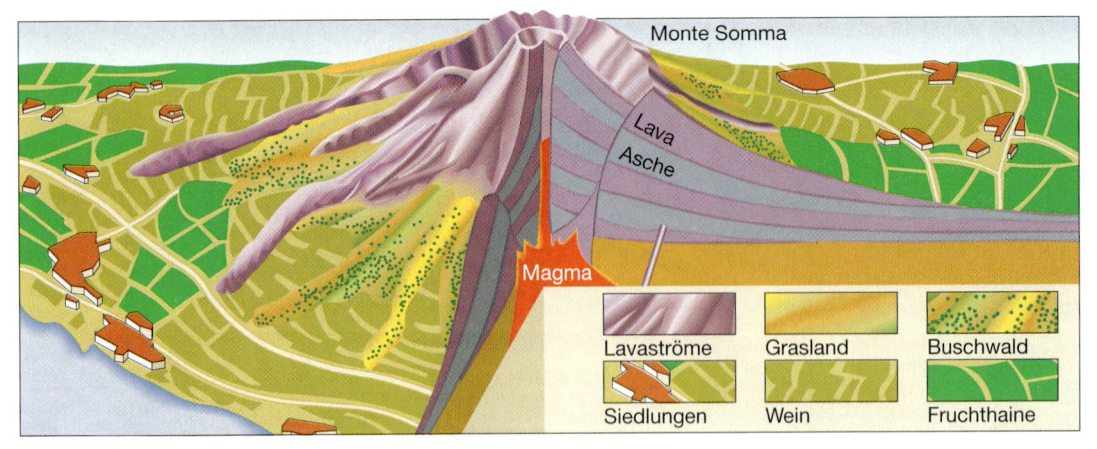

34.1 Schnitt durch den Vesuv

3. Leben mit Vulkanen und Erdbeben

Auswirkungen der Vulkane

Zu den bekanntesten Vulkanen Europas gehört der Vesuv. Im Jahre 79 n. Chr. vernichteten bei einem Ausbruch dicke Lava- und Ascheschichten die Städte Pompeji und Herculaneum. Über 2000 Menschen kamen damals ums Leben. Im letzten Jahrhundert wurden diese Städte wieder entdeckt und ausgegraben. Trotz der ständigen Bedrohung haben die Menschen das Gebiet um den Vesuv immer wieder besiedelt. Der Grund dafür sind die fruchtbaren und nährstoffreichen Böden. Sie entstehen, wenn die Lava- und Aschemassen verwittern. Zusammen mit dem günstigen Klima ermöglichen sie eine intensive Bodennutzung.

Vulkane schenken den Menschen auch wertvolle Metalle wie Gold und Silber oder Gesteine wie Granit und Basalt. Vulkanische Dämpfe können ins Grundwasser eindringen und es aufheizen. Tritt dieses Wasser dann durch Spalten und Risse nach außen, entstehen heiße Quellen (Thermen) oder Springquellen (Geysire). Die Isländer nutzen das heiße Wasser zum Heizen ihrer Wohn- und Gewächshäuser.

1. Erkläre, weshalb die Menschen das Gebiet um den Vesuv trotz der Ausbrüche immer wieder besiedelten.
2. Beschreibe die landwirtschaftliche Nutzung an den Hängen des Vesuvs (Atlas).
3. Welchen Nutzen bringen Vulkane?

34.2 Intensiver Gartenbau am Vesuv

Sich auf Erdbeben einstellen

In den kalifornischen Schulen lernen die Kinder, dass sie bei einem Erdbeben Deckung suchen sollen. Bewohner und Touristen bekommen Straßenkarten, die gefährdete Gebiete ausweisen. Auch die Telefonbücher enthalten viele Hinweise, wie man sich bei einem Beben verhalten soll. Der Staat hat strenge Bauvorschriften erlassen, damit die Gebäude erdbebensicher gebaut werden.

1923 waren im japanischen Kanto 143 000 Menschen ums Leben gekommen. Jedes Jahr üben deshalb am 1. September Millionen von Japanern den Ernstfall. Bei einer Erdbebenwarnung in Japan stoppen automatisch die über 250 km/h schnellen Shinkansen-Eisenbahnzüge. Die Gasversorgung der Haushalte wird ebenso unterbrochen wie die Ölzufuhr in den Raffinerien. Radio und Fernseher schalten sich von selbst für eine Erdbebenwarnung ein.

Starke Verankerungen im Untergrund sollen Bauwerke vor zu schnellem Einsturz schützen. Auf Dächern von Hochhäusern bewegen Computer Stahlgewichte entgegen den Schwingungen. Einige Konstrukteure stellen die Hochhäuser auf gewaltige Stoßdämpfer, andere legen die Stockwerke mit Stahlplatten und dicken Gummischichten aus. So kann der Fußboden die Schwingungen aufnehmen. Für Wasser- und Gasleitungen verwendet man Kunststoffrohre, die nicht so leicht brechen. Feuerlöschtanks in den Städten sollen die Brandbekämpfung erleichtern.

35.1 Alter chinesischer Erdbebenanzeiger. Erschüttert ein Erdbeben das Gerät, dann fällt die Kugel in die Richtung heraus, in der das Beben liegt.

35.2 Stoßdämpfer unter einem Hochhaus. Das Gebäude berührt nicht den Boden.

1. Betrachte die Angaben in der Richter-Skala. Was sagen sie aus?
2. Erläutere, wie Menschen versuchen, sich gegen die Auswirkungen von Erdbeben zu schützen.

Messen nach der Richter-Skala

Erdbeben breiten sich wellenförmig aus, ähnlich wie Wellen, wenn man einen Stein ins Wasser wirft. Empfindliche Messgeräte, **Seismographen,** zeichnen die Erschütterungen als Kurven auf.

Stärke und Auswirkungen auf der **Richter-Skala**
1 Das Erdbeben ist kaum wahrnehmbar.
2 Türen und Fenster klappern, Lampen pendeln.
3 Türen und Fensterläden schlagen. Tiere werden unruhig.
4 Möbel fallen um, Gläser zerspringen. Im Verputz der Häuser zeigen sich Risse.
5 An den Häusern entstehen Mauerrisse. Rohrleitungen bersten. Kirchenglocken fangen von selbst an zu läuten.
6 Dachziegel fallen herab. Breite Mauerrisse entstehen. Schwere Möbelstücke fallen um.
7 Leichtgebaute Häuser stürzen ein. Eisenbahnschienen verbiegen sich. Auf der Erde öffnen sich bis zu 10 cm breite Risse.
8 Gebäude und Brücken stürzen ein. Der Straßenbelag wellt sich. Dämme bersten. Auf der Erde bilden sich breite Risse und Spalten.
9 Alle Bauwerke werden zerstört. Flüsse verändern ihren Lauf, neue Seen werden aufgestaut.

Projekt

Wir informieren uns über aktuelle Ereignisse

ICH SCHAUE MAL IM ATLAS NACH, WO DER ÄTNA LIEGT UND ZEICHNE EINE KARTE.

WO LIEGT DER DENN?

JA, ICH HABE ES HEUTE MORGEN IM RADIO GEHÖRT!

HABT IHR SCHON GEHÖRT, DASS DER ÄTNA AUSGEBROCHEN IST? ICH HABE ES GESTERN IN DEN FERNSEHNACHRICHTEN GESEHEN.

ICH WERDE MAL SEHEN, WAS DAS FERNSEHEN DARÜBER BERICHTET. VIELLEICHT GIBT ES EINEN BERICHT, DEN ICH MIT DEM VIDEORECORDER AUFNEHMEN KANN.

ICH HÖRE MAL DIE NACHRICHTEN IM RADIO UND NOTIERE DIE WICHTIGSTEN MELDUNGEN. VIELLEICHT SAGEN SIE IM MITTAGSMAGAZIN ETWAS MEHR DAZU. ICH KANN DIE MELDUNGEN AUCH AUF KASSETTE AUFNEHMEN.

DA MUSS DOCH HEUTE ETWAS IN DER ZEITUNG STEHEN!
WIE KAM ES DENN DAZU?
WAS IST DENN DA ALLES PASSIERT?
WIR WOLLEN UNS MAL DARUM KÜMMERN!
ICH SCHAUE MAL, WAS IN DER ZEITUNG DARÜBER STEHT UND SCHNEIDE DIE BERICHTE AUS. VIELLEICHT ERSCHEINT AUCH EIN BILDBERICHT IN EINER ILLUSTRIERTEN. SAMMELT IHR AUCH MAL ALLES, WAS IHR IN DEN NÄCHSTEN TAGEN FINDET.
ICH HABE ZU HAUSE EINIGE BÜCHER ÜBER VULKANE. ICH SEHE MAL NACH, OB DA ETWAS DARÜBER STEHT, WARUM VULKANE AUSBRECHEN.
VULKANE
ND ICH SCHAUE ZUHAUSE IM LEXIKON NACH, WAS ICH ÜBER DEN ÄTNA UND ANDERE VULKANE HERAUS BEKOMMEN KANN.
STADTBIBLIOTH
ICH GEHE MAL IN DIE STADTBIBLIOTHEK UND SEHE DORT NACH, WAS ICH FINDE.

Wissenswertes
Der Aufbau der Erde

Mittelatlantischer Rücken

Vulkanreihe
Anden
Südamerikanische Platte
Wärmeströmung
Pazifische Platte
Abtauchzone
Erdmantel

38.1 Bewegungen im Erdinnern

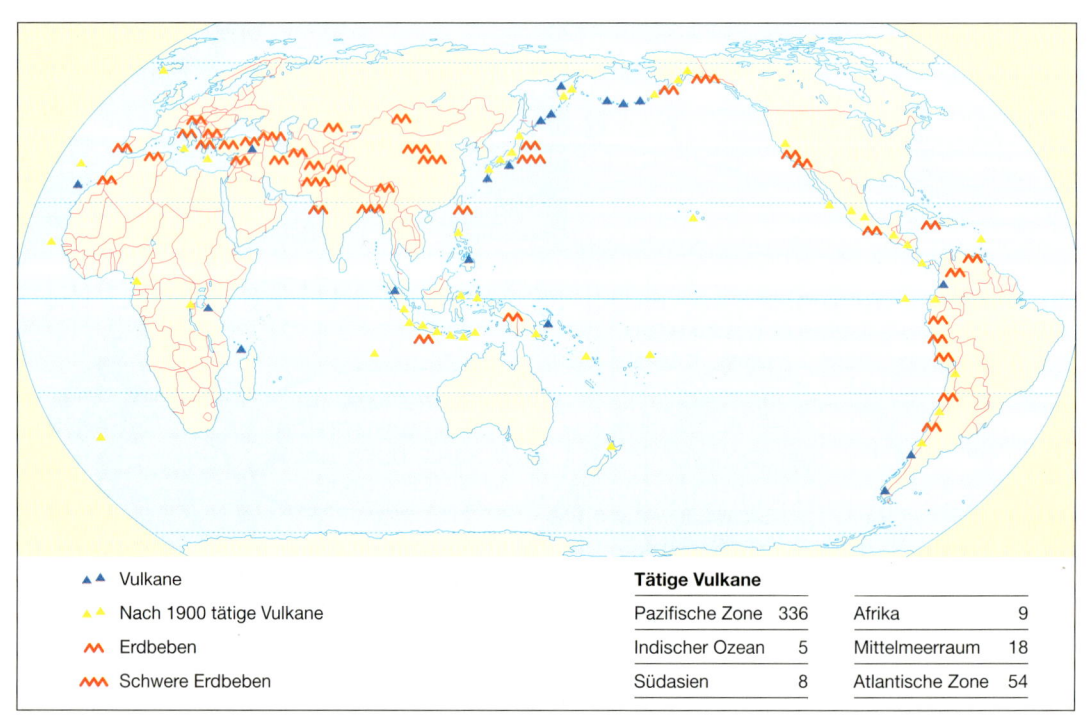

▲▲ Vulkane
▲▲ Nach 1900 tätige Vulkane
〰 Erdbeben
〰 Schwere Erdbeben

Tätige Vulkane

Pazifische Zone	336	Afrika	9
Indischer Ozean	5	Mittelmeerraum	18
Südasien	8	Atlantische Zone	54

38.2 Erdbebengefährdete Gebiete und tätige Vulkane

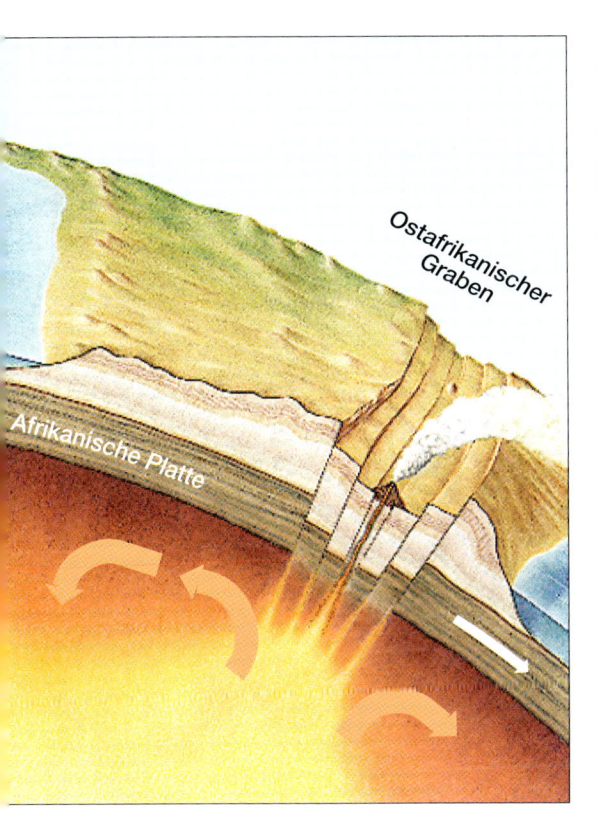

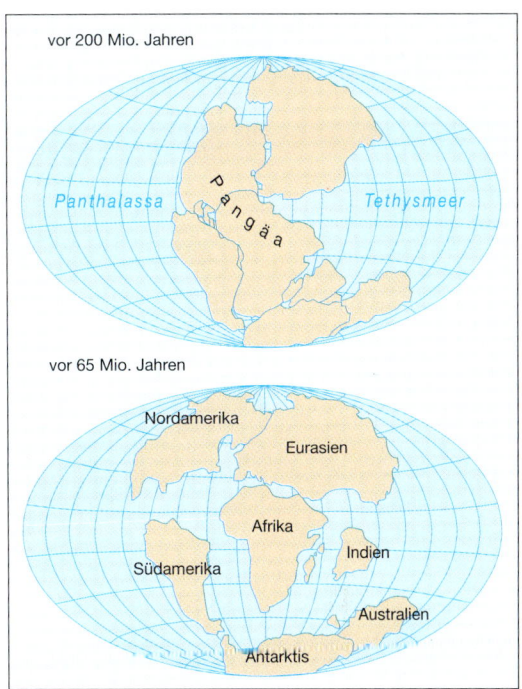

39.1 Die Erdplatten vor 200 Mio. und vor 65 Mio. Jahren

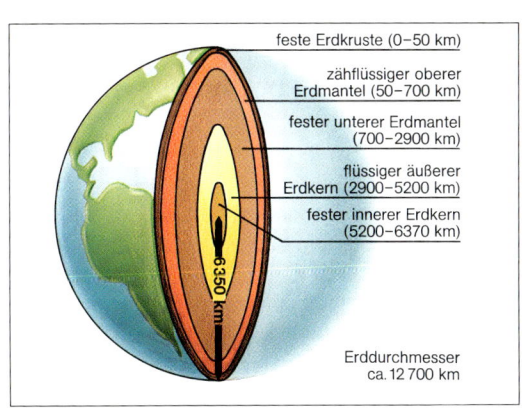

39.2 Der Schalenaufbau der Erde

Die Erde ist aus **Erdkern, Erdmantel und Erdkruste** aufgebaut. Die rund 50 km mächtige Erdkruste ist in Platten zerbrochen, die auf dem zähflüssigen Erdmantel „schwimmen" und sich dabei bewegen.

Wo zwei Platten aufeinandertreffen, schiebt sich die eine Platte unter die andere. Dabei wird der Rand der einen Platte gestaucht und aufgefaltet. So sind in Jahrmillionen Faltengebirge entstanden. Der Rand der anderen Platte taucht in den Erdmantel. Dabei wird das feste Gestein der Erdkruste aufgeschmolzen. An den Stellen, an denen Platten abtauchen, entstehen **Tiefseegräben.**

In Kalifornien schieben sich zwei Platten aneinander vorbei. Die Nordamerikanische Platte treibt nach Süden, die Pazifische Platte nach Norden. Die Folge ist eine Nord-Süd verlaufende Spalte in der Erdoberfläche, die San-Andreas-Spalte. Los Angeles liegt auf der nordwärts treibenden Platte, San Francisco auf der südwärts treibenden.

Forscher entdeckten auch den umgekehrten Vorgang: Platten wandern auseinander. So verläuft durch den Atlantischen Ozean eine Spalte von Norden nach Süden. Die meisten Erdbebengebiete liegen dort, wo Platten aufeinandertreffen oder sich aneinander vorbeischieben.

Bei der Reibung der Platten verhaken sich gewaltige Gesteinsmassen ineinander. Während die Platten ihre Bewegung fortsetzen, bleiben die verhakten Teile zunächst still stehen. Schließlich können sie dem ungeheuren Druck nicht mehr standhalten und reißen auseinander. Wenn die Platten auseinandertreiben, entsteht in der Erdkruste eine Spalte, durch die **Magma** aufsteigen kann. Dabei kommt es zu Vulkanausbrüchen.

Leben in bedrohten Gebieten bei uns

40.1 Hallig Hooge

1. Sturmfluten an der Nordseeküste

Am Sonnabend war Sturm wie seit 1962 nicht mehr. 3½ Meter über Normal hatte die Sturmwarnung gesagt. Darauf war man gerüstet; alle Fahrzeuge waren auf der Warft, die Schiffe waren auf Sturm vertäut.

Schon früh spritzte der Wellenschaum vom Nordwesten über den Steindeich. Gegen Mittag war ein Teil der Warft überschwemmt. Dann strömte es von Südosten über den ganzen Deich herein. In kurzer Zeit war die Brücke verschwunden, und im Hafen tanzte ein Boot wild in den Wellen.

Der Blick auf das Barometer und die Uhr machten uns Sorgen: Der Zeiger hing über „Sturm" tief nach unten, und bis zum Hochwasser waren es noch zwei Stunden. In dem Augenblick sah ich, wie das Wasser über den Friedhof vor meinem Fenster lief. Das war Gefahr! 3,50 m waren nun erreicht, aber die Hochwasserzeit noch lange nicht. Schnell machte ich einen Gang um das Haus und die Kirche. Die ersten Wellen klatschten gegen das Kellerfenster. Ich nagelte von außen Bretter vor das Fenster. Das hilft vielleicht. Die Bretter lagen schon da, Strandholz, vom Stapel herabgeweht.

Als das letzte Brett halb saß, staute sich eine Welle so hoch zwischen Wand und Schuppen, dass mir die Seestiefel voll Wasser liefen. Aber die Bretter hielten stand: Wir hatten deshalb nur etwa 50 cm Wasser im Keller.

Und die Kirche? Eine Sitzbank von außen lag zertrümmert in der Kirche; die hatte die Tür aufgestoßen. 40 cm Wasser standen in der Kirche! Die hereinlaufenden Wellen schwappten durch die Kirche. Läufer, Lesepult, Gästebuch, Kränze und Banktrümmer trieben durch die stille, noch weihnachtlich geschmückte Kirche.

Eine neue Gefahr kam auf uns zu. Ein zum Segeln umgebauter kleiner Fischkutter riss sich im Hafen los und trieb auf die Kirchwarft zu. Wird er in die Kirche kommen oder auf dem Auto landen? Mit flatternden Segeln trieb er dicht an der Warft vorbei, hakte sich noch einmal fest und ist am Pellwormer Deich unbeschädigt aufgelaufen.

Bald danach sank das Wasser. Wir merkten es, als es nicht mehr in die Türen hineinschlug. An der Westküste hielten die Deiche – im Gegensatz zu 1962 und anderen schweren Sturmfluten.

(Bericht des Pastors Speck von der Hallig Hooge
über die Sturmflut vom 3.1.1976)

41.1 Wie Sturmfluten einen Deich angreifen

Wie Sturmfluten entstehen

Das Steigen des Wasserspiegels nennen wir **Flut.** Schon bei Vollmond oder Neumond, wenn der Mond nicht scheint, steigt die Flut höher als gewöhnlich. Wenn dazu noch ein Sturm oder sogar Orkan vom Meer Richtung Land weht, steigt der Meeresspiegel höher als bei einer normalen Flut. Weht der Sturm immer noch bei der einsetzenden **Ebbe,** kann nicht genügend Wasser ablaufen, und die nächste Flut steigt noch höher.

1. Unter welchen Bedingungen entsteht eine Sturmflut?
2. Beschreibe, wie sich eine Sturmflut auswirkt.
3. Lies den Text über die Hallig Hooge und werte die beiden Bilder (40.1) aus.
4. Beschreibe die Küstenveränderungen an der Nordseeküste. Die Sturmflutchronik gibt dir einige Erläuterungen dazu.
5. Auch an der Ostseeküste gibt es Sturmfluten. Wie ist das zu erklären?

Aus der Sturmflutchronik der Nordsee

16. 1. 1219 Erste Marcellusflut
36 000 Menschen ertranken, riesige Verwüstungen.

16. 1. 1362 Große Mandränke
100 000 Tote, starke Küstenveränderungen. 30 Dörfer am Dollart versanken, ebenso die nordfriesische Insel Altnordstrand.

1. 1. 1953 Ignatiusflut
Verheerende Zerstörungen in den Niederlanden, 1600 km² Land wurden überflutet, 1800 Menschen starben, 143 000 Menschen wurden obdachlos, 40 000 Stück Großvieh ertranken, 25 000 Häuser wurden zerstört.

17. 1. 1962 Hamburger Sturmflut
315 Tote, weite Gebiete wurden überflutet, auf 260 km Länge brachen die Deiche.

Bei den nachfolgenden Sturmfluten in den Jahren 1976, 1990, 1991, 1994 gab es – obwohl sie stärker waren als die von 1962 – keine größeren Sachschäden und keine Personenschäden.

41.2 Sturmfluten an der Nordsee

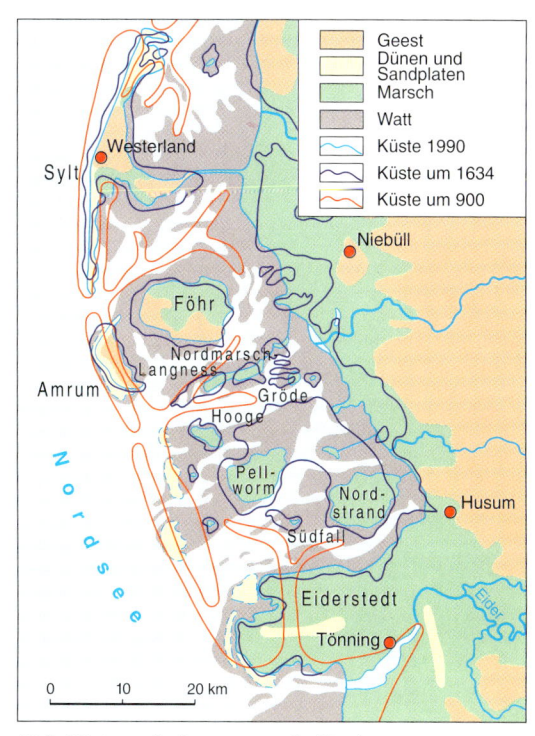

41.3 Küstenveränderungen an der Nordsee

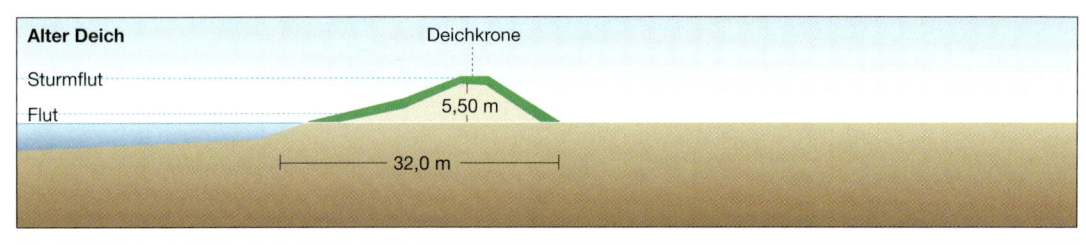

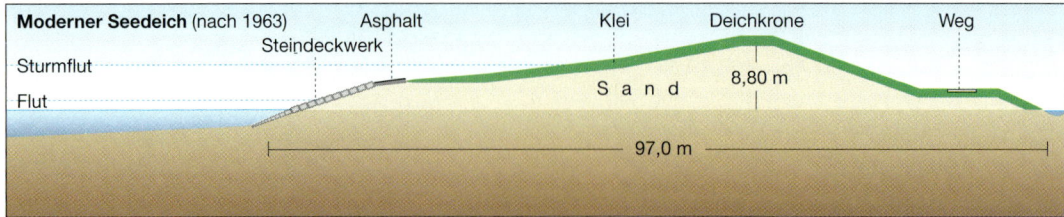

42.1 Querschnitt durch einen alten und einen neuen Deich

2. Küstenschutz

Die schweren Deichbrüche früherer Zeiten waren hauptsächlich auf die mangelhafte Deichbaukunst zurückzuführen. Schwachstellen waren:
- zu steile Böschungen außen,
- zu steile Böschungen innen,
- zu niedrige Bauweise,
- zu leichtes Baumaterial,
- eingedrungene Wurzeln,
- Gehpfade und Treppen,
- Bauwerke im Deich,
- Absinken des Untergrundes.

Heute werden die Erfahrungen vieler Generationen und die Erkenntnisse der Wissenschaft beim **Deichbau** berücksichtigt. Das Gewimmel von Arbeiterscharen an den Deichbaustellen früherer Jahrhunderte ist heute dem Einsatz modernster Maschinen gewichen. Bagger mit Schaufelrädern und Greifern arbeiten direkt am Deich. Draußen im Watt liegen Saugbagger. Sie pumpen über lange Rohre ein Sand-Wasser-Gemisch in das Deichbett aus wasserundurchlässigem Marschboden (Klei). Bagger, Planierraupen und Walzen formen den Sand zum Deichkern, der später mit einem Kleimantel versehen wird. Feldbahnen fahren Steine und anderes Material zum Befestigen von Böschungen und Deichfuß heran.

42.2 Deichbau heute

43.1 Tetrapoden (Betonklötze)

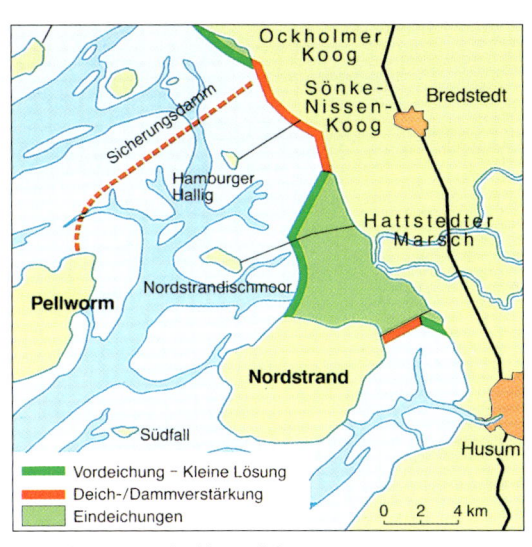

43.3 Verkürzung der Küstenlinie

Seit Jahrhunderten bedroht das Meer Land und Leute an der Nordsee. Deshalb schützen sich die Menschen durch verschiedene Maßnahmen.

- Die ältesten Schutzmaßnahmen sind künstliche Hügel. Auf diesen Warften fanden zwei bis drei Häuser Platz. Jedoch schützten sie nur die Wohnsiedlungen, nicht aber das umliegende, als Weide genutzte Marschland.
- Die im 9. Jahrhundert eingewanderten Friesen begannen mit dem Bau von Deichen. Ein altes friesisches Sprichwort weist darauf hin: „Der nit wil diken, mut wiken" – „Der nicht deichen will, muss weichen". Insgesamt ist die deutsche Nordseeküste auf einer Länge von 1300 km durch Deiche geschützt. Aber auch die Unterläufe der Flüsse müssen eingedeicht werden. Diese Flussdeiche müssen so hoch gebaut werden, dass auch bei Hochwasser das zurückgestaute Flusswasser nicht übertreten kann.
- An der deutschen Nordseeküste gibt es viele Köge. Dies sind ehemalige Buchten des Wattenmeers. Sie entstanden durch Landgewinnung und werden durch Deiche geschützt.
- Man verkürzt die Küstenlinie, indem man Buchten vom Meer abtrennt (Abb. 43.3) und so die Überschwemmungsgefahr bei Sturmfluten verringert.

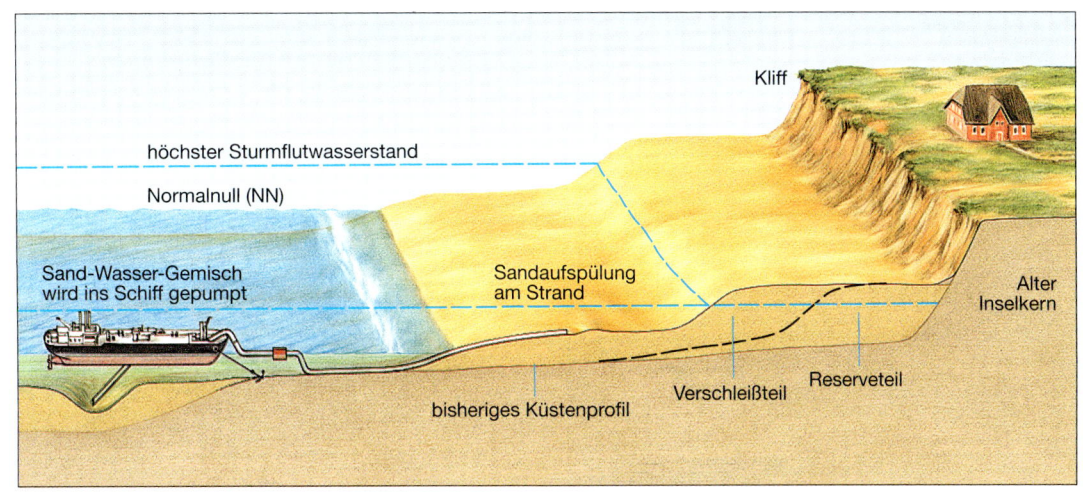

43.2 Sandaufspülung

Ebbe- und Flutgäste: Bei Ebbe suchen viele tausend Tiere auf den trockenfallenden Wattflächen Nahrung. Im Sommer sind es vorwiegend Küstenvögel wie die Möwen. Im Frühjahr und Spätsommer kommen riesige Schwärme von Gänsen und Enten. Der Seehund sucht Sandwattflächen auf, wo er ungestört ist. Mit der Flut kommen durch die Priele Krebse, Krabben und Bodenfische wie Heringe, Schollen oder Aale.

Salzwiesen im Vorland von Halligen, Inseln und dem Festland: Meist werden sie nur noch bei Sturmflut vom Salzwasser überflutet. Auf den Salzwiesen leben seltene Pflanzen, Insekten und Vögel. Alle Pflanzen vertragen das Salzwasser der Nordsee.

44.1 Im Wattenmeer

44.2 Die Nationalparke im Wattenmeer

3. Nationalpark Wattenmeer

Die Menschen nutzen das Wattenmeer

Viele Menschen wohnen, arbeiten oder erholen sich an den Küsten entlang des Wattenmeers. Sie nutzen es in unterschiedlicher Weise:

- zur Ansiedlung von Industrie,
- zur Öl- und Gasgewinnung,
- als Erholungsgebiet,
- zu militärischen Übungen,
- zur Jagd von Enten und Gänsen,
- zur Gewinnung von Neuland als Weide oder Ackerland,
- als Schifffahrtsweg, z. B. zu den Seehundbänken oder zu den Inseln,
- zur Krabbenfischerei.

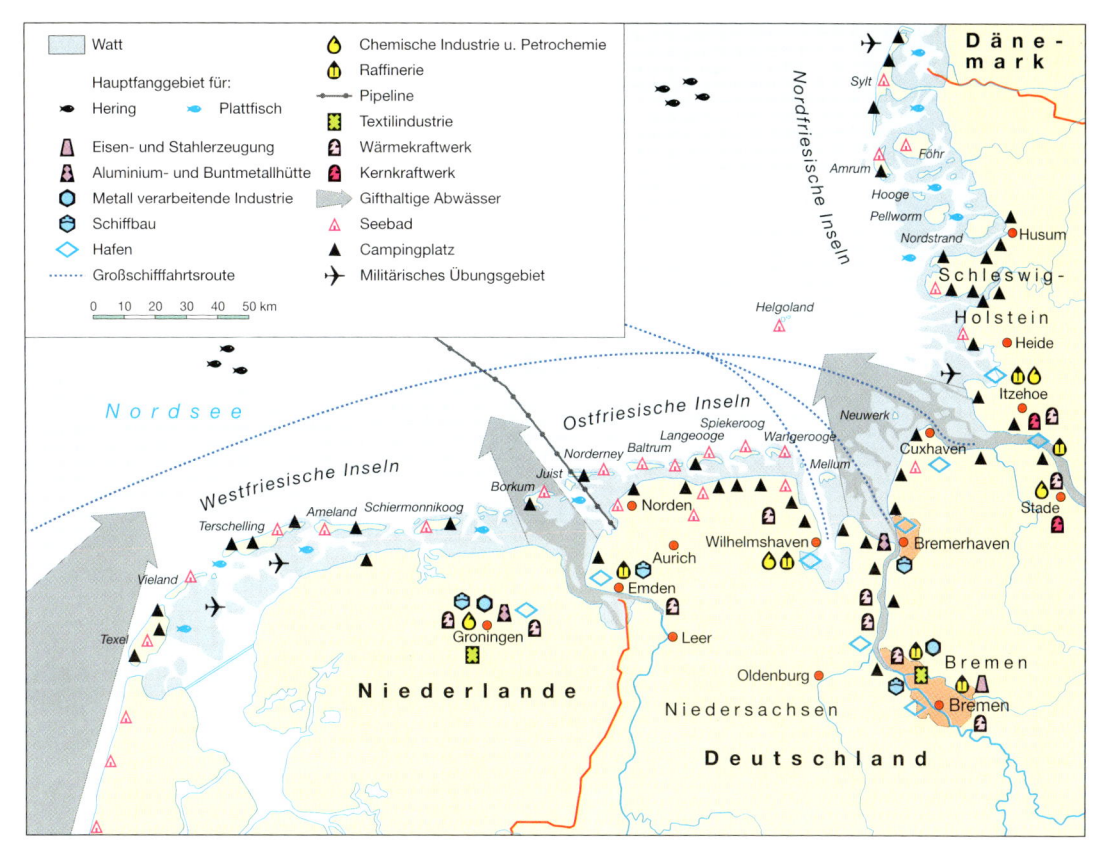

45.1 Die Nutzung der Nordseeküste

Schutz für das Wattenmeer

Die Küstengebiete werden sehr stark genutzt. Das Wattenmeer ist bedroht. Schleswig-Holstein richtete 1985 einen Nationalpark ein. Niedersachsen folgte 1986. In besonders geschützten Zonen ist alles untersagt, was die Landschaft schädigt oder verändert. So ist es verboten, im Watt außerhalb bestimmter Wege zu wandern. Auf den Salzwiesen dürfen keine Rinder oder Schafe weiden. Auch die Jagd auf Enten oder Gänse ist verboten.

Manche Menschen wünschen sich noch strengere Schutzbestimmungen. Andere wehren sich gegen Einschränkungen:
Landwirte möchten neues fruchtbares Marschland gewinnen, den Boden entwässern, die Salzwiesen beweiden.
Fischer möchten Laichgebiete schützen, im Watt Krabben fangen, Fahrrinnen für ihre Kutter ausbaggern, Betriebe zur Fischverarbeitung bauen.
Schifffahrtsgesellschaften möchten, dass Fahrrinnen für größere Schiffe ausgebaut werden.
Industrieunternehmen möchten Öl in der Nordsee fördern oder sich an der Küste ansiedeln.
Tourismusunternehmen möchten an der Küste und auf den Inseln neue Hotels, Feriensiedlungen und Freizeiteinrichtungen bauen, Ausflugsfahrten zu den Inseln und Seehundbänken veranstalten.

1. Warum gibt es Nationalparks im Wattenmeer?
2. Suche im Atlas, wie der Nationalpark Schleswig-Holsteinisches Wattenmeer unterteilt ist.
3. Stelle zusammen, wer bei der Einrichtung des Nationalparks berücksichtigt werden musste.

Informationsmaterialien gibt es beim:

Landesamt für den Nationalpark Schleswig-Holsteinisches Wattenmeer
Am Hafen 40a, 25832 Tönning

WWF-Wattenmeerstelle Schleswig-Holstein
und Hamburg, Norderstraße 22, 25813 Husum

Naturschutzbund Deutschland (NABU) e.V.
Herbert-Rabius-Straße 26, 53225 Bonn

Projekt
Wir bauen einen Deich

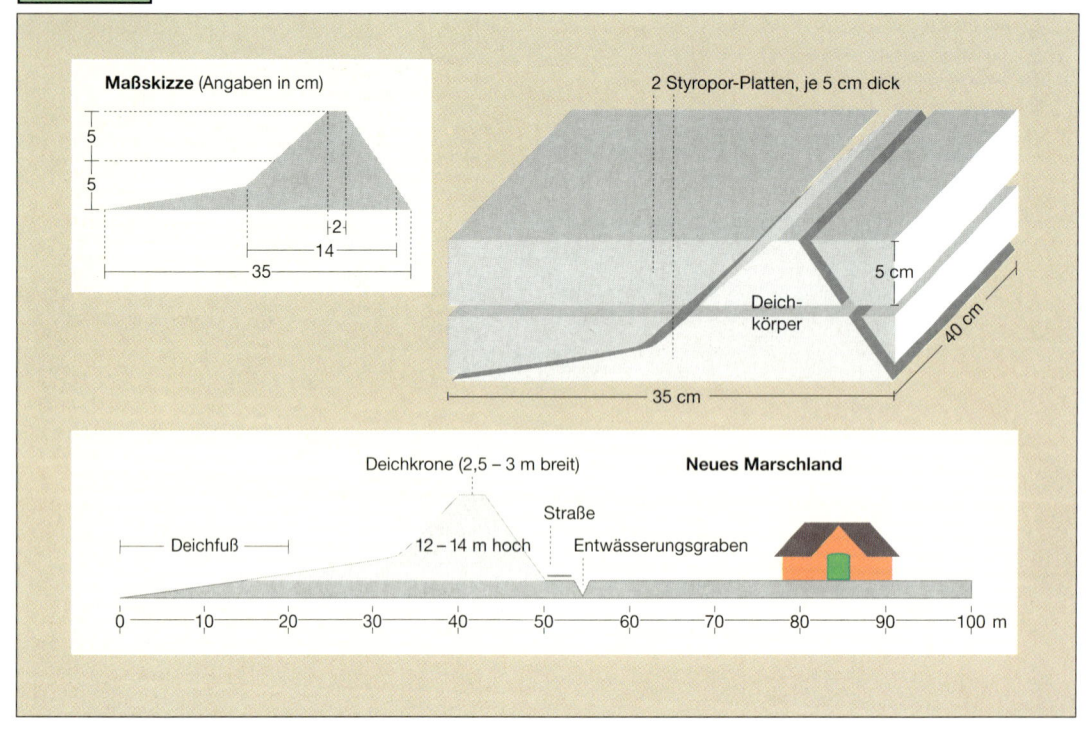

46.1 Wie ihr einen Deich aus Styropor bauen könnt

Was ihr dazu braucht
- eine Spanplatte, 100 cm lang und 40 cm breit,
- drei Styroporplatten (zwei 5 cm, eine 2 cm dick),
- Grasmatte aus dem Bastelgeschäft,
- Weißleim, Styroporkleber,
- Meterstab, Styroporschneider oder Messer, Metallspachtel, Pinsel, Farbkasten, Schere,
- Kartonstreifen 8 cm lang, 3 cm breit,
- Modell eines friesischen Bauernhauses im Maßstab 1:87 aus dem Spielwarengeschäft.

Und so könnt ihr arbeiten
- Zeichnet euch die Maße aus der Maßskizze mit Faserschreiber auf die zwei aufeinandergelegten Styroporplatten.
- Legt die Grundfläche der Spanplatte mit einer Styroporplatte (2 cm dick) aus.
- Schneidet aus den beiden aufeinandergelegten, 5 cm dicken Styroporplatten den keilförmigen Deich heraus.
- Schneidet nun den Entwässerungsgraben hinter dem Deich aus.
- Klebt jetzt alle Styroporteile an.
- Überzieht die Landschaft mit der Grasmatte – schneidet vorsichtig zu und verwendet genügend Weißleim beim Ankleben.
- Zeichnet die Straße auf, färbt sie grau und malt den Entwässerungsgraben blau aus.
- Bringt ein Bauernhaus von einer Modelleisenbahn (Größe H0) mit und stellt es ganz rechts in das neue Marschland, damit ihr einen Größenvergleich zum Deich habt.
- Beschriftet nun die Kartonstreifen mit den Bezeichnungen wie in der Abb. und befestigt sie mit Nadeln im Modell.
- Das Modell könnt ihr mit Tieren, Sträuchern oder Fahrzeugen von einer Modelleisenbahn weiter ausgestalten.
- Ihr könnt das Deichmodell natürlich auch in der Sprunggrube eures Sportgeländes oder in einem fahrbaren Sandkasten der Schule nachbauen. Wer Spaß daran hat, kann versuchen, das Deichmodell in einer nicht mehr benutzten Obstkiste zu bauen.

Projekt
Wir arbeiten mit dem Sandkasten

Versuchsaufbau

Ablauf gegen Ende

Ablauf zu Beginn

Versuchsergebnis

Was ihr dazu braucht
- Sand und Erde, am besten gemischt, einen Wasserschlauch und eine Gießkanne,
- einen Kindersandkasten aus Plastik oder zwei Dachlatten, Teichfolie oder stabile Baufolie, verzinkte Winkel, eine Säge, einen Zollstock, einen Schraubendreher, ein Messer und einen Tacker (oder einen Hammer und Pappnägel).

Und so könnt ihr arbeiten
- Aus den Dachlatten sägt ihr zwei Teile von je 150 cm Länge und zwei Teile von 100 cm.
- Ordnet die Latten zum Rechteck an und schraubt die vier Winkel außen an.
- Danach legt ihr die Folie lose in den Rahmen, streicht sie in die Ecken hinein und tackert die Folie an der Außenseite des Rahmens fest.
- Habt ihr noch ein Stück Dachlatte übrig, schneidet 10 cm lange Enden ab. Verwendet sie als Keile, wenn das Modell schräg stehen soll.

- Füllt Sand in den Sandkasten, feuchtet ihn etwas an und baut dann einen Sandberg.
- Öffnet den Wasserhahn ein wenig oder gießt das Wasser langsam aus der Gießkanne.
- Lasst das Wasser langsam den Sandhang hinablaufen.

1. Beobachtet euren Versuch und notiert die Vorgänge.
   - Was passiert mit dem Sand?
   - Welche Formen entstehen im oberen und welche im unteren Teil des Sandhügels?
2. Wiederholt euren Versuch und lasst dabei mehr Wasser schneller den Hang hinunterlaufen.
   - Welche Unterschiede beobachtet ihr gegenüber dem ersten Versuch?
3. Jetzt könnt ihr die Frage beantworten, warum die Außenhaut eines Deiches nicht aus Sand bestehen darf.

48.1 Gemüseanbau in der Uckermark

So viele Menschen ernährte ein Landwirt in Deutschland ...

1900

1950

1995

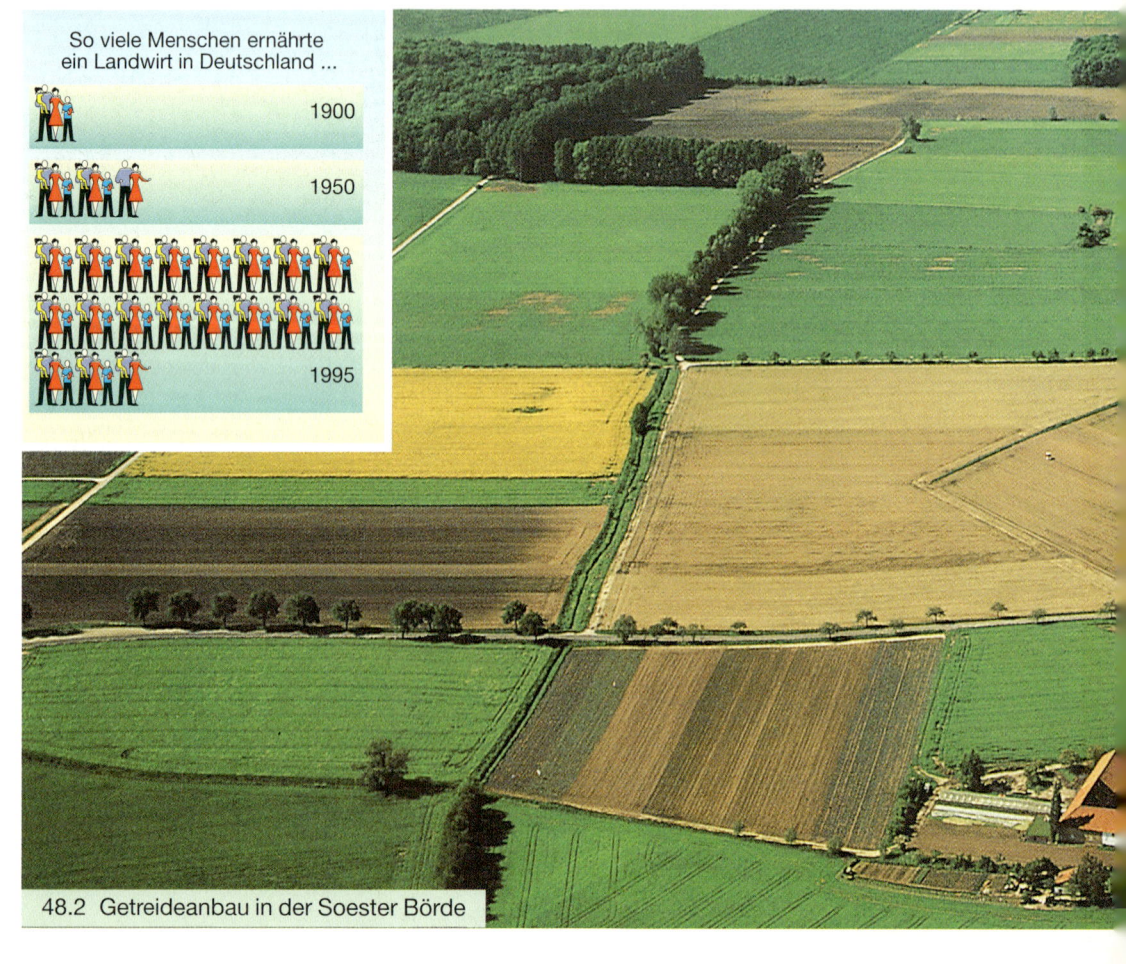

48.2 Getreideanbau in der Soester Börde

49.1 Viehwirtschaft im Sauerland

49.2 Weinanbau an der Mosel

Ohne Landwirtschaft geht es nicht

In einer Roggenähre reifen ungefähr 40 Körner.

30 000 Körner geben das Mehl für 1 kg Brot.

1 kg Brot „wächst" auf gut zweieinhalb Quadratmeter Land.

Projekt

Nahrungs- und Genussmittel

**Gestatten, dass ich mich vorstelle:
Ich bin Dufti, die braune Bohne.**

Meine vornehme Bräune und den verführerisch aromatischen Duft habe ich erst in Hamburg bekommen. Aufgewachsen bin ich im sonnigen Bergland von Brasilien an einem vier Meter hohen Kaffeebaum. Hervorgegangen aus einer weißen Blüte, war ich erst grün und dann rot wie eine kleine Kirsche. Nachdem man meine Kameraden und mich gepflückt hatte, wurde uns in einem Chemiebad das Fruchtfleisch abgelöst. Ehrlich, wir waren froh, als wir anschließend in der warmen Sonne getrocknet wurden. Dann ging's – in großen Säcke verpackt – von Santos aus auf die Reise. Im Bauch eines riesigen Frachters schwammen wir in 14 Tagen über den Atlantik. Das Wetter war gut; seekrank wurde keiner.

In Hamburg angekommen, mussten wir das Schiff wechseln. Eine Schute, das ist ein kleineres Schiff, das die Waren innerhalb des Hafens verteilt, brachte uns in die weitläufige Speicherstadt. Im Kaffeespeicher wurden wir einige Tage zwischengelagert. Nachdem ein Probenzieher uns geprüft und für gut befunden hatte, ging es in die Rösterei. Hier wurde uns behutsam, aber kräftig eingeheizt. Bei rund 200 °C zeigte sich allmählich, was in uns steckt: hinter vornehmer Bräune ein betörender Duft und köstliches Aroma.

Schließlich begann der letzte Teil unserer Reise. Mit gleich gut duftenden Freunden kam ich in eine luftdicht abgeschlossene kleine 500-g-Packung. Dann ging's mit dem Lkw ab. Einige Freunde in anderen Packungen wurden in einem Kaffeegeschäft ausgeladen, andere in einem Supermarkt. Wir landeten im Verkaufsgeschäft der Bäckerei. Bald können wir unser Aroma zur Freude unserer Genießer entfalten.

aus aller Welt

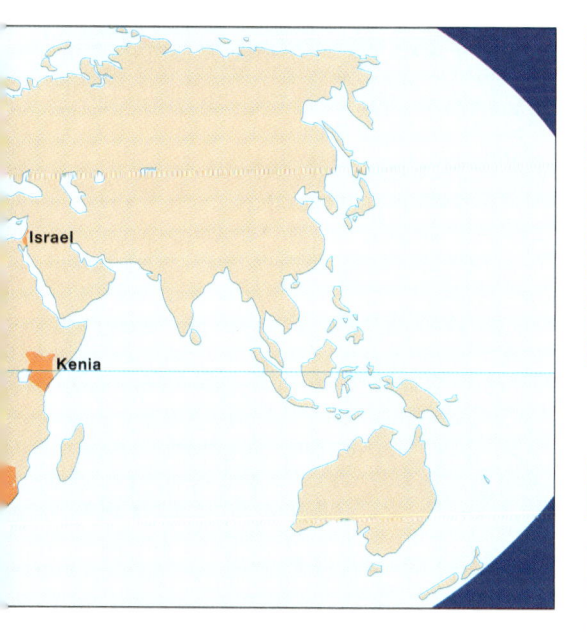

Du kannst
- einen Erkundungsbogen erstellen.
- in Supermärkten die Herkunftsländer von Obst, Gemüse und Genussmitteln notieren.
- Prospektbeilagen von Supermärkten aus der Tageszeitung sammeln und auswerten.
- eine Wandkarte erstellen. Zeichne dazu die Umrisse der Kontinente auf (Atlaskarte). Schneide aus Prospektbeilagen von Supermärkten Abbildungen von Lebensmitteln aus, bei denen das Herkunftsland angegeben ist. Klebe diese Bilder auf das Herkunftsland in der Weltkarte. Verbinde die Bilder durch einen Strich mit Deutschland.

Erkundungsbogen

	Herkunftsland	Angebot bei uns
Obst		
Äpfel	Italien	Mai
Kiwi	Italien	Mai
Kiwi	Neuseeland	Dezember
...	...	...
Gemüse		
Tomaten	Italien	September
Tomaten	Spanien	März
Tomaten	Marokko	Dezember
Zucchini	Frankreich	März
Spargel	Frankreich	März
...	...	...
Genussmittel		
Kaffee	Brasilien	ganzjährig
Tee	Ceylon	ganzjährig
...	...	...

Projekt
Wir erkunden einen Bauernhof

52.1 Ansicht eines Bauernhofes in der Elbmarsch

Die Klasse 5a besichtigte bei ihrem letzten Klassenausflug einen Bauernhof.

Gabi, die Klassensprecherin, erzählt, wie die Klasse die Erkundung vorbereitete.

„Zuerst suchten wir einen geeigneten Bauernhof. Dieser sollte in der Nähe unseres Schulortes sein. Wir wollten nämlich mit einem Linienbus dorthin fahren. Von der Landwirtschaftskammer erhielten wir die Adressen von Bauern aus der näheren Umgebung. Aus den vier Adressen suchten wir uns den Bauernhof Gravert aus. Herr Gravert hatte schon öfter Schulklassen auf seinem Hof gehabt. In einem Brief fragten wir bei ihm an, ob wir seinen Hof besichtigen dürften. Nach einer Woche schrieb uns Herr Gravert, dass wir kommen könnten.

Wir bereiteten uns gründlich auf den Besuch vor. Gemeinsam überlegten wir, was wir über den Bauernhof wissen möchten. Wir sammelten, was uns interessierte, und ordneten die Fragen.

Danach stellten wir einen Fragebogen auf. Mit diesen Fragen wollten wir ein Interview mit Bauer Gravert führen.

Das Gespräch mit Herrn Gravert wollten wir mit dem Mikrofon eines Kassettenrekorders aufnehmen. So konnten wir seine Antworten nachher in den Fragebogen eintragen. Der Fragebogen sollte kopiert und ausgehängt werden. Dann konnte jeder das Ergebnis nachlesen. Der Fragebogen war uns aber als Ergebnis zu wenig. Wir wollten auch einige Fotos von der Besichtigung machen. Melanie übernahm diese Aufgabe. Unsere Klassenlehrerin schlug vor, auch einige Skizzen von dem Bauernhof zu zeichnen. Unsere besten Zeichner, Klaus und Stefanie, sollten ihr Zeichengerät mitbringen. Sie sollten die Gebäude und deren Grundrisse zeichnen. Voller Spannung fuhren wir dann nach Süderau."

1. Wo liegt der Hof?
   Wie groß ist der Betrieb?
   Wer arbeitet auf dem Bauernhof?
2. Welche Tiere werden auf dem Hof gehalten?
   Welche Arbeiten erfordern sie?
3. Welche Produkte werden verkauft?
   An wen werden die Produkte verkauft?
4. Womit wird der Boden gedüngt?
   Werden Pflanzenschutzmittel eingesetzt?
5. Welche Maschinen und Geräte gibt es?
   Welche Arbeiten werden nicht selbst ausgeführt?
6. Wie lange muss täglich gearbeitet werden?
   Wie sieht es mit dem Urlaub aus?

52.2 Fragen zur Erkundung eines Bauernhofes

Name: Martin Becker   Klasse: 5a   Datum: 26.4.1997

Erkundeter Betrieb

Ort	: Lüderau in der Elbmarsch
Besitzer	: Familie Heinrich und Gertrud Gravert
Größe des Betriebes	: 96 ha, davon 50 ha zugepachtet
Familienangehörige	: 8: Vater, Mutter, 1 Sohn, 3 Töchter, Großeltern
davon im Betrieb	: Vater, Mutter, Kinder und Großeltern zeitweise
Weitere Beschäftigte	: −
Aushilfskräfte	: −

Betriebszweige

Viehwirtschaft (ja/nein)	: ja, 50 Milchkühe
Milchviehhaltung (Bestand/Jahresleistung)	: 50 Milchkühe, 6000 Liter Milch je Kuh
Schlachtvieh (Bestand)	: keine, aber 70 Tiere weibliche Nachzucht
Abnehmer	: Großschlachterei, Ladenschlachter und Privatleute
Ackerbau (ja/nein)	: ja
Anbaupflanzen	: 4 ha Raps, 20 ha Winterweizen, 10 ha Wintergerste, 10 ha Ackergras für Silage, 8 ha stillgelegt
Abnehmer	: Eigenverwertung und Landhandel
Düngereinsatz (Art)	: Mist, Gülle, Mineraldünger als Ersatzdüngung für Nährstoffentzug
Maschinenpark	: 4 Schlepper, 1 Dreischarpflug, 1 Düngerstreuer, 5 Kipper und Anhänger, 1 Strohpresse, Geräte zum Heumachen

Persönliche Situation der Bauernfamilie

Ausbildung	: Landwirtschaftsmeister
Tagesablauf	: 6 Uhr aufstehen, Tiere versorgen, Kühe melken, anschließend Arbeiten auf dem Feld oder auf dem Hof, am späten Nachmittag nochmals Kühe melken, abends häufig noch Arbeit am Schreibtisch
Tägliche Arbeitszeit	: ungefähr 10 Stunden
Regelmäßiger Jahresurlaub	: nein

Wird der Beruf gerne ausgeübt? Ja

53.1 Fragebogen zur Erkundung eines landwirtschaftlichen Betriebes

Ökologischer Anbau und artgerechte Tierhaltung

1. Vom Bauernhof zum landwirtschaftlichen Betrieb

54.1 So sah es früher bei uns aus

Die Kühe sowie zwei Jahrgänge Jungvieh sind angebunden, alle mit dem Kopf zur Diele, so dass Dielenfütterung vorgenommen werden kann. Dies ist insofern günstig, da die Abwurfluken dicht vor den Krippen angebracht sind und keine weiten Wege mit Heu und Stroh gemacht werden müssen.
Die Kühe bekommen als erstes Schrot in die Krippe. Dies wird mit 10-kg-Eimern verteilt. Anschließend werden Rüben geschnitten und mit einer Schaufel, je Schaufel 4 kg, über die 80 cm hohe Kante in die Krippe eingegeben.
Die Jungtiere bekommen eigenes Getreideschrot, ebenfalls mit 10-kg-Eimer verteilt, und satt Stroh in die Krippe.
Alle älteren Tiere werden zweimal im Winter mit Lauspulver eingestreut und auch gegen Leberegel und Magen- und Darmwürmer vorbeugend behandelt.

In der Scheune werden 47 Tiere einmal täglich mit einem Entmistungsantrieb gemistet. Er fördert den Dung über einen kleinen Turm auf den Hofplatz, von wo er mit dem Frontlader aufgenommen und zur Dungplatte transportiert wird. Anders ließ es sich wegen der engen Hoflage nicht machen. Mit der Hand zu misten sind noch die 40 Ferkel in der Scheune, 20 Schweine im Schweinestall sowie 11 Kühe und die Einzelboxen der kleinen Kälber. Der Dung wird mit der Schubkarre abgefahren.
Der Arbeitsaufwand bei den Kühen entsteht durch Handmistung und die Eimer-Melkanlage. Außerdem muss gesagt werden, dass die Kühe in zwei getrennten Ställen stehen und daher beim Melken ein größerer Weg nötig ist.

(aus Herrn Graverts Betriebsbeschreibung für die Meisterprüfung 1974)

Güllehochbehälter

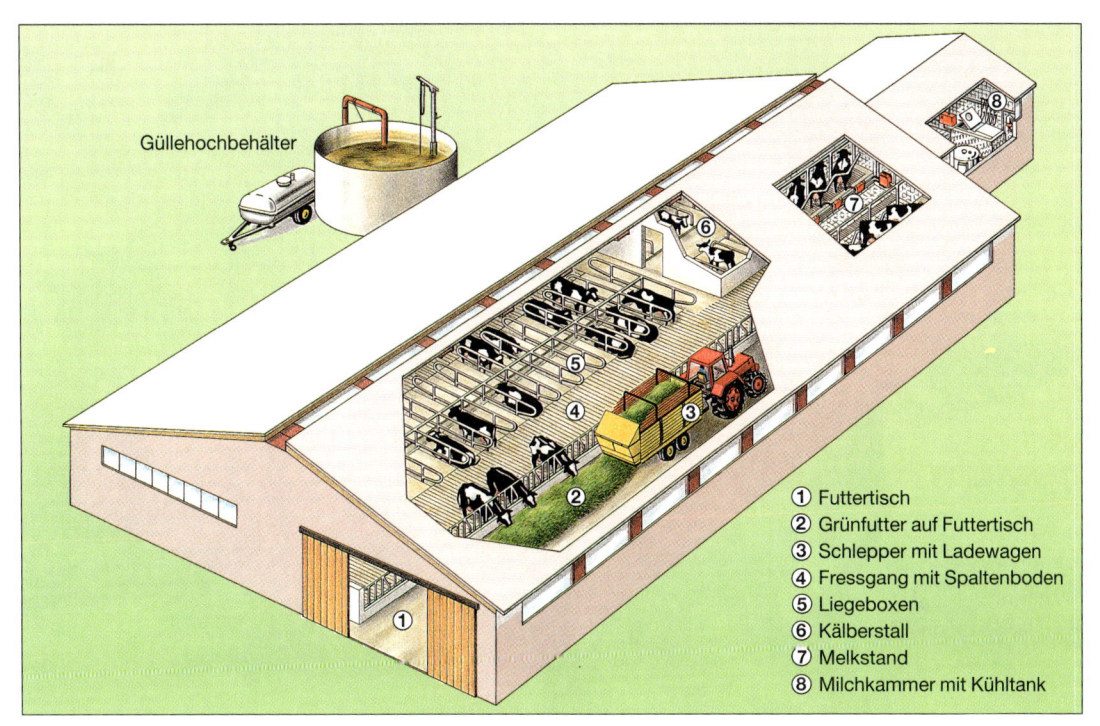

① Futtertisch
② Grünfutter auf Futtertisch
③ Schlepper mit Ladewagen
④ Fressgang mit Spaltenboden
⑤ Liegeboxen
⑥ Kälberstall
⑦ Melkstand
⑧ Milchkammer mit Kühltank

55.1 Moderner Laufstall

1992 baute Herr Gravert einen neuen Laufstall für 50 Kühe. Jetzt sind die Kühe nicht mehr angebunden, sondern können sich frei bewegen. Die Kühe können sich auch durch gegenseitiges Belecken oder an aufgehängten Bürsten selbst säubern. Jede Kuh sucht sich ihren Liegeplatz, der mit Stroh aufgefüllt ist, selbst aus.

Auch die Fütterung ist einfacher geworden. Mit dem Schlepper bringt Herr Gravert die Silage in den Stall. Die Kühe brauchen aber auch Kraftfutter, wenn sie viel Milch geben sollen. Das Schrot holen sie sich selbständig aus einem Automaten. Jede Kuh trägt ein Halsband mit einer Nummer. Der Computer erkennt, um welche Kuh es sich handelt. Er bestimmt, wie viel Schrot die Kuh bekommt. Herr Gravert hat die Daten für jede Kuh in seinem Computer gespeichert. Eine Kuh, die keine oder nur wenig Milch gibt, erhält kein Schrot.

Die Zeiten, als die Milch in einen Eimer gemolken wurde, ist längst vorbei. Herr Gravert hat einen Melkstand gebaut, den acht Kühe gleichzeitig aufsuchen können. Ein Tankwagen kommt auf den Hof und holt die Milch ab.

Die Gülle läuft heute über Öffnungen im Spaltenboden ab und wird in Behälter gepumpt.

Der Neubau eines Laufstalls lohnt sich erst ab einer bestimmten Anzahl von Tieren. In der Vergangenheit erzeugten die Milchbauern aber zu viel Milch. Auch Herrn Graverts Kühe könnten mehr Milch geben. Er darf aber nur eine festgelegte Menge abliefern. Wenn er zu viel abliefert, muss er Strafe bezahlen. Kleinere Landwirte verkaufen oder verpachten deshalb ihre Lieferrechte. Das bedeutet oft, dass sie ihren Hof aufgeben. So können andere Landwirte ihre Flächen vergrößern und größere Milchmengen abliefern.

Wusstest du schon, dass
- für 1 *l* Sahne 10 *l* Milch benötigt werden?
- für 1 kg Käse 11 *l* Milch benötigt werden?
- für 1 kg Butter 25 *l* Milch benötigt werden?
- 1950 ein Landwirt 10 Personen ernährte und heute in Deutschland 75 Menschen ernährt?
- es 1960 in Schleswig-Holstein 57 000 landwirtschaftliche Betriebe gab und 1995 nur noch 25 000 Betriebe gezählt wurden?

1. Beschreibe die Veränderungen auf Herrn Graverts Hof.
2. Nenne Gründe, warum in Schleswig-Holstein die Zahl der Höfe zurückgegangen ist.

56.1 Hof Dannwisch

Hof Dannwisch
68 ha Ackerland, 43 ha Grünland, 1 ha Gartenland, 3,5 ha Wald, 4,5 ha Hof, Wege und Knicks; 40 Kühe, 1 Zuchtbulle, 40 Jungrinder, 7 Jungbullen, 3 Sauen, 60 Mastschweine, 400 Hühner, 3 Gänse, 1 Stute mit Fohlen, 1 Esel. Auf dem Hof arbeiten 9 Personen.

2. Ein Ökobauernhof stellt sich vor

Alle Pflanzen benötigen Licht, Wasser, Luft, Wärme und Mineralstoffe. Die Mineralstoffe nimmt die Pflanze aus dem Boden auf. Die verbrauchten Mineralstoffe müssen wieder ersetzt werden, damit weitere Pflanzen wachsen können. Für Ersatz sorgen viele Kleintiere, die in den Hohlräumen der oberen Bodenschicht leben. Regenwürmer, Spinnen und Käfer sind nur einige von ihnen. Dazu kommen zahlreiche Pilze und Bakterien.

Alle diese Bodentiere ernähren sich hauptsächlich von den Tier- und Pflanzenresten in der oberen Bodenschicht. Die Reste werden von ihnen zerkleinert und durchgemischt. Dadurch entsteht Humus. Dieser enthält wieder die Mineralstoffe, die die Pflanzen vorher dem Boden entnommen haben. Wenn genug Tier- und Pflanzenreste, Wasser, Licht, Luft und Wärme zur Verfügung stehen, funktioniert dieser natürliche Kreislauf von selbst. Jeder Landwirt greift mit seiner Arbeit in diesen Kreislauf ein. Er pflügt den Boden, läßt nur bestimmte Pflanzen wachsen und erntet. Als Folge finden die Bodentiere nicht mehr genug Nahrung. Der Anteil des Humus am Boden geht zurück. Den Folgepflanzen fehlen die Mineralstoffe. Um den Verlust auszugleichen, streuen die Landwirte Mineraldünger auf die Felder. Die darin enthaltenen Mineralstoffe können von den Pflanzen direkt aufgenommen werden. Die Bodentiere werden dadurch jedoch geschädigt und auf Dauer sogar überflüssig. Zu viel Dünger gelangt in den Boden. Mit dem Regenwasser sickern die ungenutzten Mineralstoffe ins Grundwasser und gefährden das Trinkwasser.

Im ökologischen Anbau verzichten die Landwirte auf „künstlichen" Dünger. Sie sorgen auf natürlichem Wege dafür, dass die Bodentiere immer genug Nahrung haben und die Mineralstoffe für die Pflanzen produzieren. Die Landwirte wollen den natürlichen Kreislauf erhalten. Sie verzichten auf Mittel zur Schädlingsbekämpfung, die das Bodenleben stören oder im Boden oder in der Pflanze Gifte hinterlassen können. Auf naturgemäße Weise erzeugen sie Lebensmittel, ohne die Umwelt zu belasten.

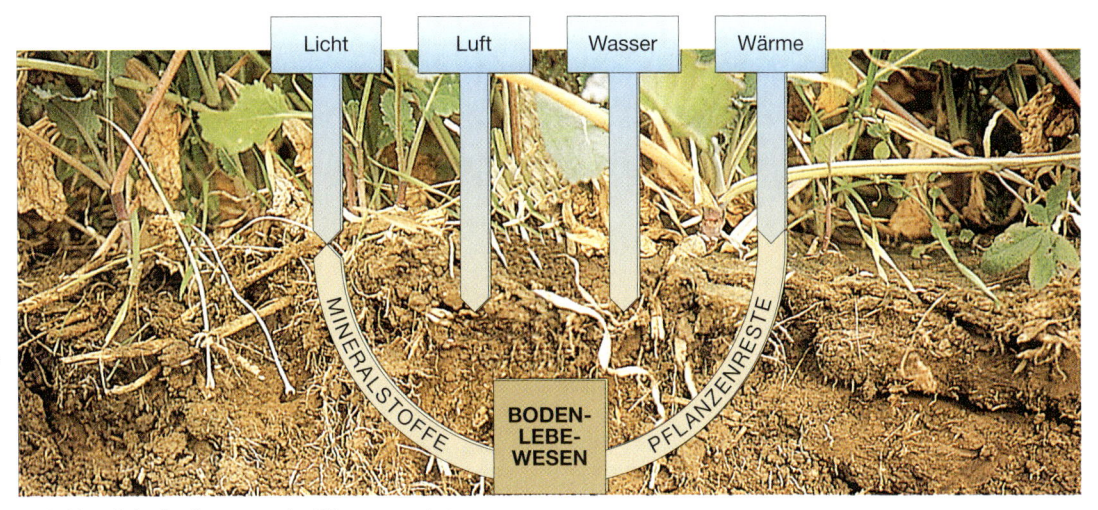

57.1 Natürliche Bedingungen des Pflanzenwachstums

Artgerecht und bodenschonend

„Unsere 40 Kühe sind Rotbunte Schleswig-Holsteiner. Im Winter stehen sie in einem Anbindestall. Sie haben freien Auslauf, wenn wir den Stall entmisten und ein neues Strohlager bereiten. Sie bekommen Heu von unseren Mähwiesen und Kleegras. Wir füttern auch Stroh, Rüben, Kohl und etwas Hafer zu. Laubheu und Kräuter würzen das Futter geben den Kühen Mineralstoffe und tragen so zu ihrer Gesundheit bei.

Mit der richtigen Fütterung schaffen wir auch die Voraussetzung für guten Dünger. Wenn die Kühe Kraftfutter fressen, geben sie zwar mehr Milch, aber der Kuhdung ist minderwertig. Wir lassen den Mist langsam verrotten und bringen ihn erst im folgenden Herbst auf die Felder.

Die Jauche sammeln wir im Winter in Behältern. Sie kommt im Frühjahr auf die Felder.
Nicht nur das Futter, auch die Haltung und Pflege der Kühe sind wichtig. Unsere Kühe sind jeden Tag draußen, auch einige Stunden im Winter. Wenn sie sich bewegen können und Licht haben, geben sie gute Milch. Sie mögen es gern, wenn wir ihr Fell striegeln oder sie einfach streicheln."

(Georg Scharmer ist verantwortlich für die Kühe.)

1. Was bedeutet natürlicher Kreislauf auf dem Hof Dannwisch?
2. Herr Scharmer berichtet über die Kühe auf dem Hof. Was ist daran neu für dich?
3. Fasse zusammen, was ökologischer Anbau bedeutet und wofür er gut ist.

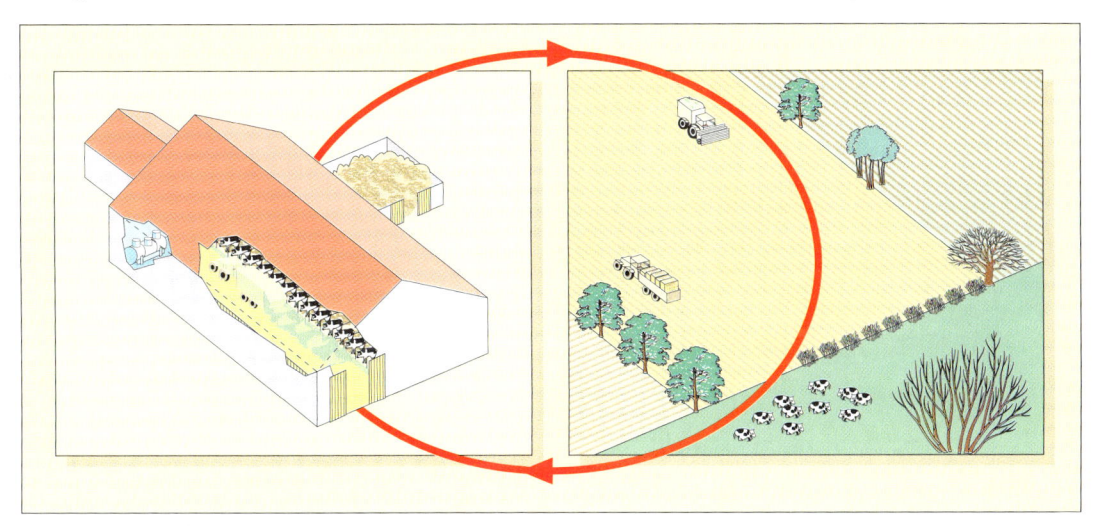

57.2 Kreislauf der Stall- und Bodenprodukte

Urlaub auf dem Bauernhof

Landwirt zu sein ist heutzutage alles andere als einfach. Das sieht man daran, dass viele Bauernhöfe in den letzten Jahren aufgeben mussten. Die Gründe dafür sind vielfältig. In erster Linie liegt es am harten Wettbewerb innerhalb der Europäischen Union. Da muss ganz schön hart gearbeitet und gerechnet werden.

Das ändert aber nichts an der Tatsache, dass das Leben und Arbeiten auf einem Bauernhof viel Spaß bringt. Dabei sieht das Leben eines Getreidebauern zum Beispiel ganz anders aus als das eines Viehbauern. Nur eines haben die Tage der beiden gemeinsam: Es gibt wirklich immer etwas zu tun. Von morgens bis abends. Von Montag bis Sonntag. Und von Frühjahr bis Winter.

Sie werden sicher jede Menge Fragen mitbringen, wenn Sie sich zu einem Urlaub auf dem Bauernhof entschließen. Meine Kollegen und ich freuen uns schon darauf, sie Ihnen zu beantworten.

Die Aufgaben der heutigen Bäuerinnen sehen ganz anders aus als früher. Ich, zum Beispiel, bin selten auf dem Feld. Ich kümmere mich in erster Linie um meine Familie, das Haus und um unsere Gäste.

Zu meinen Aufgaben gehört auch der Verkauf unserer hofeigenen Produkte wie Käse, Eier, Milch, hausgemachte Marmelade, Fleisch, Wurst oder Gemüse.

Was Sie bei einem Urlaub auf dem Bauernhof erwartet? Nun, vor allen Dingen kommen Sie direkt mit dem „Landleben" in Berührung, mit den Tieren, der Arbeit auf einem Bauernhof und natürlich mit den Menschen, die hier leben. Vielleicht – oder ganz sicher wird sich Ihr Bild von den Landwirten ändern. Sie werden Neues und Interessantes erfahren, viele neue Eindrücke sammeln und sich hoffentlich gut erholen. Ich spreche ganz im Sinne meiner Kolleginnen in Schleswig-Holstein, wenn ich sage: Wir freuen uns auf Sie!

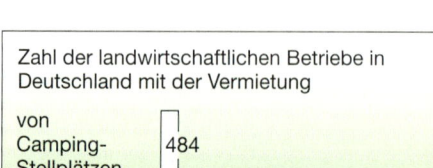

1. Was gefällt Julia an ihrem Urlaub so gut?
2. Warum vermieten die Landwirte Ferienwohnungen?
3. Was heben die Angebote besonders hervor?

Aus dem Katalog „Urlaub auf dem Bauernhof", Schleswig-Holstein, 1996

Niebüll: Einzelhof, ganzjährige Vermietung, Tiere: Kühe, Kälber, Katzen, Hund, Pferd, Geflügel, Schweine
Gelting: Kinderfreundlicher Bauernhof in ruhiger und schöner Lage, Tiere: Pony, Ziegen, Hund, Kaninchen, Hühner, Zwerghühner
Groß-Vollstedt: Ruhig gelegener Einzelhof in Feld-, Wald-, Moor- und Seenlandschaft, Tiere: Kühe, Kälber, Katzen, Hund, Pferde, Ponys, Geflügel, Ziegen
Schönwalde: Einzelhof in Waldnähe, Tiere: Ponys aller Größen, Pferde (1 Stunde Reiten im Preis enthalten)

Zahl der landwirtschaftlichen Betriebe in Deutschland mit der Vermietung

von Camping-Stellplätzen	484
von Ferienhäusern	782
von Ferienwohnungen	6450
von Zimmern	9185

58.1 Urlaubsangebote auf Bauernhöfen

Hallo Maike!

Ich bin hier gerade auf einem Bauernhof. Ich, meine Eltern und mein Hund Copy machen hier für ein paar Wochen Urlaub. Es ist wunderschön hier. Eben habe ich mir das süße Fohlen angeguckt, das in der Nacht geboren wurde. Es gibt hier noch viele andere Tiere, zum Beispiel: Kühe, Schweine, Schafe, Kaninchen und noch viele mehr. Copy, mein Hund, hat sich mit Benno, einem Münsterländer, der hier auf dem Bauernhof wohnt, angefreundet. Sie spielen schon den ganzen Tag miteinander. Ich freue mich schon auf morgen, denn da darf ich auf dem Pony Susi reiten.

Tschüs. Deine Julia

Landschaftlich begünstigte Landwirtschaft

60.1 Weinanbau an der Mosel

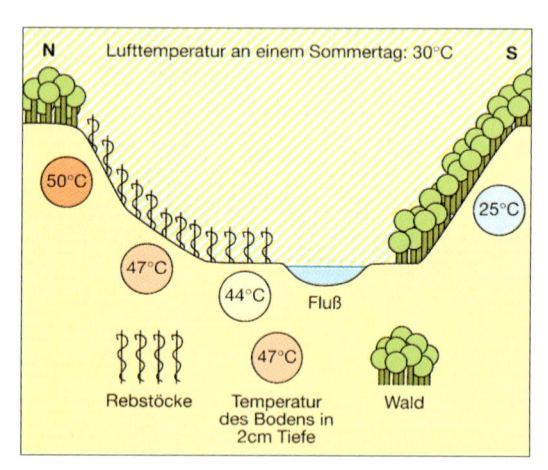

60.2 Hangneigung und Erwärmung des Bodens

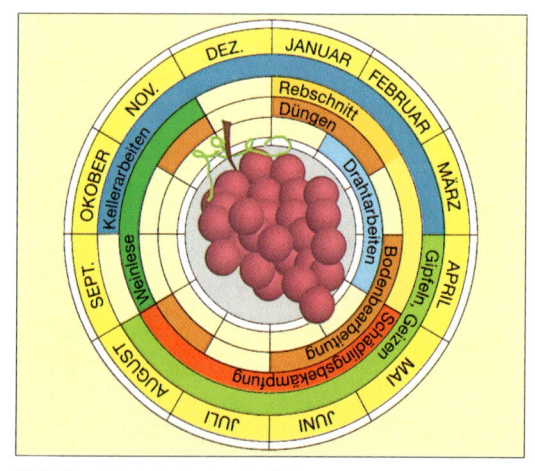

60.3 Der Arbeitskalender des Winzers

Weinanbau an der Mosel

Herr Schneider ist Winzer. Die Familie bewirtschaftet einen vier Hektar großen Weinberg.

„Auf unseren Weinbergen wachsen 25 000 Rebstöcke und zwar meistens an steilen Hängen. Die Weinrebe ist eine Kulturpflanze aus wärmeren Ländern wie Italien, Spanien und Südfrankreich. In Deutschland ist es jedoch kühler als in diesen Ländern. Deshalb baut man die Weinreben bei uns in möglichst sonnigen und warmen Lagen an, damit sie zuckerreiche Trauben tragen.

Hier, an den Südhängen der Mosel, findet die Weinrebe günstige Wachstumsbedingungen. Ein Winzerspruch lautet: Es scheinen zwei Sonnen in den Weinberg. Die Sonnenstrahlen bescheinen die steilen Südhänge. Je steiler die Sonnenstrahlen auf den Boden treffen, um so mehr Wärme kann der Boden aufnehmen. Die Wasserfläche der Mosel bildet eine zweite Wärmequelle. Die Sonnenstrahlen werden vom Wasser zurückgeworfen und erreichen so die Weinreben. Im Herbst liegt nachts und am frühen Morgen Nebel über dem Fluss. Dadurch wird kalter Luft der Weg ins Tal versperrt. Außerdem erwärmt sich der Schieferboden an den Hängen des Moseltales stark. Er kann die Wärme speichern und nachts wieder an die Pflanzen abgeben. So werden die Reben von unten sogar während der Nachtkühle geheizt.

Die Arbeit beginnt im Januar. Ich schneide die Reben kurz und entferne alte Triebe. Die übrigen Zweige biege ich zum Pfahl hin und binde sie an.

Im Februar bringe ich mit dem Traktor Dünger auf die Rebflächen. Im März und April folgt der Rebschnitt. Ich schneide die nichttreibenden Triebe weg und binde die stehen gebliebenen Zweige an die Spanndrähte. Im Mai muß ich noch einmal düngen und den Boden mit der Hacke auflockern. Wo es möglich ist, ziehen wir einen Pflug mit einer Seilwinde den Hang hinauf. Bis in den Sommer muss der Boden noch viermal aufgelockert werden, damit Luft und Wasser besser in den Boden eindringen können. Außerdem sind mehrere Schnitte der Triebe nötig. Auch das häufige Spritzen gegen Schädlinge, Pilzerkrankungen und Wildkraut kostet manche Arbeitsstunde. Einige von uns haben ein Kleinflugzeug angemietet. Damit werden die Reben von oben gespritzt. Im Oktober beginnt die Weinlese. Wir brauchen dazu viele Aushilfskräfte.

Früher lagen die kleinen Rebflächen verstreut am Hang. Einige konnte ich nur über Treppen erreichen. Ich konnte keine Maschinen einsetzen, da es keine Zufahrtswege gab. Den Dünger musste ich mühsam in den Weinberg tragen. Zum Spritzen der Rebstöcke mussten wir mit dem schweren Spritzbehälter auf dem Rücken in den Weinberg steigen. Die geernteten Trauben trugen wir in Bütten ins Tal. Durch die Flurbereinigung wurden die verstreuten Flächen zusammengelegt und feste Fahrwege angelegt. Die Abstände zwischen den Rebreihen sind so groß, dass wir Kleintraktoren und Motorspritzen einsetzen können. An den Steilhängen wurden Terrassen angelegt und Stützmauern errichtet. Der Staat übernahm den größten Teil der Kosten für die Flurbereinigung."

61.2 Weinanbaugebiete in Südwestdeutschland

1. Beschreibe die Arbeit des Winzers im Verlauf eines Jahres. Wann ist er besonders stark beschäftigt (Text und Abb. 60.3)?
2. Erkläre, warum im Moseltal bestimmte Hänge besonders begünstigt sind (Abb. 60.2).
3. Nenne Veränderungen, die durch die Flurbereinigung entstanden.
4. Liste die Weinanbaugebiete in Deutschland auf. Schlage dazu auch Seite 63 auf.

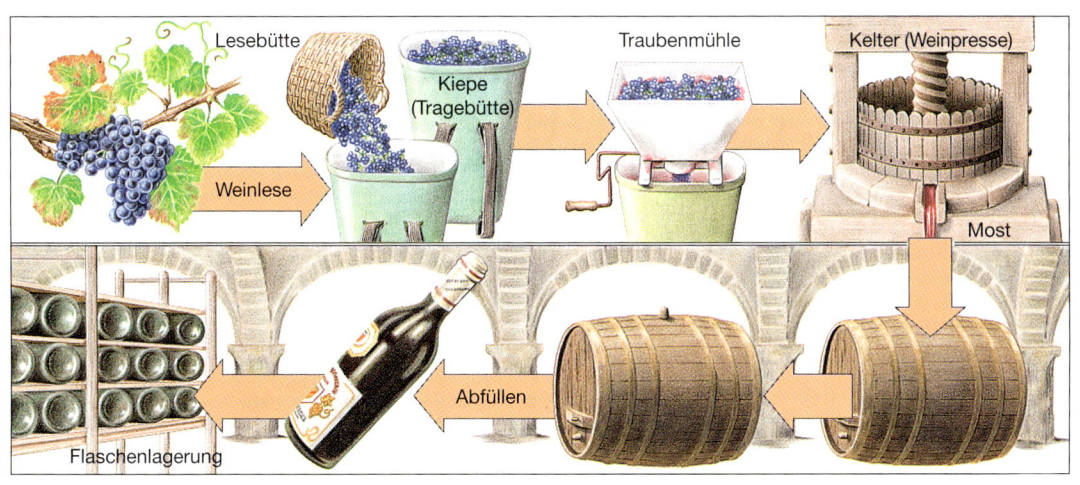

61.1 Von der Traube zum Wein

Wissenswertes

Bodennutzung in Deutschland

Bei der landwirtschaftlichen Nutzung des Bodens unterscheidet man zwischen **Ackerbau, Grünlandwirtschaft** und **Forstwirtschaft.** Daneben gibt es besondere Formen der Landwirtschaft, die **Sonderkulturen.** Zu ihnen gehören der Anbau von Obst, Gemüse, Wein und Hopfen.

In Ackerbaugebieten ist trotz Mineraldüngung noch immer die Bodengüte besonders wichtig. Die Bauern in diesen Gebieten erzeugen Ackerfrüchte. Weizen, Roggen und Zuckerrüben werden zu Nahrungsmitteln verarbeitet. Futtergetreide wie Mais und Gerste werden an Tiere verfüttert und damit zu Milch und Fleisch veredelt.

Gründlandwirtschaft betreibt man in Gebieten, in denen Ackerbau nicht möglich oder nicht lohnend ist. Meist sind die Böden zu nass oder das Klima ist für das Reifen von Ackerfrüchten zu kühl und zu feucht. Grünland wird fast nur zur Haltung von Milchkühen und Mastrindern genutzt.

Forstwirtschaft ist meist dort anzutreffen, wo Grünlandwirtschaft nicht mehr möglich oder lohnend ist. Wald wächst auch auf unfruchtbaren Böden sowie in kühlen und feuchten Gebirgsregionen und an steilen Hängen.

Sonderkulturen wie den Weinbau findet man vor allem dort, wo das Klima warm und sonnenreich ist. Der Gemüseanbau richtet sich oft nach den Käufern. Er findet sich daher auch in der Nähe von großen Städten.

1. Stelle in einer Liste die Bedeutung der in Karte 63.1 verwendeten Farben gegenüber.

Farbe	Phys. Karte im Atlas	Karte S. 63
dunkelbraun	Landhöhe über 2000 m	Ackerbau auf guten Böden

2. Arbeitet mit dem Atlas und mit Karte 63.1.
   a) Ordnet die Fotos auf Seite 62 einem bestimmten Zweig der Landwirtschaft zu (z. B. Ackerbau, Massentierhaltung). Beschreibt den Inhalt jedes Bildes. Wo gibt es die geschilderte Nutzung in Deutschland?
   b) Wo liegen die wichtigsten Obstanbaugebiete Deutschlands?
   c) Welche großen Städte können mit Gemüse aus ihrer Umgebung versorgt werden?
   d) Welche Sonderkulturen gibt es bei euch?

63.1 Bodennutzung in Deutschland

Ackerbau auf guten Böden (Weizen – Zuckerrüben – Gerste)	Grünlandwirtschaft und Ackerbau	Sonderkulturen: Obst, Hopfen, Gemüse, Wein
Ackerbau auf mittleren Böden (Weizen – Gerste – Mais)	Grünlandwirtschaft und Forstwirtschaft	
Ackerbau auf geringwertigen Böden (Roggen – Gerste – Kartoffeln – Mais)	Ödland (Dünen, Hochgebirge)	

Deutschland – vom Industrieland

Industrie:
Mit Hilfe von Maschinen werden Güter hergestellt. Die Fabriken stellen große Mengen her.

In einem Industrieland haben viele Menschen einen Arbeitsplatz in der Industrie, im Gewerbe und im Handel. In der Landwirtschaft sind nur noch wenige beschäftigt.

1939 arbeiteten von 100 Beschäftigten

- 🟢 so viele in der Landwirtschaft
- 🔴 in Industrie und Handwerk
- 🔵 im Dienstleistungsbereich

64.1 Fertigung in der Walzstraße

zum Dienstleistungsland

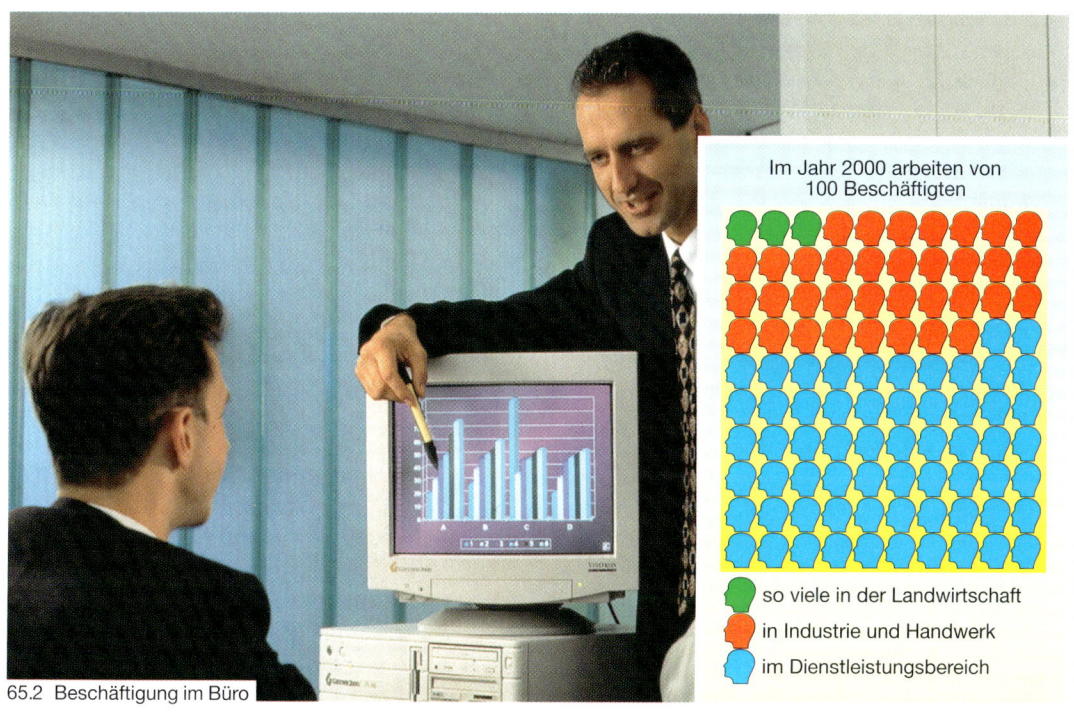

Zur Versorgung gehören nicht nur Waren und Güter, sondern auch Dienstleistungen.
Ein Kindergarten, eine Sparkasse, ein Arzt, ein Friseur, eine Gaststätte, ein Busunternehmen oder die Stadtwerke, ein Kino oder ein Hallenbad bieten keine Waren an. Sie leisten den Menschen Dienste.

65.1 Beratung an der Tankstelle

Im Jahr 2000 arbeiten von 100 Beschäftigten

- 🟢 so viele in der Landwirtschaft
- 🟠 in Industrie und Handwerk
- 🔵 im Dienstleistungsbereich

65.2 Beschäftigung im Büro

Kohle, Stahl und neue Produkte von der Ruhr

66.1 Kohlenhobel

66.2 Walzenschrämlader

1. In einem Steinkohlenbergwerk

Der Bergmann Theo Norkowski erzählt:
„Ich habe einen ganz besonderen Arbeitsplatz. Morgens, wenn meine Schicht anfängt, muss ich mich vollständig umziehen. Zu meiner Arbeitskleidung gehören ein Grubenhelm, eine Stirnlampe, Arbeitshandschuhe sowie Schuhe mit Stahlkappen. Meinen Arbeitsplatz unter Tage erreiche ich mit meinen Kumpels in einem Förderkorb, einem sehr schnell fahrenden Personen- und Lastenaufzug. Nach zwei Minuten Fahrt mit 30 km/h erreicht der Förderkorb in rund 1000 m Tiefe die Fördersohle. Zunächst gelangt man in eine hell erleuchtete 100 m lange „Halle", die fast einem Bahnhof gleicht.

Dauernd laufen Schmalspur-Züge ein und aus, die Bergleute und Material transportieren. Mit einem dieser Züge fahre ich zwei Kilometer weit. Nach einigen 100 m Fußmarsch erreiche ich die Abbaustelle „vor Ort". Das Flöz, so nennen wir die Kohlenschicht, ist zwei Meter mächtig. Mit dem Walzenschrämlader, einer riesigen Maschine, schneide ich in einem Arbeitsgang eine etwa 80 cm mächtige Kohleschicht aus der Wand heraus und schiebe sie, ebenfalls mit der Maschine, auf ein Förderband. Das Band übernimmt den Weitertransport der Kohle zum Füllort. Dort wird die Kohle in die Waggons der Schmalspurbahn eingefüllt. Ein Förderkorb bringt sie über Tage.

Im Streb schützen mich mächtige Stahlschilde vor dem herabfallenden Gestein. Der Krach „vor Ort" ist wahnsinnig, Staub- und Kohlenschwaden nebeln mich ein. Am Schichtende sehe ich wie ein Kaminfeger aus. Ein Thermometer zeigt 28 °C. Es wäre noch viel wärmer, über 40 °C, wenn es keine Frischluftzufuhr aus den Wetterschächten gäbe. Trotzdem bin ich schon nach wenigen Minuten schweißgebadet. Kohlenstaub bedeckt mein Gesicht. Meine Augen brennen und das Atmen fällt mir schwer.

Früher war die Arbeit körperlich noch viel anstrengender. Wir haben heute eine bessere Ausrüstung und modernere Maschinen. Die Arbeitszeit ist kürzer als früher. Trotzdem baue ich in einer Schicht mehr ab als ein Kumpel vor 30 Jahren: fünf Tonnen gegenüber zwei Tonnen Kohle.

Trotz aller Technik ist die Arbeit im Kohlenbergwerk nicht ungefährlich. Sorgfältige Überwachung der Schutzmaßnahmen ist unerlässlich. Außerdem kann Grubengas entstehen, das beim kleinsten Funken explodieren kann. Wir nennen das „Schlagwetter". Zum Glück ist das Risiko durch die Frischluftzufuhr, die Bewetterung, aber sehr gering geworden.

Nach sechs Stunden Arbeit „vor Ort" ist die Schicht zu Ende. Es geht zurück an die Oberfläche. Ich dusche mich in der Waschkaue und fahre nach Hause."

Über Tage

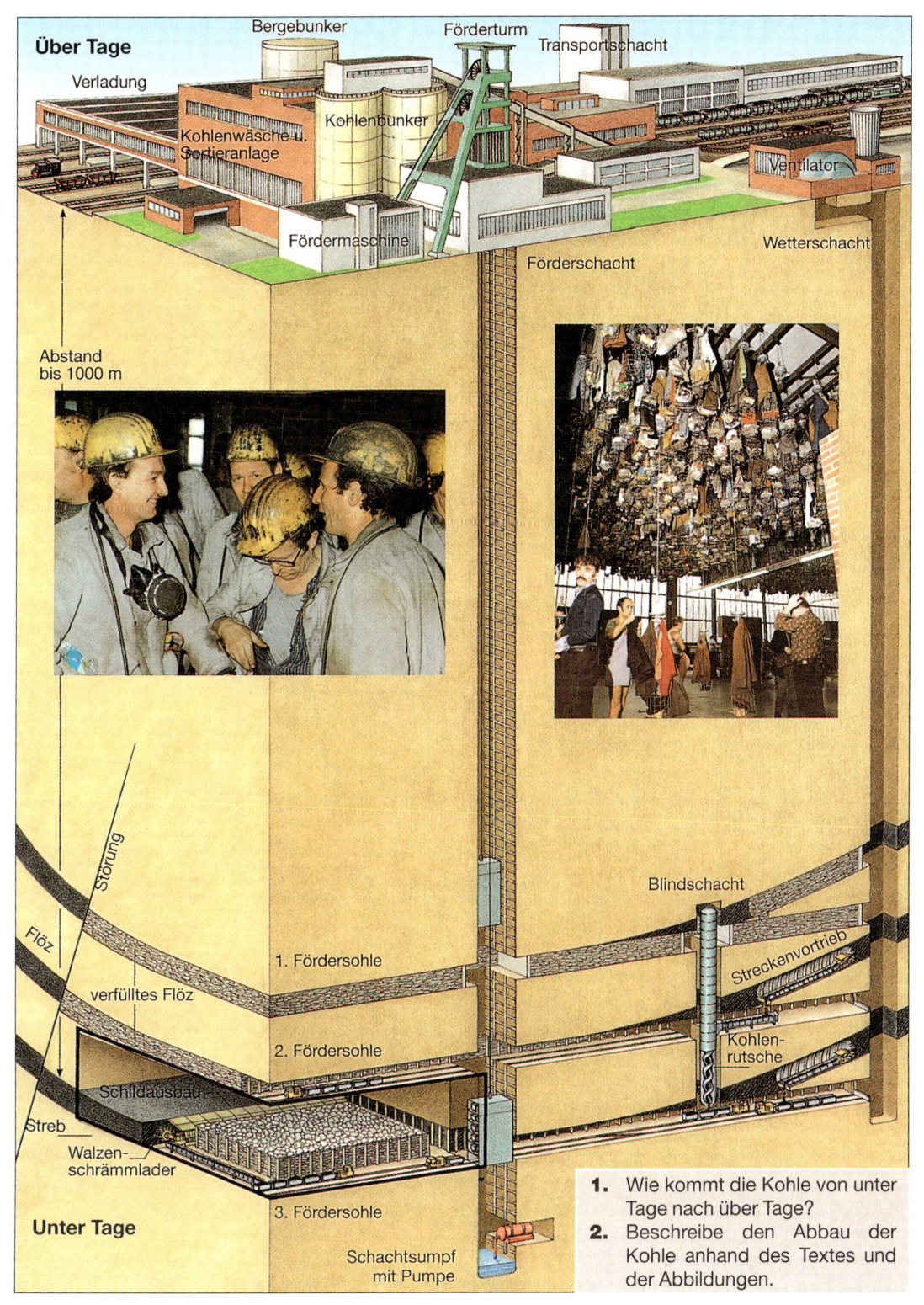

- Verladung
- Bergebunker
- Kohlenwäsche u. Sortieranlage
- Kohlenbunker
- Förderturm
- Transportschacht
- Ventilator
- Fördermaschine
- Förderschacht
- Wetterschacht

Abstand bis 1000 m

Unter Tage

- Störung
- Flöz
- verfülltes Flöz
- Schildausbau
- Streb
- Walzenschrämmlader
- 1. Fördersohle
- 2. Fördersohle
- 3. Fördersohle
- Schachtsumpf mit Pumpe
- Blindschacht
- Streckenvortrieb
- Kohlenrutsche

67.1 Schnitt durch eine Steinkohlenzeche

1. Wie kommt die Kohle von unter Tage nach über Tage?
2. Beschreibe den Abbau der Kohle anhand des Textes und der Abbildungen.

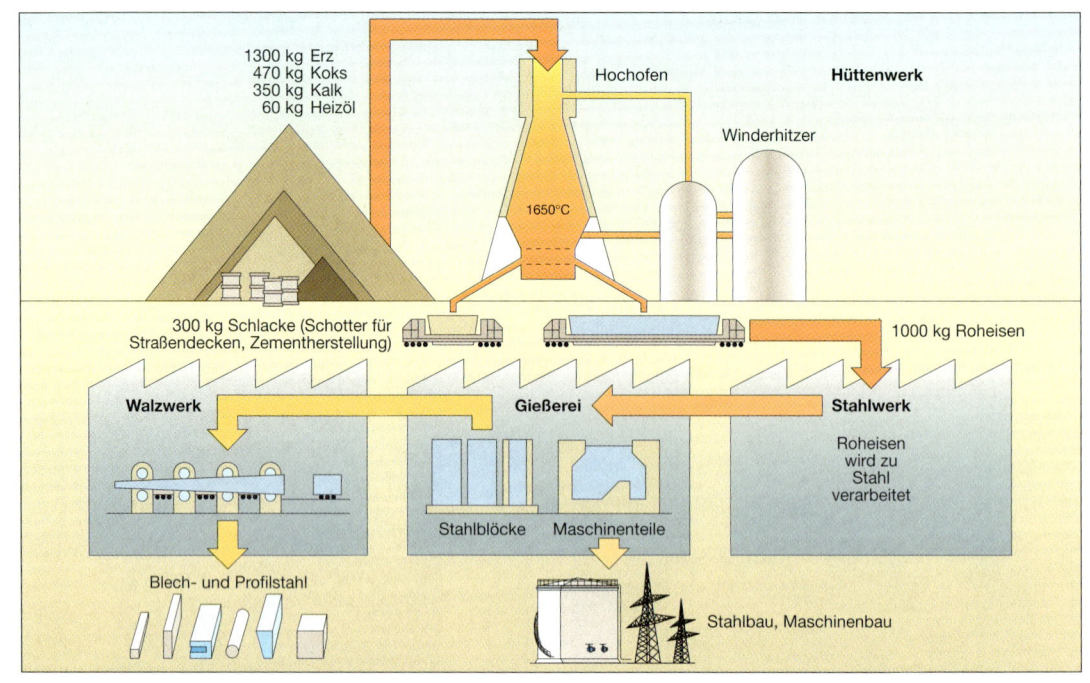

68.1 Vom Eisenerz zum Stahl

2. Stahl – ein vielseitiger Werkstoff

Drei Männer in feuerfesten Mänteln und mit Schutzmasken vor dem Gesicht richten einen Bohrer auf das Abstichloch des Hochofens. Funkensprühend schießt weißglühendes Eisen heraus. Nach 10 Minuten ist der Eisenfluss beendet und es kommt die ebenfalls glutflüssige Schlacke.

Alle vier bis sechs Stunden erfolgt im **Hüttenwerk** ein solcher Abstich, Tag und Nacht. Der Hochofen wird von außen ständig mit Wasser gekühlt. Die Temperatur im Innern beträgt bis zu 2000 °C. Das Feuer und eingeblasene Heißluft aus den Winderhitzern bringen das Eisenerz zum Schmelzen.

An anderer Stelle wird das Roheisen in einem großen Behälter zu Stahl „gekocht". Roheisen läßt sich weder walzen noch schmieden. Es enthält zuviel andere Stoffe. Die „Stahlkocher" tauchen eine feuerfeste, hohle Lanze in das Roheisen. Unter hohem Druck blasen sie flüssigen Sauerstoff ein. Die Hitze steigt auf 2500 °C. Der Behälter sprüht wie ein Vulkan. Die Beimengungen im Eisen verbrennen, Stahl entsteht. Die Stahlarbeiter geben Zusatzstoffe wie Mangan, Chrom oder Nickel hinzu. Sie machen den Stahl härter oder rostfrei. Der Stahl wird zu Blöcken gegossen.

Letzte Station ist das **Walzwerk**. Ein rotglühender Stahlblock gleitet über Rollen. Die erste Walze erfasst ihn. Als dickes, breites Stahl-"Brett" kommt er auf der anderen Walzenseite heraus. Die weiteren Walzen machen das „Brett" immer dünner und länger, bis daraus Bleche geworden sind. Autohersteller brauchen solche Bleche für den Bau von Karosserien. In anderen Werken entstehen Stahlrohre, z. B. für Pipelines.

Heute wird weniger Stahl gebraucht als früher. Die Stahlfirmen dürfen auch nicht mehr soviel Stahl erzeugen, wie sie gerne möchten. Die Europäische Union, zu der sich 15 Staaten zusammengeschlossen haben, legt fest, wieviel Stahl ein Mitgliedsland erzeugen darf. Hütten- und Stahlwerke im Ruhrgebiet mussten schließen. Auch viele Bergleute im Steinkohlebergbau wurden deshalb arbeitslos.

1. Beschreibe, wie aus Eisenerz Stahl wird.
2. In welchen Städten des Ruhrgebietes gibt es noch Hütten- und Stahlwerke (Atlas)?
3. Ermittle nach Atlaskarten, welche 15 Länder zur Europäischen Union gehören.
4. Nenne Folgen, wenn im Ruhrgebiet weniger Kohle gefördert und Stahl erzeugt wird.

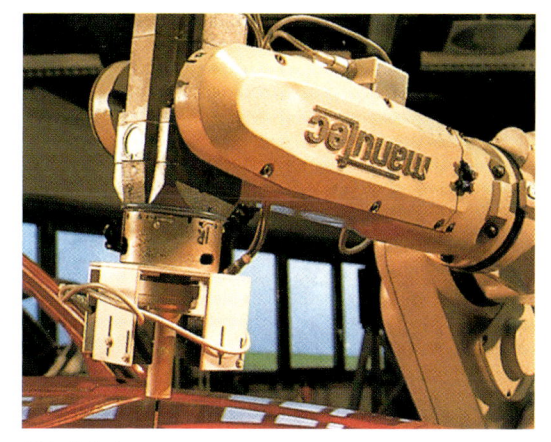

69.1 Roboter

69.3 Chipsproduktion

3. Neue Produkte von der Ruhr

Firmen aus dem Ruhrgebiet bieten fast überall auf der Welt ihre Erzeugnisse an. Sie verkaufen nicht nur Fördermaschinen für den Bergbau oder ganze Fabriken, wie zum Beispiel Stahlwerke. Unternehmer oder staatliche Behörden können sogar Hafenanlagen oder Flughäfen bestellen, und wenn sie wollen, gleich die Facharbeiter und die Ingenieure dazu. Aber auch Hochleistungsbatterien und Computerchips, Roboter und neue Metallverbindungen aus dem Ruhrgebiet für die Raumfahrt? Vor ein paar Jahren konnte sich das noch keiner vorstellen. Selbst an ein Zentrum für Film- und Fernsehtechnik wollte niemand so recht glauben. Das Zauberwort heißt heute: „Weg von Stahl und Steinkohle, hin zum Computerchip."

DAS RUHRGEBIET.

Ein starkes Stück Deutschland

69.2 Werbung für das Ruhrgebiet

Der Rückgang in der Stahlerzeugung und in der Kohleförderung stellte das Ruhrgebiet vor schwere Aufgaben. Damit die Einwohner nicht in andere Gebiete Deutschlands abwandern, mussten neue Arbeitsplätze geschaffen werden. Dort, wo früher Kohlezechen und Hüttenwerke standen, sind andere Industriezweige nachgerückt.

Der Staat fördert die Ansiedlung von Industriebetrieben. Der größte ist das Opelwerk auf einem ehemaligen Zechengelände in Bochum. Das Werk hat mehr als 16 000 Beschäftigte. Die meisten der vielen hundert neuen Betriebe beschäftigen jedoch weniger als 1000 Arbeitskräfte.

Betriebe aus möglichst verschiedenen Industriezweigen sollen angesiedelt werden. Besonders gefragt sind Wachstumsindustrien. Viele Menschen kaufen diese Erzeugnisse. Die Arbeitsplätze in solchen Industrien gelten als sicher. So sind im Ruhrgebiet vor allem Betriebe des Maschinen- und Fahrzeugbaus mit ihren Zulieferindustrien entstanden, aber auch für Elektro- und Klimatechnik. Die chemische Industrie, die Nahrungsmittelindustrie und die Bekleidungsindustrie haben stark zugenommen. Viele Firmen befassen sich mit dem Umweltschutz und der Wiederverwertung, dem Recycling von Rohstoffen.

1. Im Ruhrgebiet gibt es statt der früheren Abhängigkeit von Kohle und Stahl heute neue Industriezweige. Nenne die Vorteile dieser Vielseitigkeit.
2. Gibt es bei euch auch ein neues Gewerbegebiet? Besorgt euch Unterlagen. Legt ein Skizze an. Tragt die Firmen des Gewerbegebietes ein.

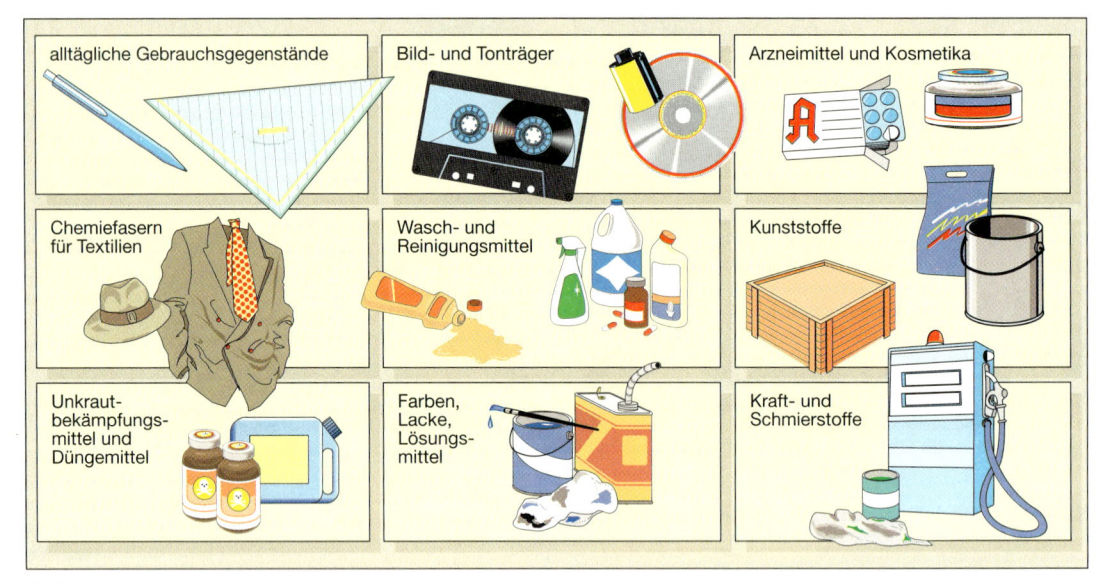

70.1 Erzeugnisse der chemischen Industrie

4. Im Chemiegebiet Mannheim-Ludwigshafen

In Ludwigshafen am Rhein gründeten 1865 Kaufleute und Chemiker einen kleinen Betrieb zur Herstellung von Seifen (Soda) und künstlichen Farbstoffen (Anilin). 130 Jahre danach ist die Badische Anilin & Soda-Fabrik, abgekürzt BASF, eines der weltweit größten Chemieunternehmen. Über 8000 Chemieprodukte stellt die BASF her und jedes Jahr kommen neue hinzu.

Im Werk Ludwigshafen werden in 350 Fabrikationsstätten große Mengen an Rohstoffen wie Erdöl, Erdgas, Kohle, Salze oder Kalkstein zu chemischen Produkten verarbeitet. Weil der Transport von Massengütern auf dem Wasser am billigsten ist, transportiert man die Rohstoffe ebenso wie die im Werk hergestellten Erzeugnisse größtenteils mit Schiffen auf dem Rhein.

Die beiden wichtigsten Chemie-Rohstoffe sind heute Erdöl und Erdgas. Aus Erdöl produziert die BASF z. B. alle Kunststoffe. Diese haben gegenüber herkömmlichen Werkstoffen wie Metall, Holz oder Glas viele Vorteile. Sie sind leicht, schlagfest, witterungsbeständig und gut verformbar.

Vom Rohstoff Erdöl bis zum Kunststoffprodukt, etwa einem Plastikeimer oder Joghurtbecher, ist es allerdings ein weiter Weg. Den erläutert ein Chemie-Ingenieur der BASF:

„In unserer Raffinerie in Mannheim gewinnen wir aus Erdöl unter anderem Rohbenzin. Über eine Pipeline gelangt es in unser Werk Ludwigshafen. Hier wird das Rohbenzin in einem großen Ofen unter hohem Druck mit Wasserdampf verdünnt und auf 840 °C erhitzt. Dabei verändert sich das flüssige Rohbenzin und es entsteht neben anderen Produkten das Gas Ethylen. Aus Ethylen stellen wir dann mit Hilfe weiterer chemischer Verfahren verschiedene Kunststoffe her. Jeder von ihnen hat bestimmte Eigenschaften._

Einer der Kunststoffe ist Polyethylen. Daraus fertigen viele mittlere und kleine Unternehmen der verarbeitenden Kunststoffindustrie die unterschiedlichsten Gebrauchsgegenstände wie Mülltonnen, Taschen oder Getränkekästen. Die meisten unserer Erzeugnisse sind somit Zwischenprodukte. Andere Industriebetriebe verarbeiten sie zu Endprodukten. Allerdings stellt die BASF auch selbst hochwertige Verbraucherprodukte her. Das sind z. B. Arzneien, Musik- und Videokassetten."

Auf dem Werksgelände trifft man nur auf wenige Menschen, die dort arbeiten. Das liegt daran, dass alle Produktionsanlagen vollautomatisch betrieben werden. Jede Großanlage wird von einer Messstation aus überwacht und gesteuert. Nur das leise Summen und Rauschen in den Kesseln, Öfen, Röhren und Leitungen verrät, dass die Anlagen in Betrieb sind.

Weil die meisten Chemikalien leicht brennbar sind, hat jede BASF-Mitarbeiterin bzw. jeder Mitarbeiter zur eigenen Sicherheit und der des Werkes strenge Sicherheitsvorschriften zu beachten.

Bei der Produktion fallen giftige Abfallstoffe an, die umweltverträglich entsorgt werden müssen. Die BASF reinigt Abwässer und Abgase der Produktionsbetriebe in werkseigenen Klär- und Filteranlagen. In Spezial-Verbrennungsöfen der BASF werden Produktionsabfälle und der Klärschlamm aus den Kläranlagen verbrannt. Was danach noch als Abfall übrigbleibt, vor allem Schlacken und Aschen, kommt auf die werkseigene Mülldeponie.

Abfälle, die nicht verbrannt oder ohne Gefahr für die Umwelt deponiert werden können, sind Sondermüll. Den lagert die BASF in Fässern in einem stillgelegten Salzbergwerk. Bei der Produktion muss man auch überschüssige Wärmeenergie, sogenannte Abwärme, ableiten. Dazu benötigt die BASF große Mengen Kühlwasser, die sie dem Rhein entnimmt und zum größten Teil wieder zuführt.

In der BASF, wie auch in anderen Betrieben der Großchemie, kommt der Forschung und Entwicklung große Bedeutung zu. Ständig werden neue Produkte und Verfahren in zum Teil jahrelangen Versuchen entwickelt und verbessert. Ständig wird nach neuen Anwendungsmöglichkeiten für chemische Produkte geforscht. In den Labors und Versuchsanlagen der BASF-Ludwigshafen arbeiten daran etwa 11 000 Mitarbeiterinnen und Mitarbeiter.

Steckbrief BASF-Ludwigshafen

- Chemiewerk mit dem größten zusammenhängenden Werksgelände der Welt: 5,4 km lang, 1,9 km breit
- werkseigene Busse und Pkw für den Personentransport auf dem Firmengelände, 1000 Werksfahrräder
- werkseigene Anlagen: 3 Kraftwerke, 3 Wasserwerke, 1 Großkläranlage, 11 Spezialverbrennungsanlagen für Chemie-Müll und Klärschlamm, 3 Häfen, 1 Mülldeponie und 1 Untertagedeponie für Sondermüll
- 1,2 Mrd. Kubikmeter Wasserverbrauch im Jahr, zehnmal mehr als in einer Millionenstadt
- 220 Mio. Kubikmeter Abwässer im Jahr
- Stromverbrauch viermal so hoch wie in Kiel
- Abfertigung von 800 Eisenbahnwaggons, 1000 Lkw, 20 Schiffen pro Arbeitstag
- über 8000 Chemieprodukte, Kunden in 160 Ländern
- 54 000 Beschäftigte; insgesamt 129 000 Beschäftigte im Inland und im Ausland

1. Welche der in Abb. 70.1 dargestellten Produkte verwendest du? Nenne weitere Chemieprodukte, die du oder deine Eltern im Laufe eines Tages benutzen.
2. Stelle zusammen, welche Werksanlagen sich auf dem Firmengelände der BASF befinden, und erläutere deren Aufgaben. Werte dazu auch den Steckbrief der BASF aus.
3. Nenne Gründe, warum der Standort am Rhein für die BASF so wichtig ist.
4. Nenne Standorte der chemischen Industrie in Deutschland (S. 85 und Atlas).

71.1 Werksgelände der BASF in Ludwigshafen

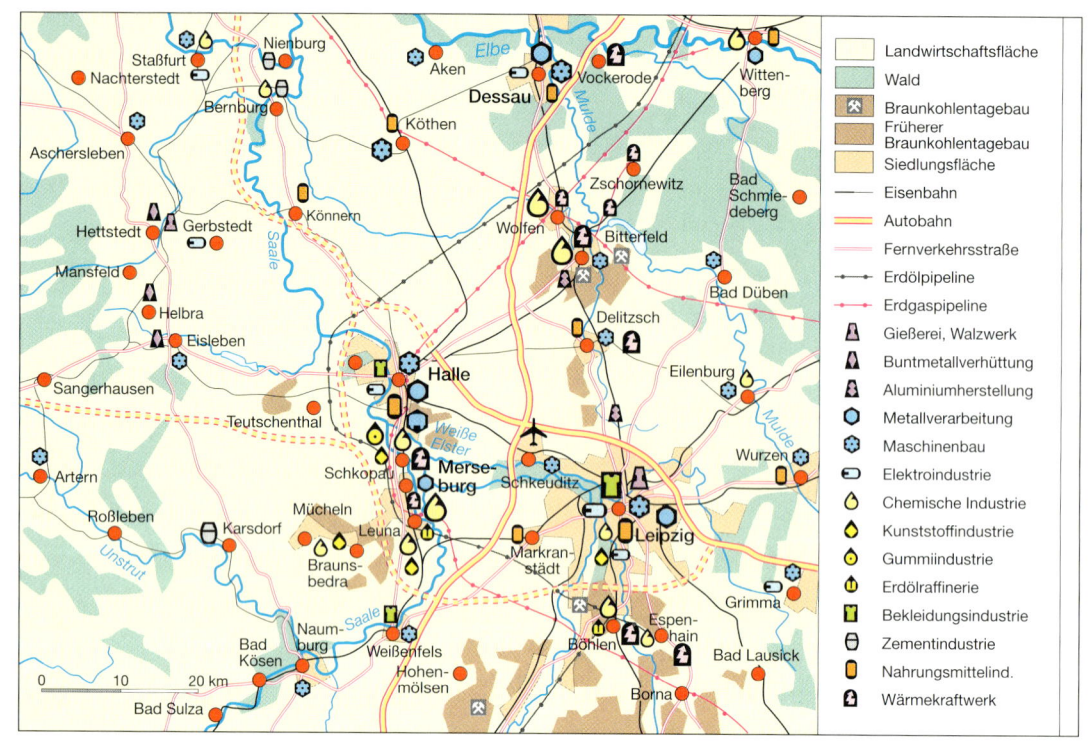

72.1 Wirtschaftsraum Halle – Leipzig

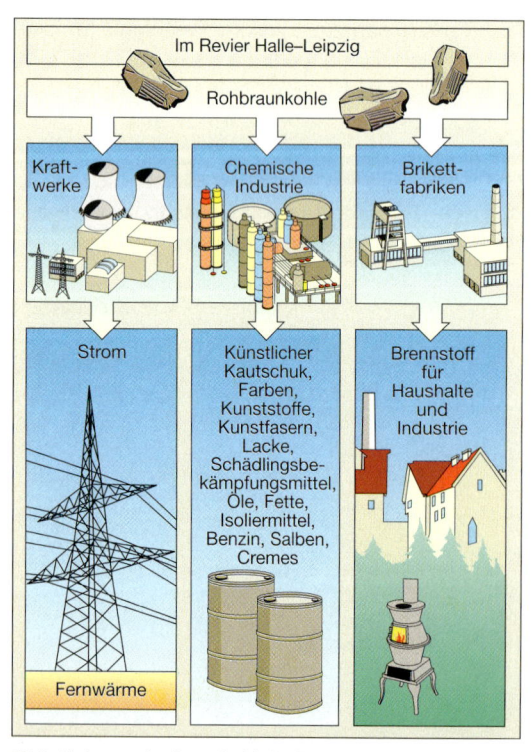

72.2 Nutzung der Braunkohle im Revier Halle – Leipzig

5. Das Sächsische Industriegebiet

Braunkohlevorkommen waren die Voraussetzungen für die Entwicklung der chemischen Industrie in der Region um Halle und Leipzig. Vor 150 Jahren begann hier die Förderung von Braunkohle im Tagebau. 1916 und 1936 wurden südlich von Halle die Chemiebetriebe Leuna und Buna errichtet. Dort kamen zwei Erfindungen zum ersten Mal zur Anwendung: die Herstellung von Mineraldünger und von künstlichem Gummi.

Nach dem Zweiten Weltkrieg und der Teilung Deutschlands entwickelte sich der Chemiestandort unter den Bedingungen der DDR-Regierung: Alle privaten Betriebe wurden zu Staatsbetrieben. Die Planer bestimmten Standort, Produktion und Größe der Betriebe sowie deren Belegschaft. Der Staat beschloss, die Braunkohlenchemie auszubauen und durch Erdölchemie zu ergänzen. So entstand das Werk Leuna II, der damals größte erdölchemische Betrieb der DDR.

Mit dem Anstieg der Ölpreise in den 70er Jahren setzte die DDR wieder verstärkt auf den Rohstoff Braunkohle. Die Vereinigung Deutschlands 1990 brachte grundlegende Veränderungen.

73.1 Umweltbelastung durch die chemische Industrie und Braunkohlekraftwerke

Viele Industriebetriebe mussten schließen, weil sie veraltet oder unwirtschaftlich waren. Der Niedergang der Wirtschaft in den neuen Bundesländern hat aber wenigstens der Umwelt Erleichterung gebracht. Die Belastung durch Schadstoffe hat deutlich abgenommen. Die Luft muss aber noch sauberer werden. Neuere Kohlekraftwerke erhalten Staubfilter und Reinigungsanlagen für die Abgase. Alle anderen Kraftwerke werden nach und nach durch neue ersetzt. Die Städte Halle und Leipzig bevorzugen Heizkraftwerke, die Erdgas verwenden. Leipzig schloss zusätzlich 192 000 Haushalte an das Erdgasnetz an. Braunkohle-Briketts sollen dort nicht mehr verbrannt werden.

Der Raum Halle-Leipzig hat in der Vergangenheit am stärksten gelitten. Schaufelradbagger holten die Braunkohle im Tagebau heraus. Die riesigen Löcher blieben eine Wunde in der Landschaft, weil kein Geld zum Verfüllen da war. Wenn die meisten Tagebaue stillgelegt sind, wird kein Grubenwasser mehr abgepumpt. Dann droht das Grundwasser in Müllkippen zu dringen und Giftstoffe herauszulösen. Diese gefährden dann die Trinkwasserbrunnen.

Alte Fabriken abreißen, giftigen Industriemüll beseitigen, verseuchte Böden austauschen, die Flüsse wieder so reinigen, dass Fische darin leben können: Das kostet sehr viel Geld und wird viele Jahre dauern. Das hat aber auch Vorteile. Mehrere tausend ehemalige Bergleute und Chemiearbeiter finden Beschäftigung.

Auftrieb für die ostdeutsche Chemie
Hochmodern – hochproduktiv – umweltschonend

Leuna/Bitterfeld (dpa). Die traditionsreiche Chemieindustrie meldet sich zurück. In Bitterfeld begann am gestrigen Mittwoch ein neues Chemiewerk mit der Produktion und in Leuna erfolgte der erste Spatenstich für die neue „Raffinerie 2000". In Leuna werden in den nächsten drei Jahren 4,3 Milliarden DM investiert. Hier werden die Ausgangsstoffe für die Chemie der ganzen Region entstehen. Ab 1997 bietet die modernste Erdölraffinerie Europas Arbeit für rund 2500 Menschen. Die arbeitslosen Chemiewerker wird es freuen, denn an Fachkräften mangelt es im Chemiedreieck nicht, aber bisher an neuen Arbeitsplätzen.

Die Betriebe in Bitterfeld und Leuna sollen einem traditionsreichen Industriezweig in den neuen Ländern wieder Auftrieb geben. Der Neuanfang war in der Chemieregion besonders schwer. Die Produkte gingen früher überwiegend nach Osteuropa, besonders in die Sowjetunion. Doch die Abnehmer dort können nicht mehr zahlen. Für Kunden im Westen war die Qualität der Produkte aber nicht gut genug. Deshalb wurden viele Chemiebetriebe in Ostdeutschland stillgelegt.

(nach einer Zeitungsmeldung vom 26. 5. 1994)

1. Beschreibe die Verwendungswege der Braunkohle (Abb. 72.2).
2. Welche Zukunft hat die Braunkohleindustrie? Werte den Text und die Abbildungen aus.

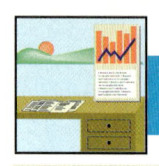

Wir arbeiten mit Wirtschaftskarten

Was sind Wirtschaftskarten?

Wirtschaftskarten zeigen, wie die Menschen ihren Lebensraum nutzen. Eine Wirtschaftskarte über einen bestimmten Raum beantwortet folgende Fragen:
- Gibt es Waldgebiete?
- Wie sind die Böden für die Landwirtschaft?
- Welche landwirtschaftlichen Produkte werden angebaut?
- Welche Industriezweige gibt es?
- Gibt es Fremdenverkehr?
- Wie ist die Anbindung an das Verkehrsnetz?

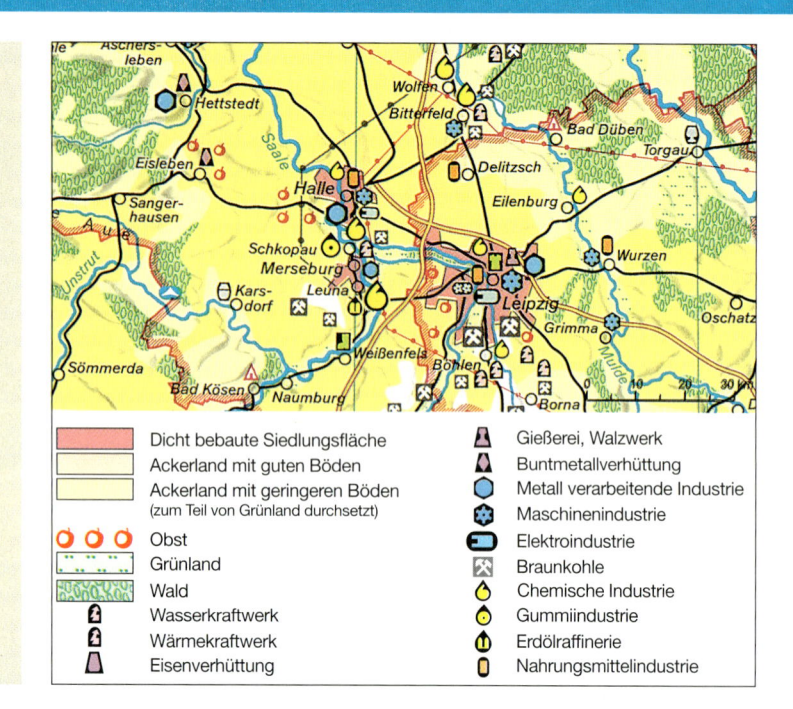

Legende:
- Dicht bebaute Siedlungsfläche
- Ackerland mit guten Böden
- Ackerland mit geringeren Böden (zum Teil von Grünland durchsetzt)
- Obst
- Grünland
- Wald
- Wasserkraftwerk
- Wärmekraftwerk
- Eisenverhüttung
- Gießerei, Walzwerk
- Buntmetallverhüttung
- Metall verarbeitende Industrie
- Maschinenindustrie
- Elektroindustrie
- Braunkohle
- Chemische Industrie
- Gummiindustrie
- Erdölraffinerie
- Nahrungsmittelindustrie

Der Wirtschaftsraum Halle-Leipzig

Die Bodennutzung
Im Raum Halle-Leipzig gibt es große Ackerbaugebiete mit meist guten Böden. Verbreitet ist der Obstanbau westlich von Halle und südlich von Leipzig. Kleinere Waldflächen gibt es östlich von Leipzig.

Die Bodenschätze
Im Raum Halle-Leipzig wird an zahlreichen Orten, vor allem im Süden von Leipzig, Braunkohle abgebaut. Sie ist vermutlich die Grundlage für die Energieversorgung des Gebietes, denn in der Nähe der Abbaugebiete von Braunkohle liegen viele Wärmekraftwerke.

Die Industrie
Sowohl in der Stadt Halle als auch in Leipzig haben sich die Metall verarbeitende Industrie und die Maschinenindustrie angesiedelt. Im Gebiet Halle-Schkopau-Merseburg-Leuna sowie in den nördliche gelegenen Städten Wolfen und Bitterfeld haben sich Zentren der chemischen Industrie entwickelt. In Leipzig liegen die industriellen Schwerpunkte in der Metall verarbeitenden Industrie und in der Elektroindustrie. Die Nahrungsmittelindustrie in diesem Raum lässt auf die Verarbeitung der landwirtschaftlichen Produkte dieses Raumes schließen.

Der Fremdenverkehr
Im Industrieraum Halle-Leipzig sind keine Fremdenverkehrsorte vorhanden.

Die Verkehrsanbindung
Der Raum ist durch Autobahnen und Eisenbahnstrecken gut erschlossen.

und untersuchen Wirtschaftsräume

Farben und Signaturen in der Wirtschaftskarte

Flächenfarben zeigen
- Wald
- Ackerland
- Grünland
- Siedlungsfläche

Liniensignaturen zeigen
- Verkehrswege
- Grenzen
- Eisenbahnlinien
- Straßen

Punktsignaturen zeigen
- Industriezweige
- Freizeiteinrichtungen
- Bodennutzung
- Bodenschätze

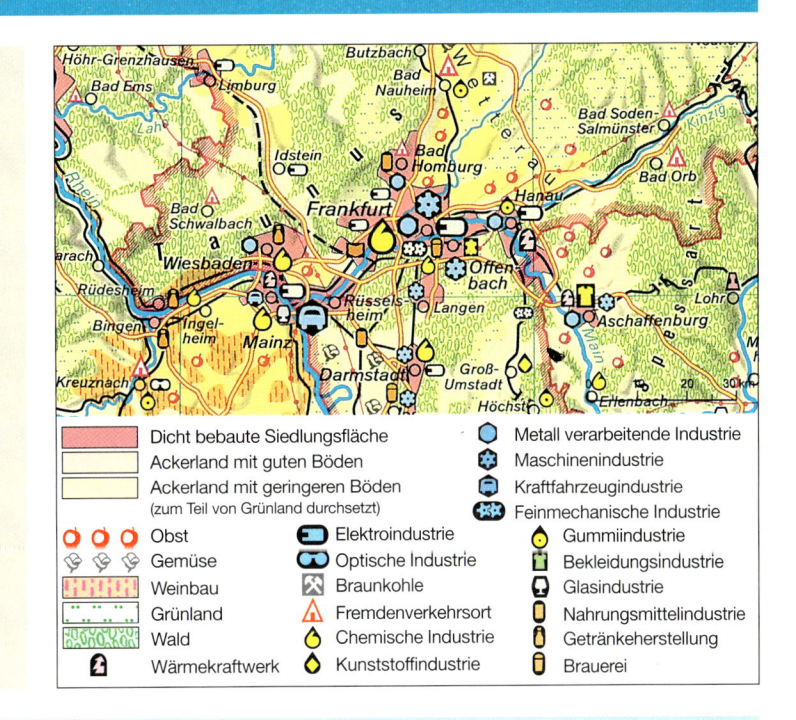

Legende:
- Dicht bebaute Siedlungsfläche
- Ackerland mit guten Böden
- Ackerland mit geringeren Böden (zum Teil von Grünland durchsetzt)
- Obst
- Gemüse
- Weinbau
- Grünland
- Wald
- Wärmekraftwerk
- Elektroindustrie
- Optische Industrie
- Braunkohle
- Fremdenverkehrsort
- Chemische Industrie
- Kunststoffindustrie
- Metall verarbeitende Industrie
- Maschinenindustrie
- Kraftfahrzeugindustrie
- Feinmechanische Industrie
- Gummiindustrie
- Bekleidungsindustrie
- Glasindustrie
- Nahrungsmittelindustrie
- Getränkeherstellung
- Brauerei

Das Rhein-Main-Gebiet

Die Bodennutzung
Um die Städte Frankfurt und Wiesbaden liegen große, zusammenhängende Waldgebiete. Im Westen und im Osten des Raumes gibt es Ackerland. Südlich von Wiesbaden und Mainz wird Weinbau betrieben. Nordöstlich von Frankfurt, in der Wetterau, ist der Obst- und Gemüseanbau verbreitet.

Die Bodenschätze
Bis auf Braunkohle in der Wetterau sind in diesem Gebiet keine Bodenschätze vorhanden.

Die Industrie
In Wiesbaden, Mainz und Frankfurt sowie in den Nachbarstädten haben sich viele Industriezweige angesiedelt. Besonders hervorzuheben sind die Kraftfahrzeugindustrie in Rüsselsheim sowie die chemische Industrie in Frankfurt, Mainz und Wiesbaden. Vermutlich haben die Flüsse Rhein und Main die industrielle Entwicklung in diesem Raum gefördert. Die Energieversorgung von Industrie und Bevölkerung wird durch die Wärmekraftwerke an Rhein und Main gewährleistet.

Der Fremdenverkehr
In den angrenzenden Mittelgebirgen liegen einige Fremdenverkehrsorte, z.B. Bad Nauheim, Bad Homburg und Bad Kreuznach.

Die Verkehrsanbindung
Das Rhein-Main-Gebiet ist durch die Flüsse Rhein und Main, durch Autobahnen und Eisenbahnstrecken sehr gut an das Verkehrsnetz angebunden.

Umwelt in Not

Jonas: „Ich kenne bei uns in der Nähe eine wilde Müllkippe. Dort liegen alte Kühlschränke, Autoreifen und Matratzen. Die vielen leeren Dosen und Flaschen kann man gar nicht mehr zählen. Ich weiß nicht, was alles in den vielen Plastiktüten ist. Neulich hat irgendeiner auch noch Bauschutt abgeladen. Die Leute kommen immer, wenn es dunkel ist. Sie wollen bestimmt nicht erkannt werden. Das Schild „Müll abladen verboten" interessiert sie nicht. Vor kurzem hat der Fahrer eines Tanklastwagens sogar heimlich Gift aus dem Tank abgelassen. Zum Glück hat die Polizei den Fahrer gefunden. Aber das Gift war schon in das Grundwasser eingesickert."

Anne: „Ich wohne im Erzgebirge. Mein Vater ist Hubschrauberpilot. In den vergangenen Jahren musste er oft Kalk über den Wald streuen. Die Forstverwaltung hat damit den Wald gedüngt. Wir hatten schon länger beobachtet, dass die Nadeln von Tannen und Fichten braun wurden. Dann verloren die Bäume ihre Nadeln. Am Ende ragten nur noch Baumskelette in den Himmel. Mein Vater sagt, auch im Harz und im Schwarzwald sind die Bäume geschädigt. Das kommt von dem Gift in der Luft. Das Gift weht aus den Industriegebieten herüber. Auch die Autoabgase haben mit Schuld am Waldsterben."

Mark: „Neulich besuchte unsere Klasse das Trinkwasserwerk. Der Direktor zeigte uns die Anlage. Er erklärte, warum das Trinkwasser immer teurer wird. Sein Wasserwerk hat kein sauberes Quellwasser in der Nähe. Das Wasser muss daher aus dem Rhein gepumpt werden. Aber so kann es kein Mensch trinken. Das Wasser sehr ist schmutzig. Es enthält giftige Stoffe, die schwere Krankheiten hervorrufen. Deshalb reinigen Filteranlagen das Wasser erst. Doch die Filter müssen immer wieder ausgetauscht werden. Das kostet viel Geld. Der Direktor meint, er wäre froh, wenn er das Wasser aus einer sauberen Talsperre beziehen könnte."

76.1 Wilde Müllkippe

76.2 Kalkdüngung

76.3 Versickerung zur Trinkwassergewinnung

1. Nenne die Folgen einer Umweltverschmutzung.
2. Hängt eine Tapetenbahn an die Wand eures Klassenzimmers. Notiert jeden Tag eine Umweltsünde, die euch aufgefallen ist.
3. Welche Forderung ist hier verborgen: ALLMEIVERFABDEN?

Projekt
Weniger Müll an unserer Schule

✘ Stellt kleine Arbeitsgruppen zusammen.

✘ Führt an eurer Schule eine Fragebogenaktion durch.
Folgende Fragen und Anregungen sollen euch dabei helfen:
- Gibt es eine Schulcafeteria bzw. einen Schulkiosk?
- Welche Esswaren werden an der Schule verkauft?
- Wie sind die Esswaren verpackt?
- Welche Getränke werden an der Schule verkauft?
- In welcher Verpackung werden Getränke verkauft?
- Wer kümmert sich um den Verkauf von Esswaren und Getränken?
- Wie werden die Abfälle und Verpackungen entsorgt?
- In welchen Verpackungen bringen Schüler Esswaren und Getränke von zu Hause mit?
- Was geschieht mit den Abfällen?
- Welches Geschirr wird bei Feiern und Schulfesten benutzt?
- Werden an der Schule Abfälle getrennt gesammelt?
- Gibt es Behälter für Sonderabfälle (z. B. für Batterien)?
- Werden im Unterricht die Themen „Umwelt", „Abfall/Müll" behandelt?

✘ Wertet die Fragebogenaktion aus und gebt die Ergebnisse Mitschülerinnen und Mitschülern, Lehrern und Eltern bekannt.

✘ Macht Vorschläge (zum Beispiel):
- Wir veranstalten eine Projektwoche „Müllfreie Schule".
- Wir sammeln und sortieren eine Woche lang den Schulmüll.
(Das sollte zu einer Daueinrichtung werden!)
- Wir helfen Müll zu vermeiden und zu beseitigen.
- Wir laden Fachleute ein, die uns über das Thema „Entsorgung" und „Wiederaufbereitung" (Recycling) informieren.

✘ Eigene Ideen, Anregungen und Vorschläge sind erwünscht!

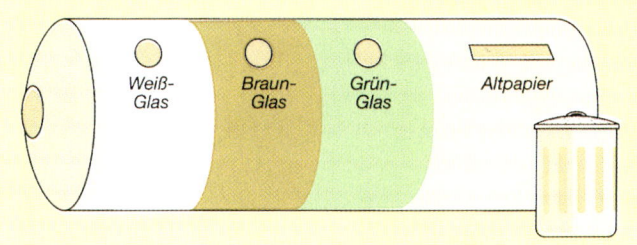

Weiß-Glas   Braun-Glas   Grün-Glas   Altpapier

Ein Auto entsteht

1. Fahrzeugbau in Zwickau und Mosel

Nach dem Zweiten Weltkrieg begann der Wiederaufbau in Zwickau. Ab 1958 fertigten Arbeiter in dem staatlichen Betrieb der DDR den Kleinwagen Trabant. Es war ein in Großserie gefertigter Wagen mit einer Karosserie aus Kunststoff. Das Ende der Trabantproduktion kam 1991, die Autos entsprachen nach der Wiedervereinigung nicht mehr den Wünschen der Käufer. Der Betrieb „Sachsenring Automobilwerke Zwickau" ist nun ein Zulieferpartner für Fahrzeughersteller in aller Welt, auch für das neue VW-Werk in Mosel.

In Mosel, unweit von Zwickau, entstand ein neuer Automobilstandort. Das VW-Werk Mosel 1 arbeitet seit Mai 1990. Hier wurden bis 1991 Pkw vom Typ „Trabant" mit einem VW-Motor montiert. Gleichzeitig liefen Autos vom Typ VW-Polo vom Band. Später löste die Golf-Herstellung die Polo-Produktion im Werk 1 ab.

VW beschloss in Mosel den Bau des Werkes 2 mit den Abteilungen Presswerk, Karosserierohbau, Lackierung und Endmontage. Im Sommer 1992 wurde die Karosserieabteilung fertiggestellt. Seit dieser Zeit arbeiten die VW-Werke Mosel 1 und 2 zusammen. Die vollständige Inbetriebnahme des neuen Werkes erfolgte 1997. Rund 3000 Beschäftigte fertigen hier täglich 750 Autos.

1904 begann der Ingenieur August Horch in Zwickau mit dem Bau von Autos. 1909 verließ er seine Firma und gründete ein neues Unternehmen. Ein Gericht verbot ihm, es ebenfalls Horch zu nennen. So wurde sie, nach der lateinischen Übersetzung von Horch, Audi genannt. 1932 schlossen sich Audi, Horch, DKW und Wanderer zur Auto Union zusammen. Ihr Symbol waren vier ineinander verschlungene Ringe.

78.1 Der Zusammenschluss zur Auto Union 1932

78.2 Das VW-Werk in Mosel

Während einer Betriebsbesichtigung im Werk Mosel 1 werden wir von einem Ingenieur durch die hellen Montagehallen geführt. Wir bestaunen die langen Montagebänder für die Autofertigung. Geschickt und schnell führen die VW-Arbeiter die Handgriffe aus, die zur Montage der Autos nötig sind. In einigen Abteilungen haben Roboter die Tätigkeiten der Menschen übernommen. Das führt in diesen Bereichen zu erheblichen körperlichen Entlastungen der Mitarbeiter. Auffällig ist, dass in den Produktionshallen an den Montagebändern nur wenige Frauen zu entdecken sind. Sie arbeiten meist in der Verwaltung.

Der uns begleitende Ingenieur berichtet:
„Mosel ist ein Werk der Kernfertigung. Das heißt, ein dichtes Netz von Zuliefer- und Dienstleistungsbetrieben ist mit dem Hauptwerk verbunden. Eine Form dieser Zusammenarbeit ist die „just-in-time-Produktion", also die gerade rechtzeitige Herstellung. Die Zulieferbetriebe besitzen einen Computeranschluss zum Hauptwerk Mosel. Werden in der Endmontage nun bestimmte Teile benötigt, so ruft das Werk sie per Computer beim Zulieferbetrieb ab. Dieser ist dann dafür verantwortlich, dass die Teile innerhalb von drei Stunden am Montageband in Mosel eintreffen.

Die Zulieferbetriebe liefern die angeforderten Teile mit dem Lkw nach Mosel. Die Probleme, die dadurch entstehen – wie hoher Kraftstoffverbrauch, großes Verkehrsaufkommen und Staus auf den Straßen – halten sich für Mosel in Grenzen. Die meisten Zulieferbetriebe liegen nämlich im Umkreis von nur 10 bis 15 Kilometern vom Werk entfernt. Sie können daher unsere Aufträge schnell ausführen.

Außerdem ist beim Bau des Werkes auf eine gute Verkehrsanbindung geachtet worden. Der Standort Mosel liegt dicht an den beiden Autobahnen A 4 und A 72. Als Autobahnzubringer dient die Bundesstraße B 93. Sie wurde erweitert und vierspurig mit Tunnelunterführung in das Werk geführt. Somit können die Zulieferfahrzeuge problemlos zu unserem Betrieb gelangen. Einen Bahnanschluss haben wir natürlich auch.

Damit die Produktion gut läuft, sind wir technisch auf dem neuesten Stand. Wir haben unter anderem eine Online-Verbindung, also eine Computerverbindung mit dem Stammwerk in Wolfsburg. Dort können alle unsere Daten in dem zentralen Computer bearbeitet werden."

79.1 An der Montagestraße

1. Überlege, warum Volkswagen gerade in Mosel eine Autofabrik baute.
2. Beschreibe, wie in einer modernen Autofabrik produziert wird (Abb. 79.1 und 82.1).
3. Erläutere die Just-in-time-Produktion. Welche Vorteile hat sie für das Werk? Welche Nachteile sind damit verbunden?
4. Suche im Atlas weitere Standorte der Autoindustrie in Deutschland.

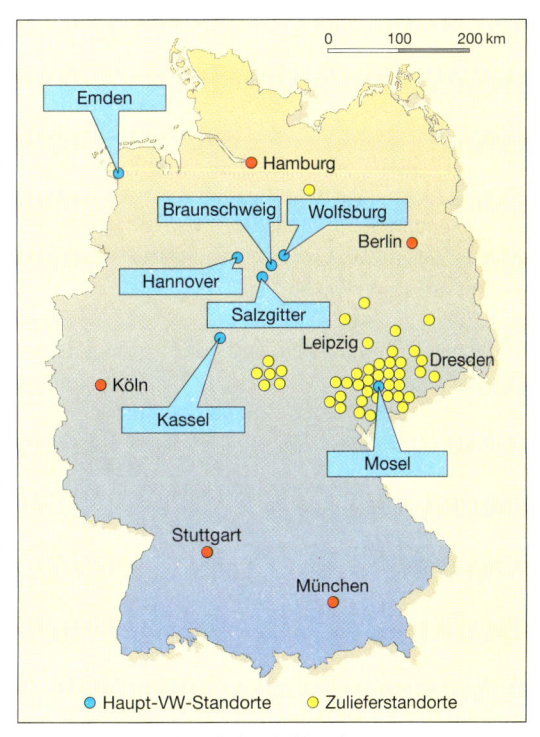

79.2 Lieferanten des Werkes in Mosel

80.1 Transport von Menschen und Gütern

2. Autos nützen und schaden

Wir brauchen das Auto zum Einkaufen, zum Erholen, um zur Arbeit oder in die Schule zu kommen. Jeden Morgen fahren hunderttausende von Berufstätigen aus dem Umland mit dem Auto in die Stadt. Abends fahren diese **Pendler** wieder zurück. Millionen Menschen fahren mit dem Auto in den Urlaub. Sie möchten auch am Urlaubsort nicht auf das Auto verzichten. Ohne Lkw wären unsere Supermärkte leer und wir hätten kein Heizöl für unsere Häuser.

Schüler sind dann Pendler, wenn sie in einem anderen Ort wohnen, als sie zur Schule gehen. Erstellt für eure Klasse eine solche Tabelle:

Zahl	Wohnort	Benutztes Verkehrsmittel				
		Bus	Bahn	Auto	Fahrrad	zu Fuß

Wenn ihr dann noch die Entfernung (Luftlinie) zwischen Schul- und Wohnort ermittelt, könnt ihr eine Zeichnung anfertigen. Der Schulort liegt in der Mitte. Dafür benötigt ihr einen Stadtplan oder die Umgebungskarte (Kreiskarte) eures Schulortes.

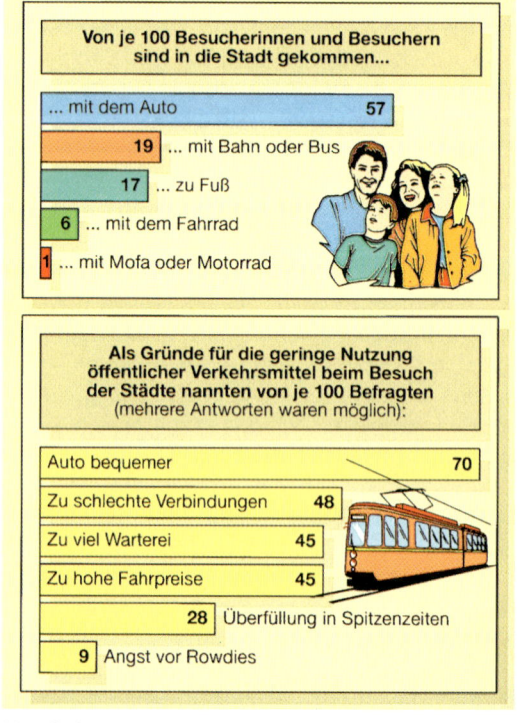

Von je 100 Besucherinnen und Besuchern sind in die Stadt gekommen...

... mit dem Auto	57
... mit Bahn oder Bus	19
... zu Fuß	17
... mit dem Fahrrad	6
... mit Mofa oder Motorrad	1

Als Gründe für die geringe Nutzung öffentlicher Verkehrsmittel beim Besuch der Städte nannten von je 100 Befragten (mehrere Antworten waren möglich):

Auto bequemer	70
Zu schlechte Verbindungen	48
Zu viel Warterei	45
Zu hohe Fahrpreise	45
Überfüllung in Spitzenzeiten	28
Angst vor Rowdies	9

80.2 Befragung von Verkehrsteilnehmern

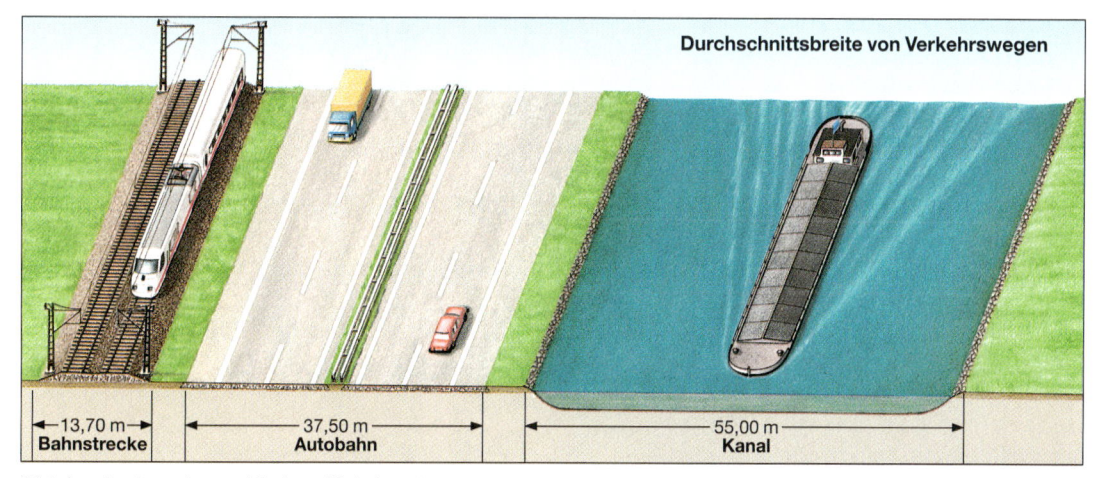

|←13,70 m→| |←37,50 m→| |←55,00 m→|
| Bahnstrecke | Autobahn | Kanal |

81.1 Landverbrauch verschiedener Verkehrsträger

Autos, Lastwagen und Busse verstopfen Straßen und Autobahnen. Täglich berichtet der Verkehrsfunk von kilometerlangen Staus. Der Parkraum in den Städten wird immer knapper. Autos parken auf Bürgersteigen und Radfahrwegen. Die Stadtbewohner fühlen sich von Lärm und Auspuffgasen belästigt. Auf stark befahrenen Straßen besteht für Kinder und alte Menschen große Unfallgefahr. Die Kraftfahrzeuge schädigen unsere Umwelt. Sie tragen dazu bei, dass gesundheitsschädlicher **Smog** entsteht. Sie sind mitverantwortlich, dass sich die Temperatur auf unserer Erde erhöht. Sie lassen Straßenbäume und Wälder sterben.

1. „Autos nützen und schaden." Ist das nicht ein Widerspruch?
2. Nenne weitere Beispiele, dass Autos nützen oder schaden.

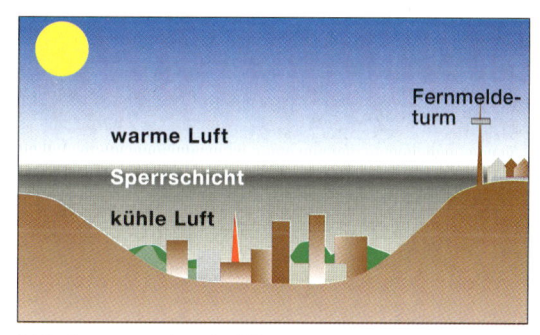

81.3 Smogwetterlage im Winter

81.2 Waldsterben: gesunde und kranke Fichte

81.4 Fahrverbot

3. Konkurrenz aus dem Ausland: So baut Japan Autos

Der Arm des Roboters schwenkt langsam näher, peilt sein Ziel millimetergenau an und legt sich auf das Blech der Karosserie. Knisternd und funkensprühend verschweißt er an einem Punkt das Blech mit dem Stahl des Fahrgestells. Der stählerne Arm hebt sich ab, schwenkt etwas seitlich zu einem zweiten Punkt und schweißt erneut. Nun wird das Auto vom Fließband etwas vorwärts bewegt und gelangt in die Hände des nächsten Roboters.

Kurz vor dem Arbeitsplatz der beiden Automaten werden Fahrgestell und Karosserie zusammengeführt. Während das Fahrgestell von unten heranrückt, schwebt die Karosserie von oben hinzu und senkt sich genau passend auf das Fahrgestell. Motor, Getriebe und Achsen sind schon eingebaut, aber vieles fehlt dem Auto noch. Etwa 20 000 Einzelteile (einschließlich aller Schrauben) müssen zusammengebaut werden.

82.1 Roboter in einer Autofabrik

Wir sind in der Endmontagehalle des Mitsubishi-Autowerkes in Misushima, einer neuen Hafenstadt auf der japanischen Hauptinsel Honschu. Nur ein Drittel der Teile eines Autos wird in diesem Werk selbst hergestellt, alles Übrige kommt aus fast 2000 Zulieferfirmen. Das ist für den Autohersteller günstiger. Oft handelt es sich bei den Zulieferern um Kleinbetriebe. Sie können ihren wenigen Mitarbeitern nicht die gleichen Löhne und sozialen Leistungen bieten wie das Großunternehmen. Werden weniger Autos verkauft, sind kleine Zulieferbetriebe zuerst davon betroffen.

Das Blech für die Karosserie kommt von einem Stahlwerk, das direkt neben dem Autowerk liegt. Es ist erst vor 20 Jahren neu gebaut worden – „im Meer"!

Weil das gebirgige Japan wenig Platz für große Industriebauten hat, musste Industriegelände auf Neuland geschaffen werden. Man trug Berge ab und schüttete mit dem Material an flachen Küstenstellen Flächen an. Dort konnten Hafenanlagen und Industriewerke gebaut werden. Das ist vor allem für solche Werke günstig, die ihre Rohstoffe über See herantransportieren müssen oder ihre Produkte in alle Welt verschiffen wollen.

Inzwischen ist die Autoproduktion aber auch in Japan sehr teuer geworden. Die Japaner haben deshalb Autofabriken in den USA und in Europa gebaut. So sind sie näher am Verbraucher.

1. Stelle fest, wo Mitsushima liegt (Atlas).
2. Was bedeutet die Arbeit in dem Autowerk für Herrn Tsuboi (Text S. 83)?
3. Warum liegt Japan im Wettbewerb zwischen den Autoherstellern oft vorn?

83.1 Aufschüttungsflächen für Industrieanlagen

Der Betrieb – eine große Familie?

Herr Tsuboi ist 48 Jahre alt, verheiratet und hat zwei Kinder. Als junger Mann fing er in dem Autowerk an. Er ist stolz auf den Großbetrieb, in dem er arbeitet, und auf die Produkte, die er und seine Arbeitskollegen herstellen. Jeden Morgen vor Schichtbeginn singen sie das Firmenlied. Die Arbeit ist für ihn kein „Job", im Gegenteil, er macht sie mit Freude und Fleiß.

Herrn Tsubois Arbeitsgruppe hält eng zusammen. Sie treffen sich auch in der Freizeit. In den Arbeitspausen und oft nach Ende der Arbeitszeit diskutieren sie, wie sie bestimmte Arbeitsabläufe noch besser gestalten können. Von ihren Chefs werden sie darüber informiert, was für die Zukunft geplant ist. Zwischen der Belegschaft und der Firmenleitung herrscht ein guter Zusammenhalt.

Die Vorgesetzten nehmen die Rolle des Familienoberhauptes ein. Dieses strenge Verhalten stammt aus früheren Jahrhunderten. Die Älteren mussten die Jüngeren schützen und versorgen und die Jungen mussten den Älteren gegenüber gehorsam sein.

Herr Tsuboi ist selbst am Erfolg des Unternehmens interessiert, denn das Unternehmen sorgt für ihn. Er ist selten krank. Wenn er krank ist, wird er im Krankenhaus der Firma behandelt.

Der Betrieb hat Erholungsheime für seine Mitarbeiter. Er organisiert Sportveranstaltungen und führt verbilligte Urlaubsfahrten durch.

Herr Tsuboi sagt, was gut ist für das Unternehmen, ist auch gut für ihn, für seine Familie und für Japan. Nie würde er den Betrieb wechseln, denn „lebenslange" Zugehörigkeit und Treue zum Unternehmen sind für ihn selbstverständlich. Die Arbeit in einem Großbetrieb ist auch heute noch eine Auszeichnung. Doch nur ein Drittel aller Arbeiterinnen und Arbeiter hat eine Anstellung auf Lebenszeit. Deshalb ist es für Japaner nicht mehr ungewöhnlich, sich eine andere Arbeitsstelle zu suchen.

Kommt heran! Schulter an Schulter!
Das Land unserer Väter ist immer
fortschrittlich gewesen.
Toyota! Toyota!

Wir geben unsere Arbeit,
unseren Schweiß und unsere Schwielen
für die Freude der Menschheit.
Komm, Nissans Stolz!

(Firmenlied der Automobilarbeiter)

Wissenswertes
Bodenschätze und Industrie in Deutschland

Deutschland gehört zu den bedeutendsten Industrieländern der Welt. Allerdings besitzt unser Land nur wenige **Bodenschätze**. Zu den wichtigsten Bodenschätzen gehören Braunkohle, Steinkohle und Kalisalz. Die Vorkommen an Erdöl und Erdgas sind im Vergleich zu unserem Verbrauch sehr gering. So kann die deutsche Erdöl- und Erdgasförderung nur etwa ein Zwanzigstel unseres Bedarfs decken.

Bei der Versorgung mit Erzen ist Deutschland ganz auf die Einfuhr aus anderen Ländern angewiesen. Es gibt zwar verschiedene Erzvorkommen, z. B. Eisenerz, ja sogar Silber- und Uranerz, aber die Lagerstätten sind so wenig ergiebig, dass sich ihr Abbau nicht mehr lohnt. Deutschland muss als rohstoffarmer Industriestaat die meisten Bodenschätze und Rohstoffe importieren.

Die **Industriegebiete** in Deutschland haben sich früher meist dort entwickelt, wo ein Bodenschatz oder ein Energieträger vorhanden war. So war im Ruhrgebiet vor mehr als 150 Jahren die Steinkohle die wichtigste Voraussetzung für die Industrialisierung dieser Region.

Heute dagegen sind andere **Standortfaktoren** wichtiger für die Entwicklung eines Industriegebietes: Es müssen geeignete Arbeitskräfte zur Verfügung stehen, es sollten günstige Verkehrsverbindungen für den Transport der Rohstoffe und Fertigprodukte vorhanden sein und die Energieversorgung muss gesichert sein.

1. Nenne die wichtigsten Braunkohlenvorkommen in Deutschland (Abb. 85.1, Atlas).
2. In welchen Bundesländern wird Steinkohle gefördert?
3. Wo liegen die deutschen Erdöl- und Erdgaslagerstätten?
4. Welche Industriegebiete sind wohl auf der Grundlage eines Bodenschatzes entstanden?
5. Nenne anhand der Abb. 85.1 Standorte der chemischen Industrie.
6. Wo werden in Deutschland Autos gebaut? Welchen Standorten kannst du bekannte Automarken zuordnen?
7. Für welchen Industriezweig sind Hamburg, Kiel und Rostock besonders geeignet?
8. Arbeitet in Gruppen:
   Vergleicht folgende Gebiete im Hinblick auf ihre Industriezweige: Halle-Leipzig mit Stuttgart und Frankfurt/Main mit Berlin (Atlas).
9. Erläutert mit Hilfe von Abb. 84.1 und des Textes die verschiedenen Standortfaktoren.

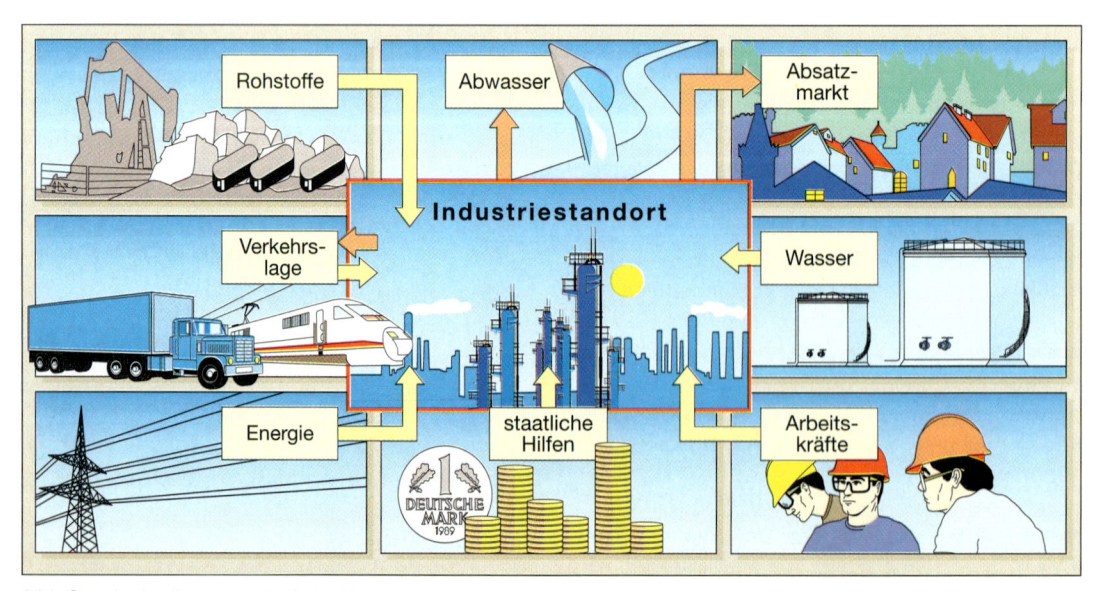

84.1 Standortbedingungen der Industrie

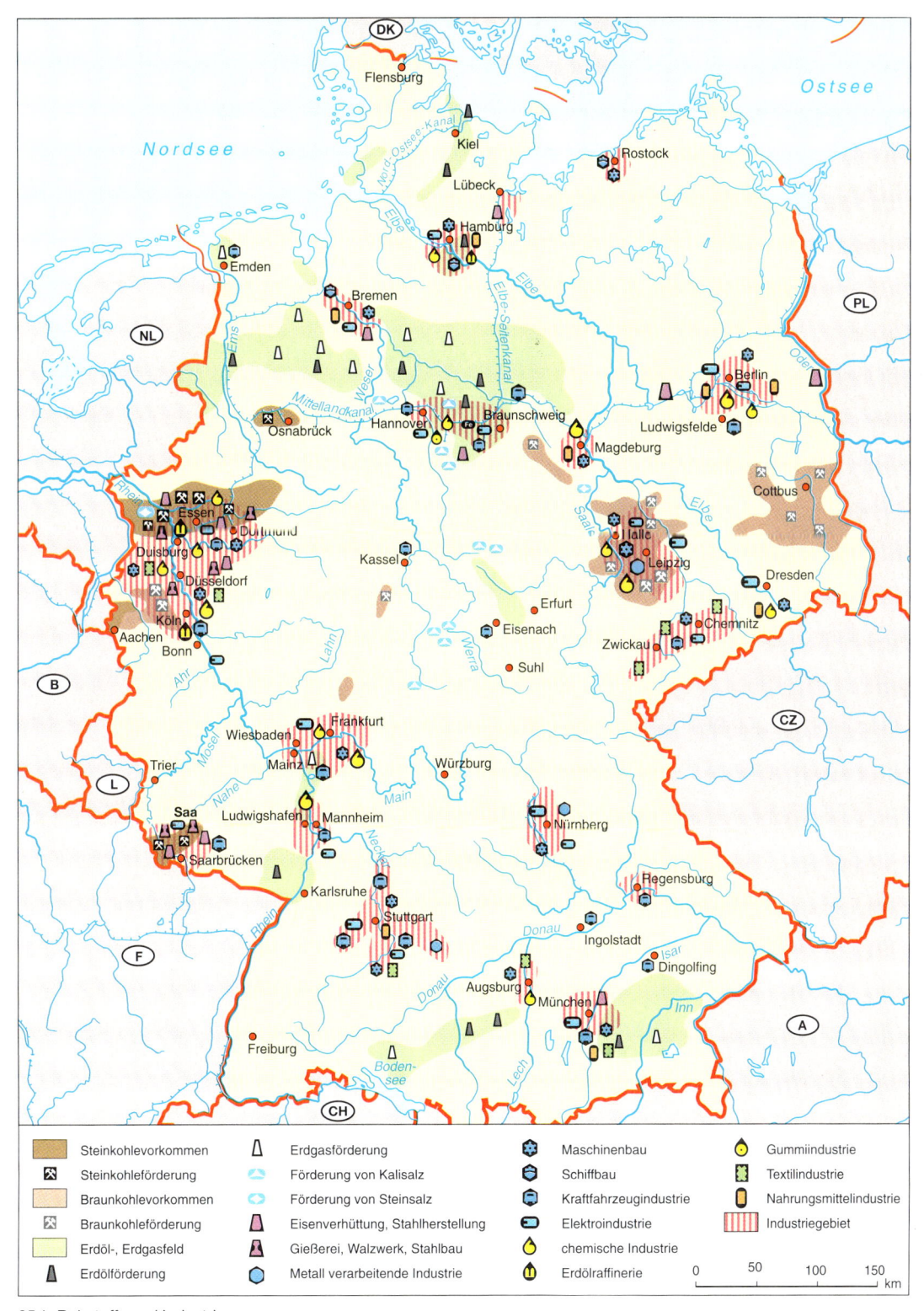

	Steinkohlevorkommen	△	Erdgasförderung	✺	Maschinenbau	◊	Gummiindustrie
⚒	Steinkohleförderung	⇔	Förderung von Kalisalz	⬢	Schiffbau	▨	Textilindustrie
	Braunkohlevorkommen	⇔	Förderung von Steinsalz	⬢	Kraftfahrzeugindustrie	▯	Nahrungsmittelindustrie
⚒	Braunkohleförderung	▮	Eisenhüttung, Stahlherstellung	▭	Elektroindustrie	▥	Industriegebiet
	Erdöl-, Erdgasfeld	△	Gießerei, Walzwerk, Stahlbau	◊	chemische Industrie		
△	Erdölförderung	⬡	Metall verarbeitende Industrie	◉	Erdölraffinerie		

85.1 Rohstoffe und Industrie

Dienstleistungen großer Städte

86.1 Das Messegelände in Leipzig

- Erste Messe 1165
- Im 19. Jahrhundert Wandel von einer Verkaufsmesse zur Mustermesse
- Neubau 1996: Erweiterung zum Messe- und Kongresszentrum mit fünf Ausstellungshallen
- 30 000 m² großes Freigelände mit 6000 Parkplätzen
- Direkte Zufahrt zur Autobahn A 14
- Nachbarschaft zum Flughafen Halle-Leipzig
- Tagungsplätze für 2600 Personen in sieben Sälen und 14 Tagungsräumen

86.2 Messebetrieb

1. Messestadt Leipzig

Auf dem Leipziger Marktplatz trafen früher täglich Bürger und Reisende zusammen. Sie gingen ihrer Arbeit nach, informierten oder vergnügten sich. Richter hielten Gericht, schlichteten Streitigkeiten oder verurteilten Verbrecher. Theatergruppen und Gaukler führten ihre Künste auf. Hier trafen sich Verkäufer und Käufer, Erzeuger und Verbraucher zum Handel. Vor 800 Jahren erhielt Leipzig das **Marktrecht.** Der freie Handel war damit jeder Zeit allen Bewohnern der Stadt und ihren Besuchern erlaubt. Gleichzeitig durfte Leipzig dreimal in einem Jahr Messen abhalten. Hier konnte jeder seine Handelsware anbieten. Von überall her, auch aus den Nachbarländern, brachten Händler große Mengen an Waren mit, die sie auf der Messe weiterverkauften. Deshalb heißen diese Messen bis heute **Verkaufsmessen.**

Bald konnte Leipzig die Warenmengen nicht mehr aufnehmen. Daher führte die Stadt vor etwa 100 Jahren die **Mustermesse** ein. Händler zeigen ihre Produkte nur noch als Muster. Wer diese Produkte erwerben will, schließt mit den Händlern Verträge ab. Sie verpflichten sich darin, die Waren in einem bestimmten Zeitraum zu liefern. Erst dann erfolgt die Bezahlung.

1. Erkläre den Begriff Marktrecht.
2. Nenne den Unterschied zwischen einer Verkaufsmesse und einer Mustermesse.

87.1 Das Messegelände in Hannover

2. Messestadt Hannover

Innerhalb von fünfzig Jahren hat Hannover sich zu einem der führenden internationalen Messeplätze entwickelt. Die Hannovermesse ist zur größten Industrieschau der Welt geworden. In jeder Halle befindet sich ein anderer Geschäftszweig. Das hat Vorteile. Die Käufer können so die Angebote verschiedener Firmen aus dem In- und Ausland miteinander vergleichen. Man findet alles: von der Schraube bis zum Roboter, von dem kleinsten Taschenrechner bis zur automatischen Kaffeemaschine.

Auf dem Freigelände führen gewaltige Kräne vor, was sie leisten können. An anderer Stelle werden riesige Baumaschinen oder die neuesten Lokomotiven vorgestellt.

In den vergangenen Jahren hat sich die CeBIT als eine weitere Großmesse entwickelt. Sie startete als eine Messe für Büroindustrie. Firmen aus über 40 Ländern stellten Büroartikel vor. Mittlerweile wandelte sich diese Messe zu einer Computer- und Medienschau. Viele Privatpersonen zeigten ebenfalls großes Interesse an den neuesten Entwicklungen in diesem Bereich. Daher wurde die CeBIT-Home eingeführt.

- Erste Messe 1947
- Reine Mustermesse
- Neubau 1996: Erweiterung der Ausstellungshallen für sportliche Großveranstaltungen
- Messehallen auf 600 000 m² Grundfläche
- 400 000 m² großes Freigelände mit 50 000 Parkplätzen
- Hubschrauberplatz und Messebahnhof
- Messeschnellweg zu den Autobahnen
- Nachbarschaft zum Flugplatz Hannover – Langenhagen

1. Erkläre, warum jedes Jahr Millionen Besucher zur Industriemesse und zur CeBIT kommen.
2. Organisiere in deiner Klasse einen Flohmarkt. Was musst du beachten?

87.2 Am Ausstellungsstand

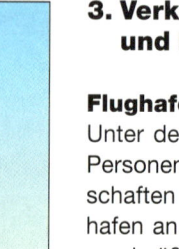

88.1 Frachtterminal auf dem Frankfurter Flughafen

terminal (englisch) = Abfertigungsanlage

88.2 Die Flughäfen Frankfurt Rhein-Main und Hamburg-Fuhlsbüttel im Vergleich (1995)

407 Arbeitsstätten	53 329 Beschäftigte
davon Flughafen-Aktien-Gesellschaft	12 024
84 Luftverkehrsgesellschaften (8 deutsche, 76 ausländische)	25 457
19 Behörden	2 883
303 Wirtschaftsunternehmen	12 965
davon 6 Mineralöl, 77 Speditionen, 16 Vermietungen, 15 Reisebüros, 36 Handel und Gewerbe, 7 Sparkassen, 12 Hotels und Gaststätten, 4 Catering (engl. = Lieferung von Essen und Trinken für die Passagiere und Besatzungen der Flugzeuge), 6 Gesundheit, 13 Reinigung, 11 Beratung, 30 Dienstleistung, 70 Sonstige	

88.3 Beschäftigte und Arbeitsstätten 1994

3. Verkehrsdrehscheibe und Bankenzentrum Frankfurt

Flughafen Rhein-Main

Unter den Flughäfen der Welt steht Frankfurt im Personenverkehr an 9. Stelle. 105 Fluggesellschaften bieten Linienflüge vom Rhein-Main-Flughafen an. Dabei werden 232 Ziele in 99 Ländern regelmäßig angeflogen. Im **Luftfrachtverkehr** liegt der Flughafen an 4. Stelle in der Welt. Die zentrale Lage Frankfurts im Herzen Mitteleuropas hat den Flughafen zum größten Frachtflughafen Europas werden lassen.

„Fliegende Postboten" nennt man scherzhaft die 12 Flugzeuge, die täglich um Mitternacht auf dem Flughafen eintreffen. Bis zu 465 t **Briefe** – das ist das Gewicht von 465 Kleinwagen – laden die Männer der Post gemeinsam mit den Flughafen-Mitarbeitern um. Dann starten die Flugzeuge wieder zurück zu ihren deutschen Abflugorten.

Über 400 verschiedene Berufe treffen wir auf dem Flughafen an. Der größte Arbeitgeber ist die **Flughafen-Aktien-Gesellschaft (FAG)**, die Eigentümerin des Flughafengeländes. Sie stellt nicht nur Anlagen und Einrichtungen den Luftverkehrsgesellschaften zur Verfügung, sondern bietet auch viele Dienstleistungen an: Flugzeugabfertigung, Passagierabfertigung, Frachtabfertigung und Sicherheitsdienst. Zu den wichtigsten Behörden gehören: Deutsche Flugsicherungs-Gesellschaft, Hauptzollamt, Deutscher Wetterdienst, Bundesgrenzschutz, Polizei und Bundespost.

89.1 Die Innenstadt von Frankfurt

Dienstleistungszentrum Frankfurt

Auf engstem Raum gibt es 428 Banken und Sparkassen, davon 279 ausländische. Eine große deutsche Bank beschäftigt 4800 Mitarbeiter in ihrer Zentrale. Sie wollte möglichst vielen ihrer Mitarbeiterinnen und Mitarbeitern einen Arbeitsplatz am Ort bieten. Daher war es notwendig, viele Büros zu bauen. Das gleiche traf für viele andere Betriebe zu. So entstanden die Bürohochhäuser des „Bankenviertels".

In der Innenstadt – der City – gibt es Geschäfte und Kaufhäuser, Hotels und Gaststätten, Theater und Kinos, Behörden und Versicherungen.

In der City arbeiten sehr viele Menschen. Es gibt aber nur wenige Wohnungen.

Täglich bringt die Deutsche Bahn, auch ein Dienstleistungsunternehmen, in 1500 Zügen 350 000 Reisende nach Frankfurt. Davon bleiben 100 000 zur Arbeit und Ausbildung in der Stadt.

1. Welche Berufe werden auf dem Rhein-Main-Flughafen gebraucht?
2. Wende den Ausdruck „Verkehrsdrehscheibe" auf Frankfurt an (Atlas).
3. Einige sprechen von „Bankfurt" statt von Frankfurt. Was steckt dahinter?

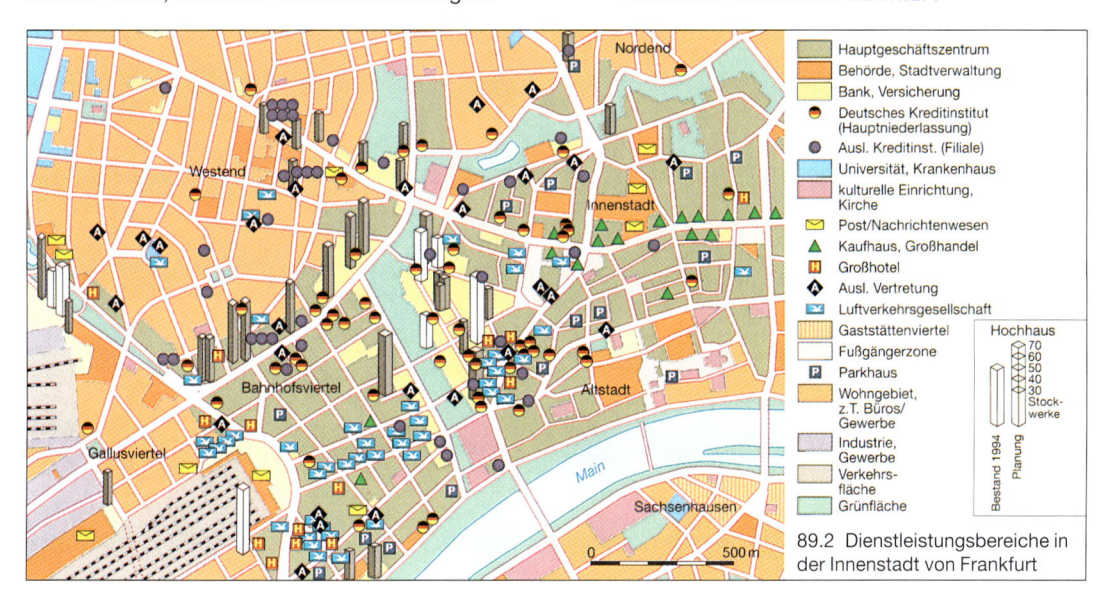

89.2 Dienstleistungsbereiche in der Innenstadt von Frankfurt

4. Eine Kulturstadt: Dresden

An einer flachen Stelle kreuzte der Handelsweg von Süddeutschland nach Osteuropa die Elbe. Am linken Ufer siedelten Handwerker und Kaufleute, Gasthöfe entstanden. Sie versorgten die durchziehenden Kaufleute.

Bald verlegten die Wettiner, ein Adelsgeschlecht, ihren Regierungssitz von der Saale an diesen Ort an der Elbe. Das war vor über 500 Jahren. Viele prächtige Gebäude und die Festungsanlagen entstanden in Dresden. Der Sachsenkönig August der Starke baute die Stadt später weiter aus. Er holte Architekten und Baumeister, die prachtvolle Bauwerke errichteten. Maler, Dichter und Komponisten arbeiteten für ihn. Dresden galt bald als die schönste Stadt Deutschlands.

Am Ende des Zweiten Weltkrieges, 1945, wurde Dresden durch Luftangriffe zerstört. Alle bedeutenden Bauwerke waren stark beschädigt oder vollkommen vernichtet.

Dresden zieht heute wieder viele Touristen an. Sie wollen die prächtigen Bauten sehen, die die Stadt zu bieten hat. Bauhandwerker haben nach alten Fotos, Zeichnungen und Plänen einige der alten Gebäude wieder aufgebaut.

- **Der Zwinger:** Er ist wohl Dresdens berühmtestes Baudenkmal. Er umschließt einen großen Platz, auf dem früher Turniere und Festlichkeiten stattfanden. Als Zwinger bezeichnete man die Fläche zwischen den äußeren Mauern der Befestigungsanlage für die Stadt. Schon über 200 Jahre wird der Zwinger als Museum genutzt. Weltberühmt ist die Gemäldegalerie.
- **Die Semperoper:** Sie hat Dresdens Ruf als Musikstadt begründet. Das Bauwerk liegt nahe am Zwinger zur Elbe hin. Musikfreunde aus aller Welt besuchen die Konzerte. Viele Musiker und Sänger, die hier auftreten, haben an der Dresdner Hochschule für Musik studiert.
- **Das Schloss:** Die mittelalterliche Burg wurde vor mehr als 450 Jahren zu einem Schloss umgebaut. Hier wohnten die sächsischen Könige; sie residierten hier. Das ehemalige Residenzschloss prägt zusammen mit den anderen Prunkbauten das Stadtbild Dresdens.
- **Der Fürstenzug:** In der Augustusstraße an der Rückseite der Stallhofes zeigt ein Wandbild die Herrscher der vergangenen Zeiten. Der Fürstenzug ist 102 m lang. Künstler der Porzellanmanufaktur in Meißen haben ihnen aus 24 000 Fliesen zusammengesetzt.

90.1 Stadtbild der Innenstadt von Dresden

- **Die Brühlsche Terrasse:** Sie ist Teil der alten Befestigungsanlage an der Elbe. Der Graf Brühl kaufte die alten Wehranlagen und ließ um seinen Palast einen prächtigen Garten anlegen. In Dresden sprach man vom „Balkon Europas".
- **Katholische Hofkirche:** Sie wurde von einem italienischen Baumeister entworfen. Der Turm ist 85 m hoch.
- **Frauenkirche:** Mit der 95 m hohen Steinkuppel war der Kirchenbau einst das Wahrzeichen Dresdens. Jahrzehnte blieb die Ruine ein Mahnmal für die Sinnlosigkeit des Krieges. Viele Spenden ermöglichen den Wiederaufbau. Im Jahr 2000, zur 800-Jahr-Feier der Stadt, soll der Aufbau beendet sein.

Jährlich finden in Dresden Festspiele, Ausstellungen und Musiktage statt. Die Stadt bietet viele Ausbildungsplätze nicht nur für bildende Künstler und Musiker. Auch Ingenieure, Architekten und Mediziner können hier studieren. Mit Recht bezeichnet sich Dresden als Kulturstadt.

1. Nenne Beispiele, warum so viele Touristen nach Dresden kommen.
2. Wer hat einen Nutzen davon, dass Dresden eine Stadt der Kunst- und Kultur ist?

91.2 Der Zwinger

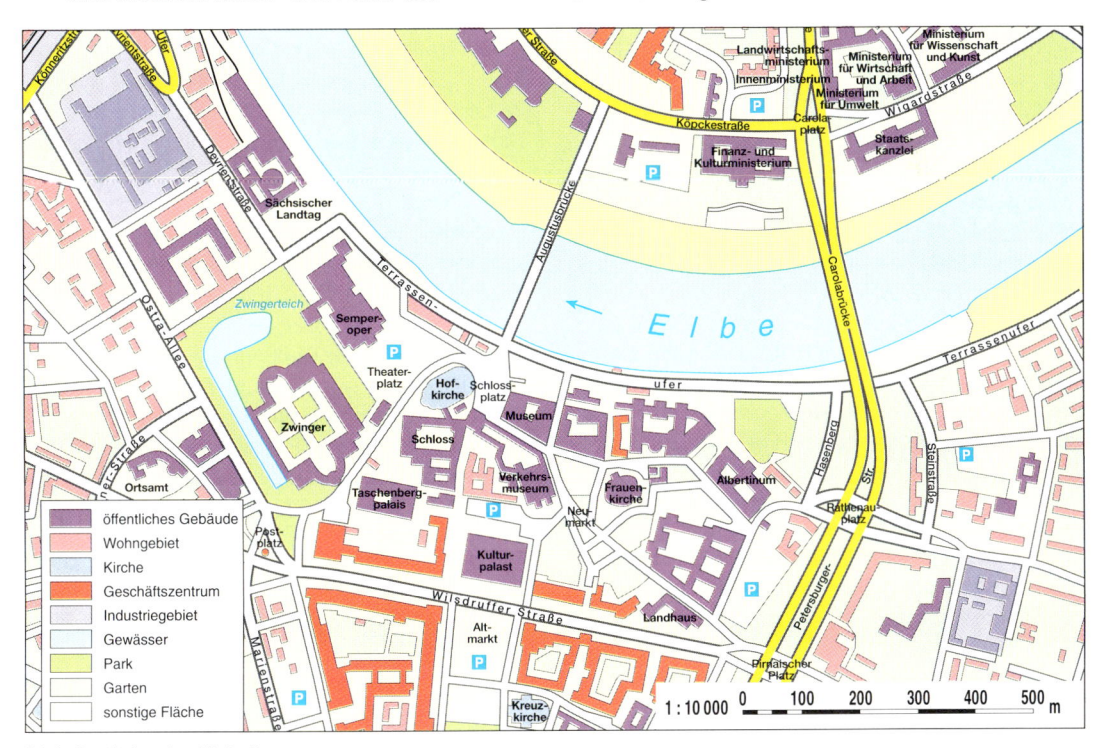

91.1 Stadtplan der Altstadt

92.1 Baumaßnahmen im neuen Zentrum von Berlin

Der Zweite Weltkrieg ging 1945 zu Ende. Deutschland war besetzt und geteilt. 1949 wurde Bonn die Hauptstadt der Bundesrepublik Deutschland. Regierung, Ministerien und andere Bundesbehörden mussten untergebracht werden. Hinzu kamen die ausländischen Botschaften und Konsulate. Deshalb wurden neue Gebäude errichtet. Die Behörden boten vielen Menschen neue Arbeitsplätze. So kam es, dass immer mehr Bürger und Bürgerinnen nach Bonn zogen. Neue Wohnungen wurden gebaut. Die Einwohnerzahl nahm rasch zu: 1945 waren es 45 000, 1950 schon 115 000 und heute wohnen in Bonn 300 000 Menschen.

Die Bundeshauptstadt am Rheinufer ist in der ganzen Welt bekannt geworden. Doch Bonn ist eine beschauliche Stadt geblieben, obwohl es ein Parlaments- und Regierungsviertel hat. Die Geschäftigkeit einer Hauptstadt ist ihr fremd. Am Freitagnachmittag fahren die meisten Volksvertreter nach Hause zu ihren Familien oder in ihre Wahlkreise. Die Hauptstadt gehört wieder den Bonnern. Von der großen Politik ist dann nicht mehr viel zu spüren.

(Ein Rückblick auf Bonn im Jahr 1997)

5. Eine Hauptstadt zieht um: von Bonn nach Berlin

Am Ende des Zweiten Weltkrieges war Berlin ein Trümmerhaufen. Deutschland und Berlin wurden geteilt. Berlin verlor seine Stellung als Hauptstadt Deutschlands. Bonn wurde Regierungssitz der Bundesrepublik Deutschland, Ost-Berlin Hauptstadt der Deutschen Demokratischen Republik. Die Grenze verlief mitten durch Berlin.

Die Vereinigung der beiden deutschen Staaten 1990 brachte für Berlin große Veränderungen. Heute ist Berlin wieder Hauptstadt von Deutschland. Der Deutsche Bundestag hat 1991 entschieden, seinen Sitz von Bonn nach Berlin zu verlegen. Parlament und Regierung werden in der Mitte Berlins ihren Standort haben. Auch die meisten Ministerien ziehen nach Berlin um.

Umfangreiche Bauarbeiten sind für den Ausbau Berlins zur Hauptstadt Deutschlands nötig. Das neue Regierungsviertel entsteht im Spreebogen nördlich des Reichstages. Der Reichstag wird zum Sitz des Deutschen Bundestages umgebaut. Nach der Jahrtausendwende soll das Regierungsviertel bezogen sein.

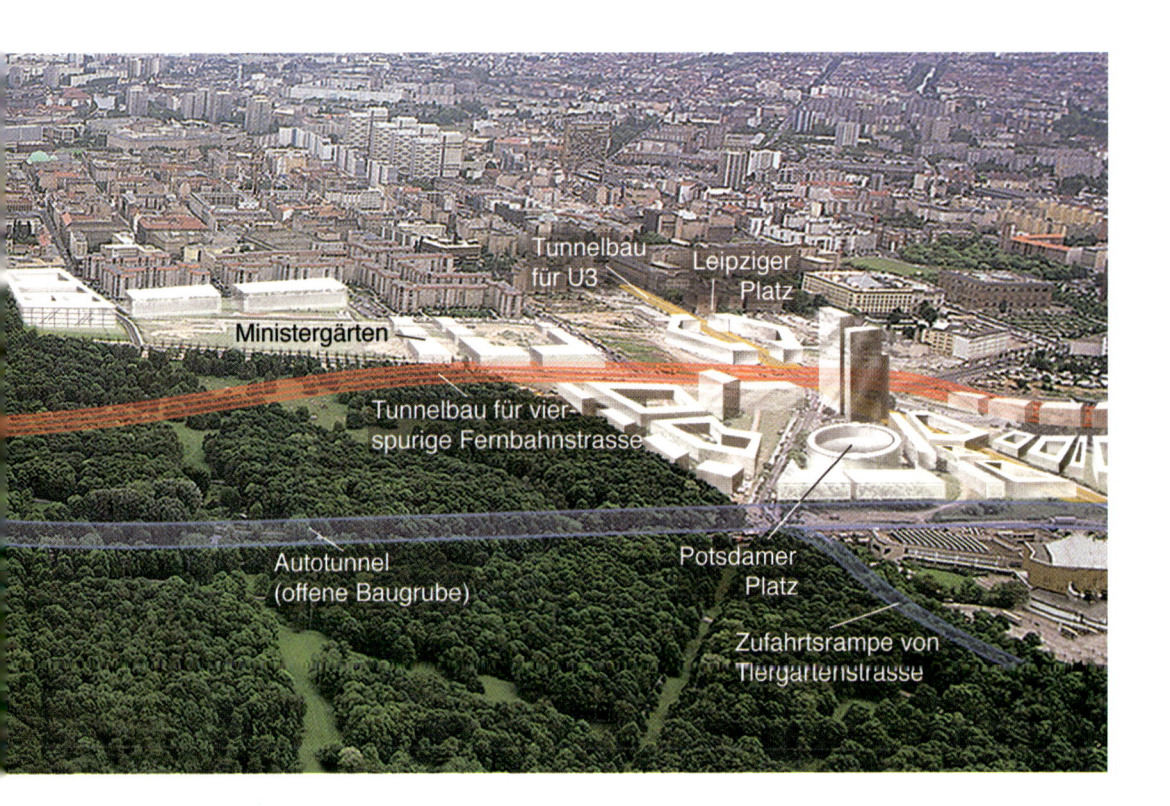

Im Zentrum von Berlin entstehen neue Verkehrsanlagen. Eisenbahngleise für die Fernbahn, U-Bahn-Gleise und Straßen verlaufen kilometerweit in Tunnel unter dem neuen Regierungsviertel. Auch die Spree und der Tiergarten werden untertunnelt. Das umfangreichste Projekt ist die Bebauung des Potsdamer Platzes. Firmen aus aller Welt wollen die günstige Lage in der Stadt nutzen und sich hier ansiedeln. Zugleich erhoffen sie sich Vorteile, wenn sie direkt am Ort der Regierung vertreten sind.

Berlin ist nicht nur Hauptstadt von Deutschland. Es möchte wieder zu einer Metropole mit internationaler Bedeutung aufsteigen. Eine Metropole ist ein Zentrum von Politik, Wirtschaft und Kultur eines Landes. Berlin liegt günstig zu Polen und zur Tschechischen Republik. Viele Verbindungen von Ost nach West laufen über diese Stadt.

1. Berlin verändert sein Gesicht. Erläutere (Abb. 92.1).
2. Woran erkennt man, ob eine Stadt die Hauptstadt des Landes ist?
3. Nenne Gründe, warum Parlament und Regierung von Bonn nach Berlin umziehen.

93.1 Berlin und andere deutsche Städte

- Städte mit Aufgaben für eine Hauptstadt
- Städte mit größeren Aufgaben in der Verwaltung
- Städte mit großer Bedeutung für eine Region
- Städte mit kleinerer Bedeutung für eine Region
- Wichtige Verkehrs- und Wirtschaftsachsen

Ferien, Reisen, Urlaub

94.1 Rundfahrt auf dem Plöner See

Ein kleiner Steckbrief
Der Naturpark Holsteinische Schweiz ist 580 km² groß. Die höchste Erhebung ist der Bungsberg. Er ist mit 166,4 m die höchste Erhebung in Schleswig-Holstein. Im Naturpark liegen mehr als 70 Seen. Der größte See im Naturpark und in Schleswig-Holstein ist der Große Plöner See. Ein Großteil des Naturparks ist Landschaftsschutzgebiet. Außerdem gibt es 8 Naturschutzgebiete.

Naturpark
Die Landschaft ist abwechslungsreich. Die Natur ist noch weitgehend in Ordnung. Städte und Dörfer haben sich wenig verändert. Erholungssuchende kommen fast jedes Jahr wieder. Wo all dieses zutrifft, können die Bewohner ihre Heimat zum Naturpark erklären.

Naturschutzgebiet
Es ist ein Gebiet, in dem die Natur und die Landschaft vor den Menschen geschützt werden. Auch vom Aussterben bedrohte Tiere und Pflanzen haben hier ihren ungestörten Lebensraum.

Landschaftsschutzgebiet
In diesem Gebiet werden naturnahe Flächen vor Abholzung, Straßen- oder Häuserbau geschützt.

1. Naherholung: Naturpark Holsteinische Schweiz

Die Holsteinische Schweiz
Vor über 100 Jahren hatte der Hotelkaufmann Johannes Janus eine gute Idee. Damals fuhren viele Urlauber in die Schweiz. Er fand aber die Seenplatte in seiner Heimat auch sehr schön. Deshalb nannte er sein Hotel am Kellersee „Holsteinische Schweiz". Der Name kam gut an, obwohl die Landschaft mit ihren Seen, Wäldern und Hügeln wenig mit der Schweiz in den Alpen gemeinsam hat. Doch mit dem Fremdenverkehr ging es nun bergauf.

Vielen Urlaubern ist gar nicht bewusst, dass die schöne Seen- und Hügellandschaft erst durch die Eiszeit geschaffen wurde. Vor 15 000 Jahren bedeckte noch eine mehr als hundert Meter mächtige Eisschicht das östliche Schleswig-Holstein. Nur der Bungsberg ragte aus dem endlosen Eisfeld heraus. Wie Bulldozer schoben die Gletscher Steine und Sand aus Skandinavien vor sich her und türmten sie zu Hügeln auf. Zwischen den Hügeln sammelte sich später das Schmelzwasser. Auch am Grund unter dem Gletscher bildeten sich Rinnen, die sich mit Schmelzwasser füllten. Nach dem Abtauen des Eises gab es eine abwechslungsreiche Landschaft mit Hügeln und Seen.

Was wir alles unternehmen können

1. Mit dem Boot fahren

Am schönsten ist bestimmt eine Kanu- oder Kajakfahrt. Überall gibt es Möglichkeiten anzulegen, zu baden oder Picknick zu machen. Das „Umsteigen" von einem See in den anderen bereitet keine Schwierigkeiten. Zum Glück dürfen Sportboote mit Motor auf den Seen nicht fahren. Wer nicht ganz so sportlich ist, kann einen Ausflug mit einem Fahrgastschiff machen. Verschiedene Fahrten stehen zur Auswahl: eine Rundfahrt auf dem Großen Plöner See oder dem Kellersee, die Fünf-Seen-Fahrt zwischen Plön und Malente oder die Fahrt Plön-Bosau und zurück.

2. Wandern – zu Fuß oder mit dem Fahrrad

Eine Bootsfahrt kann man sehr gut mit einer Wanderung verbinden. Die Wege sind ausgeschildert und eine Wanderkarte für den Naturpark gibt es auch. Zwei Europäische Fernwanderwege, die Nr. 1 von der Nordsee zum Bodensee und dann zum Mittelmeer und die Nr. 6 von der Nordsee an die Adria, verlaufen durch die Holsteinische Schweiz. Ein bisschen anstrengend, aber wirklich erlebnisreich ist ein Marsch um den Großen Plöner See. Einige Orte bieten auch Wanderungen mit einem Führer an, so zum Beispiel Waldführungen mit einem Förster, den Besuch in einem Wildpark oder Beobachtungen von Vögeln mit einem Vogelkundler.

Der Naturpark hat viele Radwanderwege. Besonders schön ist eine Rundfahrt von Plön aus auf dem Raderlebnispfad. Die 30 km lange Strecke hat sieben Haltepunkte. Ein Heftchen und eine Karte erklären, was es alles zu sehen gibt.

3. Kutschfahrten

Die Urlauber kommen, um gute Luft zu atmen und um die schöne Landschaft zu genießen. Deshalb lassen sie oft ihre Auto stehen und unternehmen eine geruhsame Kutschfahrt.

1. Woher stammt der Name Holsteinische Schweiz?
2. Gib Gründe an, warum jedes Jahr so viele Urlauber in die Holsteinische Schweiz kommen.
3. Du bist mit deinen Eltern oder mit der Klasse im Naturpark. Was würdest du am liebsten unternehmen?

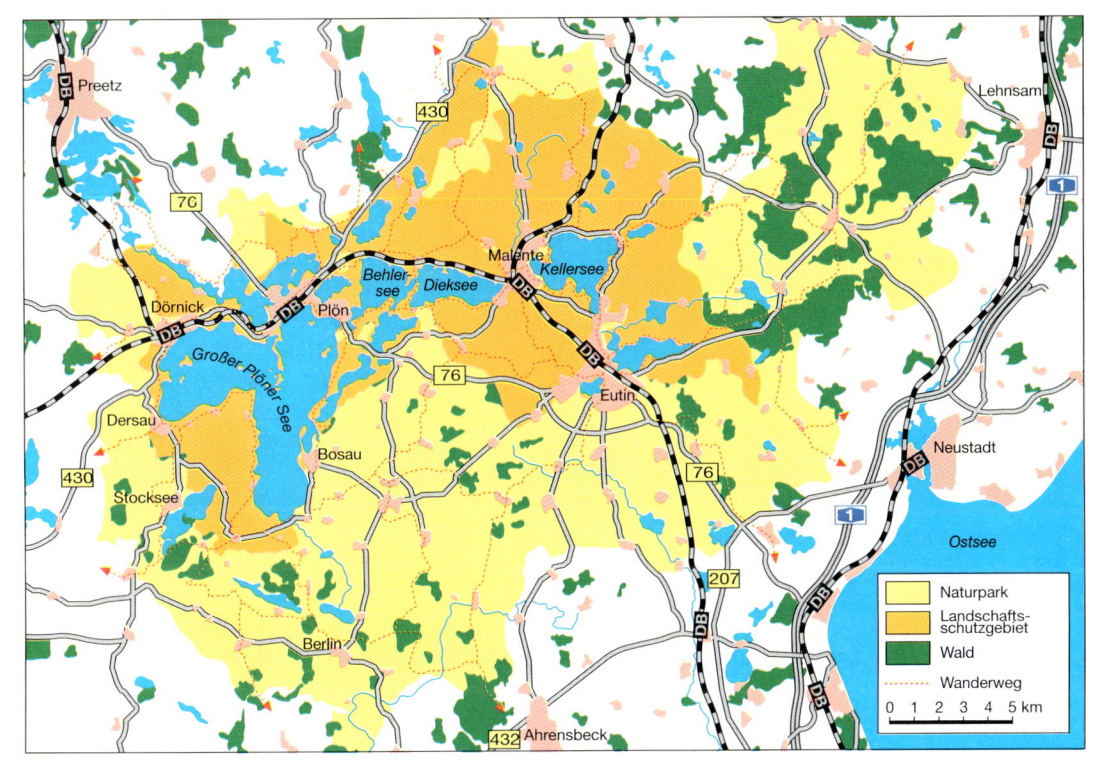

95.1 Der Naturpark Holsteinische Schweiz

Grömitz
das Ostseeheilbad an der Sonnenseite

Das ist nicht nur ein Werbespruch. In den letzten drei Jahren gab es in Hannover im Schnitt 1480 Sonnenstunden, in Essen 1550, in Frankfurt/Main 1680 und in Grömitz 1770. Man muss sich das mal vorstellen:
220 Stunden mehr sonnenbaden als in Essen.

2. Urlaub an der Ostsee

Unsere Familie verbringt den diesjährigen Urlaub in Grömitz, einem Ostseeheilbad an der Lübecker Bucht. Durch die Prospekte, die wir uns schicken ließen, wurden wir neugierig. Alles soll zusammenpassen: Erholung, Abwechslung, Sport, Geselligkeit, Spaß, gutes Essen und vor allen Dingen faulenzen an einem schönen Strand.

Meine Schwester freut sich nur auf den Ponyhof. Mir gefallen zwei Dinge besonders: Das Schatzsuchen am Strand und die Nachtwanderungen für Kinder. Meine Mutter dagegen will gern mit dem Fahrrad los, um Herrenhäuser, das Kloster Cismar und ein Museum mit einer riesigen Muschelsammlung zu entdecken, und das alles auf schönen Radwegen mitten durch Wiesen und Felder.

Mein Vater ist für Sport. Er möchte gern Golf spielen, surfen und segeln. Zwischendurch wird gebummelt. Dazu laden vier Kilometer Strandpromenade und die Seebrücke ein, die 400 Meter in die Ostsee hineingebaut wurde. Wir freuen uns aber besonders auf das Meerwasser-Brandungsbad mit seiner Superrutsche und selbstverständlich auf den langen Strand mit viel, viel Sonne.

Jahr	Gästezahl[1]	Übernachtungen[1]
1906	677	keine Angaben
1914	6 100	keine Angaben
1930	15 000	keine Angaben
1939	16 595	keine Angaben
1951	15 321	keine Angaben
1961	47 905	600 069
1970	109 556	1 467 229
1980	79 461	958 136
1992	124 166	1 233 863
1994	120 011	1 108 052

[1] Angaben ohne Tagesgäste, Campinggäste, Besucher der Jugendlager

Aus den Anfängen eines Seebades

Grömitz blickt schon auf eine lange Tradition als „Badeort" zurück. 1813 beobachtete man die ersten Gäste: Gutsbesitzer und Landbewohner aus dem Umland. 1836 entwickelte der Grömitzer Schuster H. Kröger die ersten Badekarren, Umkleidekabinen auf Rädern. Außerdem veranstaltete er mit einem Fischerboot Gästefahrten. 1839 eröffnete eine Badeanstalt für warme und kalte Bäder. Etwa hundert Gäste gab es in dieser Zeit. Saisonbeginn war am 1. Juli.

    1867 wurden am Markt von den Familien Ehlert und Gosch die ersten Fremdenzimmer angeboten. Der Pensionspreis betrug 3,60 Mark. Christian Andres, der erste Badewärter, und Klaus Ehlert legten die erste Promenade durch die Dünen an. Es waren aneinander gefügte Bretter, aber Sturmfluten spülten sie immer wieder weg.

1872 baute die spätere Ehrenbürgerin Sofie Stahl das erste Gasthaus „Zu den vier Linden" und hatte im gleichen Jahr schon 100 Mittagsgäste. Für Landvermesser und Deichbauingenieure war es gleichzeitig eine billige Unterkunft, weil sie auch ihre Familien mitbringen konnten. So wurde Grömitz in der Region bekannt. Diese geschäftstüchtige Frau baute von 1901 bis 1911 das „Strandhotel", die „Seeburg" und die „Seeperle". Mit diesen Hotelbauten gilt sie als die Begründerin des Fremdenverkehrs.

Grömitz wurde größer. Bald entstanden weitere Hotels und Gaststätten. Auch Privatleute nahmen Urlauber auf. Die neue Zeit erreichte nun auch diesen Badeort: Die Badekarren verschwanden, das freie Baden im Meer war jetzt erlaubt. Noch etwas hatte sich geändert: Der Gast kam nicht mehr von selbst. Die Grömitzer mussten um ihn werben – bis heute.

1. Stelle fest, wo Grömitz liegt.
2. Zähle auf, was ein Gast heute von einem Ferienort wie Grömitz erwartet.
3. Vergleiche das Freizeitangebot des früheren mit dem heutigen Grömitz.
4. Es gibt Jahre mit vielen Gästen und Jahre, in denen weniger Besucher kamen. Kannst du das begründen?
5. Suche im Atlas weitere Badeorte an der Ostseeküste.

97.1 Am Strand

97.2 Im Kurpark

97

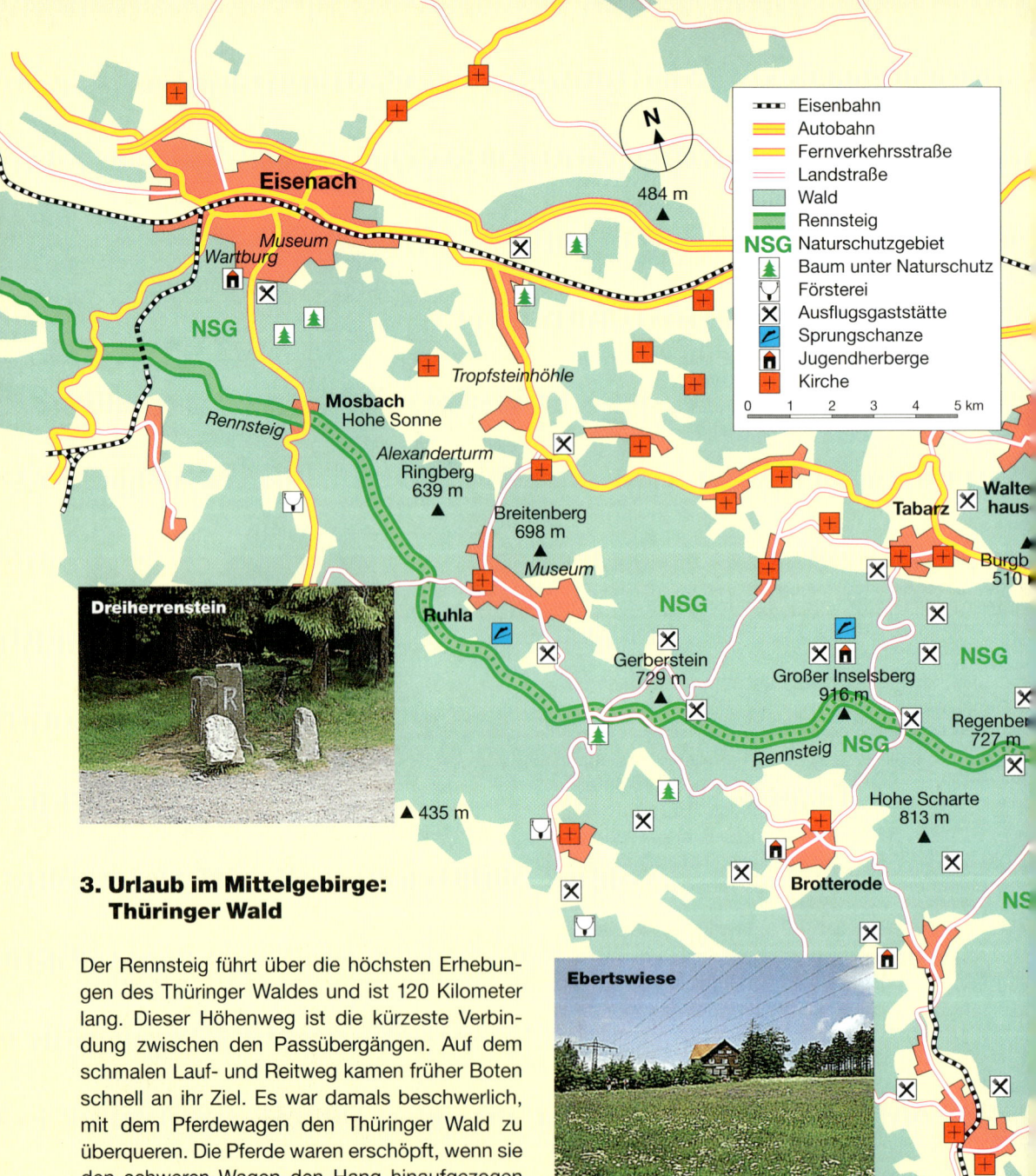

3. Urlaub im Mittelgebirge: Thüringer Wald

Der Rennsteig führt über die höchsten Erhebungen des Thüringer Waldes und ist 120 Kilometer lang. Dieser Höhenweg ist die kürzeste Verbindung zwischen den Passübergängen. Auf dem schmalen Lauf- und Reitweg kamen früher Boten schnell an ihr Ziel. Es war damals beschwerlich, mit dem Pferdewagen den Thüringer Wald zu überqueren. Die Pferde waren erschöpft, wenn sie den schweren Wagen den Hang hinaufgezogen hatten. Die Fuhrleute spannten daher am Rennsteig die Pferde aus und setzten ihre Fahrt mit frischen Pferden fort.

Heute ist der Rennsteig ein beliebter Wanderweg. Ein großes, weißes „R" weist den Wanderern den Weg. Ab und zu sieht man Grenzsteine wie den Dreiherrenstein. Sehenswert ist auch der Spitterfall. Dieser Wasserfall stürzt in drei Stufen eine 20 Meter hohe Felswand hinunter.

An der Ebertswiese liegt eine Gaststätte. Wer müde vom Wandern ist, kann eine Rast einlegen. Nicht weit davon entfernt lädt der Bergsee zum Baden ein.

Oberhof ist der bedeutendste Ferienort im Thüringer Wald. Hier gibt es viele Wintersportanlagen. Viele nationale und internationale Wettkämpfe fanden bereits statt.

Thüringer Wald:		10–20 km breites und 80 km langes Mittelgebirge. Der Gebirgsrücken weist keine tiefen Einschnitte auf. Daher bezeichnet man ihn als Kammgebirge.
Höchste Erhebungen:		Großer Beerberg (982 m), Schneekopf (978 m), Großer Inselsberg (916 m).
Niederschläge:		1000–1300 mm/Jahr, im Winter etwa 150 Schneetage auf dem Kamm.
Bodennutzung:		Drei Viertel des Gebirges sind bewaldet, überwiegend Fichten, in tieferen Lagen Buchen. Landschaftsschutzgebiet.
Fremdenverkehr:		Viele kleinere Kur- und Ferienorte, gute Wander- und Wintersportmöglichkeiten.

Saison	Altersgruppen	Freizeitangebote und Sportereignisse
Winter	alle	Langlauf, Gummibobfahren, für Familien im Februar: Skikurs für Anfänger, Rodeln, internationale Wettbewerbe in Langlauf, Biathlon, Bob, Rodeln,
Frühjahr	Senioren	Rennsteig-Wandern, Besuch des Rennsteiggartens (Pflanzenwelt der Alpen),
Sommer	alle	Wandern, Wassersport, Skirollern, Drachenfliegen, Hits for kids, Bergwerksbesichtigung,
Herbst	Senioren	Rennsteig-Wandern, Rennsteiggarten.

1. Suche den Thüringer Wald im Atlas. Präge dir einige Merkmale aus dem Kastentext ein.
2. Berichte über eine Rennsteigwanderung.
3. Hättest du Lust, im Thüringer Wald Ferien zu machen? Gib Gründe für dein Ja oder Nein an.

99.1 Der Rennsteig zwischen Eisenach und Oberhof

4. Winterurlaub in den Alpen: Seefeld

Dorf in Tirol mit 2800 Einwohnern, auf einer sonnigen Hochfläche in 1200 m Höhe gelegen.

Unterbringung:
8600 Betten, davon 6400 in Hotels und Pensionen, 1150 in Ferienwohnungen und 1050 in Privathäusern

Ganzjährige Einrichtungen für Gäste:
Großhallenschwimmbad mit Badelandschaft, Wildbachströmung, Freibecken und Sauna, 32 Hotelhallenbäder, 8 Hallentennisplätze, 2 Squashplätze, 2 Reithallen, 25 Pferdekutschen bzw. -schlitten, Tageskindergarten

Seefeld
TIROL   AUSTRIA

München ↑
○ Garmisch
Seefeld ◉ ○ Innsbruck
Arlberg ← ○——○ → München
Schweiz Telfs Zirl   Salzburg
                       Wien
↓ Brenner
  Italien

Wintereinrichtungen:
Alpines Skigelände mit 2 Seilbahnen und 16 Sessel- und Schleppliften, Skischule für Abfahrtslauf und Langlauf, 200 km Langlaufloipen rund um Seefeld, Sprungschanze, 2 Eislaufplätze, Eislaufschule, ca. 40 Plätze für Eisstockschießen, 60 km geräumte Winterwanderwege

Sommereinrichtungen:
Beheiztes Strandbad, 3 Badeseen, Ruderbootverleih, Golfplatz, Paragleitschule, 20 Tennisplätze, 3 Minigolfanlagen, 4 Seilbahnen und Sessellifte, 150 km Wander- und Höhenwege

100.1 Seefeld in Tirol

101.1 Pistenraupe

101.2 Schneekanone

Wintersport in Seefeld

Der Direktor des Tourismusverbandes antwortet auf unsere Fragen:

Frage: Welche Bedeutung hat der Tourismus?
Antwort: Früher war Seefeld eine arme Bauerngemeinde. Fast alle leben heute in irgendeiner Form von dem Geld, das die Gäste bei uns ausgeben. Das gilt nicht nur für Skilehrerinnen, Skilehrer oder Wirte, sondern auch für Ärzte, Kaufleute, Taxifahrer und Gemeindeangestellte. Außerdem sind in den Hotels Köche, Kellner und Zimmermädchen tätig, die aus anderen Teilen Österreichs oder aus dem Ausland kommen.

Frage: Sie sprechen von der Saison, also von der Zeit, in der die Touristen hauptsächlich kommen. Welche Unterschiede macht es für Seefeld, ob Saison ist oder nicht?
Antwort: Nun, die Wintersaison dauert rund drei Monate, die Sommersaison fünf Monate. In den Spitzenzeiten haben wir hier dreimal so viel Gäste wie Einwohner. Dazu kommen noch einige tausend Tagesgäste. Sie alle wollen mit Wasser, Lebensmitteln, Zeitungen usw. versorgt werden. Alle wollen einen Parkplatz für ihr Auto haben. Wir müssen die Abfälle entsorgen. Im April/Mai oder im Oktober/November gibt es kaum Gäste. Dann sind viele Betriebe geschlossen.

Frage: Wie erklären Sie sich, dass die Zahl der Betten seit Jahren kaum noch zugenommen hat?
Antwort: Seefeld will kein Ort für Massentourismus sein. Wir wollen unser Dorf und seine schöne Umgebung nicht durch Großhotels und Ferienhaussiedlungen zerstören. Zwar gibt es hin und wieder ein neues Hotel. Dafür schließen ältere.

Frage: Man spricht jetzt viel von sanftem Tourismus. Was verstehen Sie darunter?

Antwort: Sanfter Tourismus ist für mich eine besondere Form von Feriengestaltung. Die Touristen können unsere Gebirgslandschaft genießen, ohne dass sie beeinträchtigt oder zerstört wird.

Frage: Was tun Sie für den sanften Tourismus?
Antwort: Seefeld muss auch seinen Sommergästen eine schöne Landschaft anbieten. Sie darf also durch den Wintersport nicht geschädigt werden. Wir fördern daher Wintersportarten, die nur geringe Eingriffe in die Natur verursachen wie Skilanglauf und Wandern. Nur ein Fünftel unserer Gäste benutzt die Abfahrtpisten. Seit Jahren haben wir die Zahl der Lifte nicht erhöht. Manchmal müssen wir einen Skihang wegen der Sicherheit neu planieren. Das machen wir im Sommer. Sofort nach der Arbeit begrünen wir den Hang wieder.

Frage: Aber schädigen die Pistenraupen und die Schneekanonen nicht die Natur?
Antwort: Das trifft für Seefeld nicht so sehr zu. Solange genügend Schnee liegt, schaden Pistenraupen dem Untergrund nicht. Normalerweise haben wir genügend Schnee. Wir verlängern nicht künstlich die Wintersaison über Ostern hinaus. Deshalb brauchen wir die Schneekanonen wenig. Im übrigen werden diese Anlagen mit Wasser betrieben. Wir haben reichlich Wasser in bester Trinkwasserqualität aus unseren Gebirgsquellen. Chemische Zusätze sind in ganz Tirol verboten.

1. Wo liegt Seefeld (Atlas)?
2. Was sagt der Direktor zum Wintersport?
3. Betrachte die Seefeld-Information auf der linken Seite. Welche Angebote würdest du mit deiner Familie bei einem Winterurlaub nutzen?
4. Plane eine Winterreise in die Alpen. Besorge dazu Informationsmaterial aus dem Reisebüro.

Wissenswertes
Erholungsgebiete in Deutschland

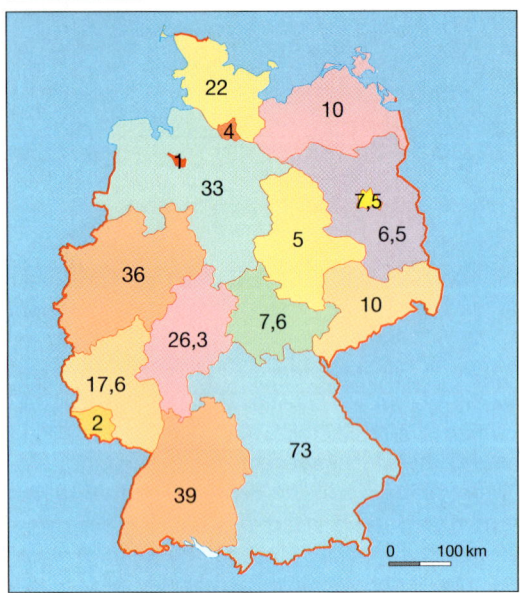

Schleswig-holsteinische Ostseeküste	Schwäbische Alb
Schleswig-holsteinische Nordseeküste	Mittlerer Neckar
	Rhön
Südlicher Schwarzwald	Nördliche Lüneburger Heide
Teutoburger Wald	Vorpommern
Niederrhein-Ruhrland	Pfalz
Bayerischer Wald	Berchtesgadener Alpen
München und Umgebung	Weserbergland-Solling
Nördlicher Schwarzwald	Weinland zwischen Rhein und Neckar
Sauerland	
Main und Taunus	Bodensee
Ostfriesische Inseln	
Oberallgäu	Berlin
Mittlerer Schwarzwald	München
Harz	Hamburg
Waldecker Land	Frankfurt am Main
Eifel-Ahr	Köln
Mosel-Saar	Düsseldorf
Thüringer Wald	Nürnberg

102.1 Übernachtungen in Mio. (1995)

102.2 Die beliebtesten Reiseziele 1995

Die Ostseeküste und die Nordseeküste sind Haupturlaubsgebiete in Deutschland. Große Anziehungskraft haben die Seebäder wegen ihres Klimas. Es wird (besonders an der Nordsee) auch als „Reizklima" bezeichnet. Der Salzgehalt der Luft und der ständig wehende Wind „reizen" den Körper. Sie wirken sich günstig auf die Gesundheit aus. Bei bestimmten Krankheiten verschreiben deshalb die Ärzte eine Kur an der See.

Nicht alle Erholungssuchenden vertragen dieses Klima. Manche ziehen das Schonklima der Mittelgebirge vor. Durch Waldreichtum und gemäßigte Temperaturen im Sommer wirkt sich der Aufenthalt beruhigend aus. Die deutschen Mittelgebirge ziehen auch wegen ihrer abwechslungsreichen Landschaft viele Touristen an. In den höheren Lagen ist in der kalten Jahreszeit Wintersport möglich. Im Sommer können die Urlauber wandern. Die Mittelgebirge haben fast das ganze Jahr über Saison.

In einigen Mittelgebirgen gibt es Mineralquellen. Das Wasser enthält gelösten Mineralien wie Kochsalz oder Schwefel. Auch Thermalquellen, die warmes oder heißes Quellwasser enthalten, kommen vor. An solchen Orten entwickelten sich Kurorte mit großen Parkanlagen.

Die Alpen haben zweimal im Jahr Saison: Im Winter kommen viele Urlauber zum Ski fahren und um andere Wintersportarten zu betreiben. Im Sommer locken Wanderwege und die Klettermöglichkeiten viele Urlauber an. Die schöne Landschaft ist ebenfalls ein Grund, in das Hochgebirge zu fahren. Viele Städter aus dem Alpenvorland machen Wochenendurlaub in den Alpen.

Außer diesen drei großen Ferienlandschaften gibt es in Deutschland noch weitere Erholungsräume. Meist sind es Wald-, Moor- und Heidegebiete. Auch an den Binnenseen der Schleswig-Holsteinischen und Mecklenburgischen Seenplatten liegen beliebte Ferienorte.

Viele Erholungsgebiete sind sehr stark besucht. Tiere und Pflanzen leiden unter dem Ansturm der Touristen. Deshalb hat man gefährdete Erholungsgebiete zu Naturparks, Naturschutzgebieten und Landschaftsschutzgebieten erklärt. Hier gelten genaue Regeln und Vorschriften.

1. Stelle eine Rangfolge der am meisten besuchten Ferienländer in Deutschland auf.
2. Suche die beliebtesten Reiseziele in Deutschland auf Abb. 103.1 und im Atlas.

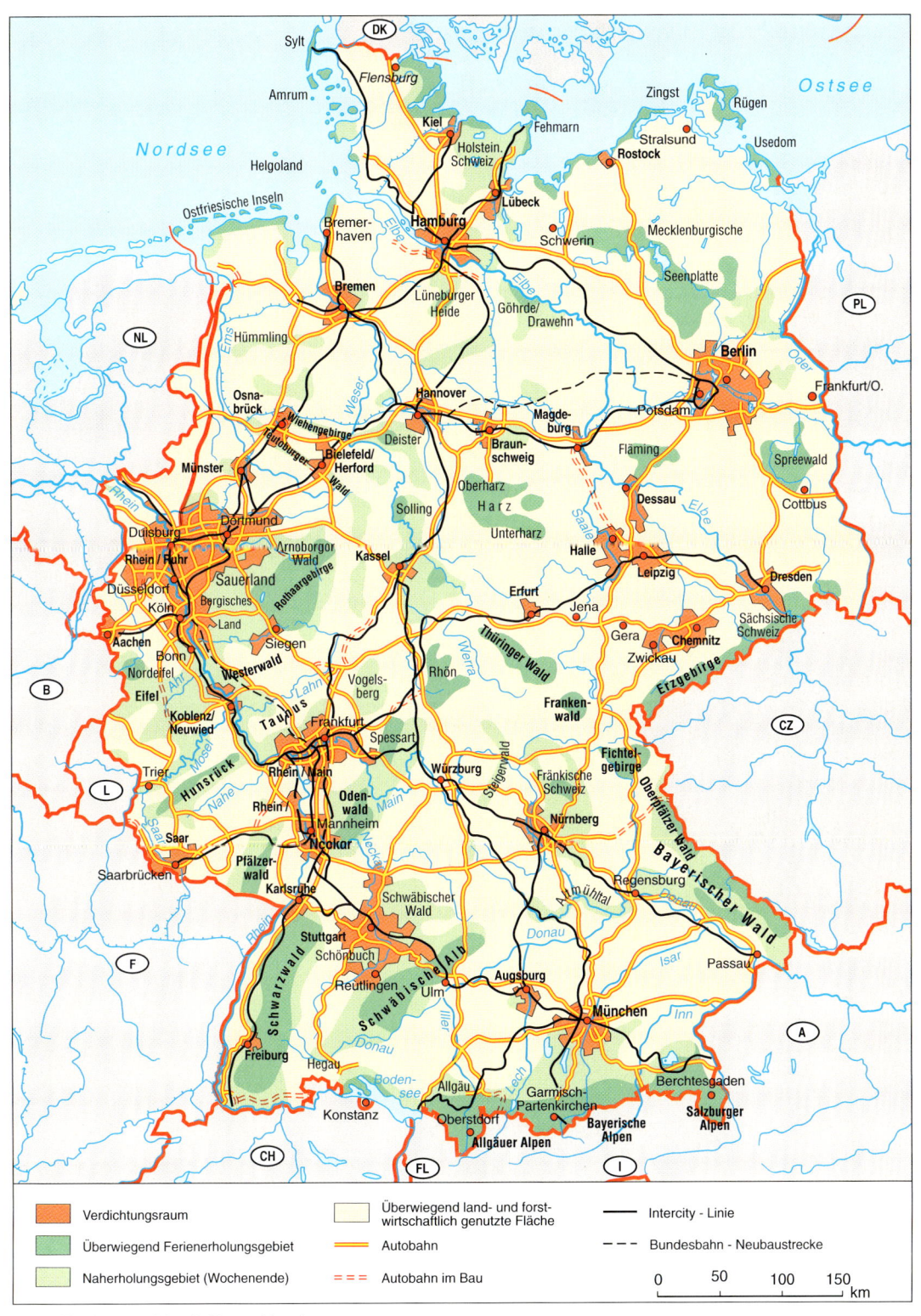

103.1 Tourismusgebiete in Deutschland

Ein prägender Faktor für die Landschaften ist das Klima. Es beeinflusst maßgeblich die **Vegetation** (natürliche Pflanzendecke). So dauert im kühlen Nordeuropa die **Vegetationsperiode** nur vier bis fünf Monate. Die Vegetationsperiode ist der Zeitraum, in dem eine Durchschnittstemperatur von 5 °C erreicht und überschritten wird. Diese Temperatur ist für das Wachstum von Bäumen und höheren Pflanzen erforderlich. Wird diese Temperatur nicht erreicht, können viele Pflanzen nicht mehr gedeihen **(Kältegrenze)**. Im Mittelmeerraum können dagegen das ganze Jahr über Pflanzen wachsen. Hier fehlt es aber oft an Regen **(Trockengrenze)**. Vom Klima hängt es ab, wie der Mensch den Raum nutzt.

1. Wodurch unterscheiden sich die beiden Landschaften? Nenne möglichst viele Unterschiede.

104.1 Mittelgebirgslandschaft in Deutschland im September

Europas Landschaftsgürtel beeinflussen unsere Lebensweise

105.1 Landschaft aus dem Mittelmeerraum im September

Die Großlandschaften

in Europa

107.1 Die Gliederung Europas in Teilräume

Kleiner Erdteil, aber vielgestaltig

Europa reicht im Norden an das Nordpolarmeer und im Süden an das Mittelmeer. Im Westen bildet der Atlantische Ozean mit seinen Nebenmeeren die Grenze. Nach Osten ist der Ural die Grenze zwischen Europa und Asien.

Vier Bauformen

a) Das Gebirgsland im Norden umfasst das Skandinavische Gebirge, das Schottische Hochland und das Bergland von Wales. Island ist eine Vulkaninsel. Sie ist Teil eines untermeerischen Gebirges im Atlantik.

b) Das Tiefland zieht sich von der Küste des Atlantischen Ozeans über 4000 km bis zum Ural. Flach- und Hügelland wechseln sich ab.

c) Das Mittelgebirge schließt sich nach Süden an. Es besteht aus Bergländern zwischen 600 m und 1400 m Höhe. Täler, Senken und Becken trennen die Bergländer voneinander.

d) Die großen Hochgebirge erstrecken sich im Süden und Südosten Europas. Die Hänge sind oft sehr steil. In großer Höhe wachsen keine Pflanzen mehr. Die Alpen sind das höchste Gebirge Europas. Sie trennen Mittel- und Westeuropa von Südeuropa, das dem Mittelmeer zugewandt ist.

1. Beschreibe die vier Bauformen von Europa.
2. Ordne den Teilräumen Europas die dazu gehörenden Länder zu.

Klima und Jahreszeiten in Europa

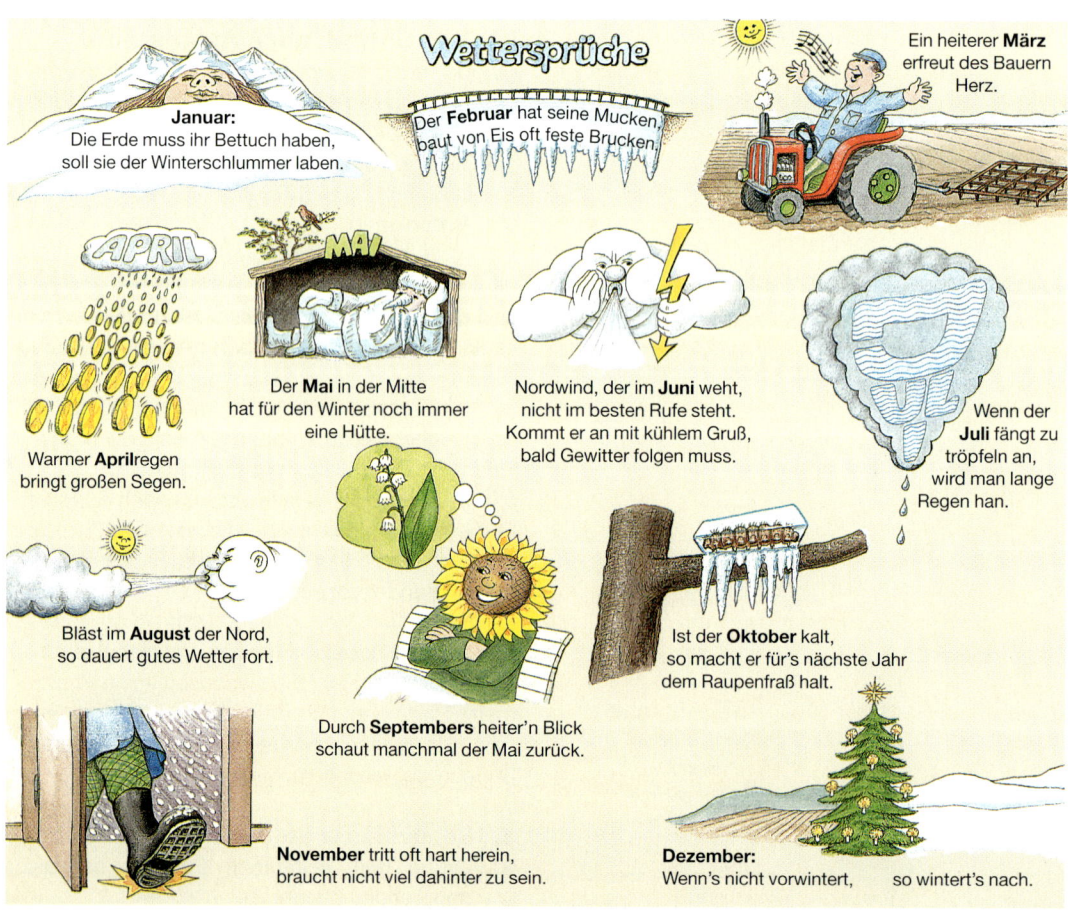

Wettersprüche

Januar:
Die Erde muss ihr Bettuch haben, soll sie der Winterschlummer laben.

Der **Februar** hat seine Mucken, baut von Eis oft feste Brucken.

Ein heiterer **März** erfreut des Bauern Herz.

Warmer **April**regen bringt großen Segen.

Der **Mai** in der Mitte hat für den Winter noch immer eine Hütte.

Nordwind, der im **Juni** weht, nicht im besten Rufe steht. Kommt er an mit kühlem Gruß, bald Gewitter folgen muss.

Wenn der **Juli** fängt zu tröpfeln an, wird man lange Regen han.

Bläst im **August** der Nord, so dauert gutes Wetter fort.

Durch **Septembers** heiter'n Blick schaut manchmal der Mai zurück.

Ist der **Oktober** kalt, so macht er für's nächste Jahr dem Raupenfraß halt.

November tritt oft hart herein, braucht nicht viel dahinter zu sein.

Dezember:
Wenn's nicht vorwintert, so wintert's nach.

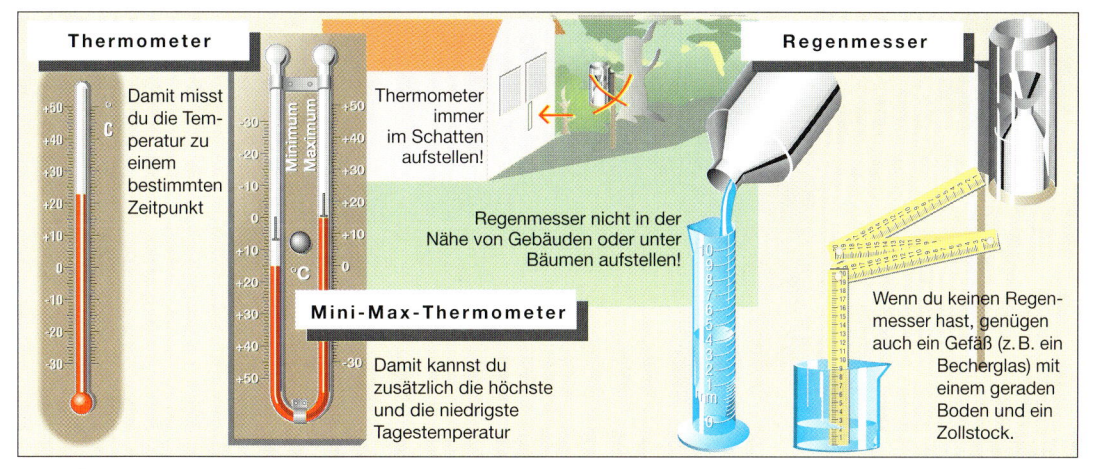

Thermometer

Damit misst du die Temperatur zu einem bestimmten Zeitpunkt

Thermometer immer im Schatten aufstellen!

Mini-Max-Thermometer

Damit kannst du zusätzlich die höchste und die niedrigste Tagestemperatur

Regenmesser

Regenmesser nicht in der Nähe von Gebäuden oder unter Bäumen aufstellen!

Wenn du keinen Regenmesser hast, genügen auch ein Gefäß (z. B. ein Becherglas) mit einem geraden Boden und ein Zollstock.

109.1 Thermometer und Regenmesser

1. Unser Wetter

Jeder von uns will eigentlich wissen, wie das Wetter wird, zum Beispiel wenn man einen Ausflug plant oder draußen spielt oder Sport treibt. Für viele Berufe wie etwa Landwirte, Bauarbeiter, Waldarbeiter oder Seeleute ist die Wettervorhersage ganz wichtig.

Das Wetter kann ganz unterschiedlich sein. An einem Donnerstag Ende Oktober: In Schleswig-Holstein ist es warm und die Sonne scheint. In den Alpen regnet es. An der Westküste von Großbritannien weht ein starker Westwind. Im nördlichen Schweden meldet der Wetterbericht leichten Frost. In Rom ist es leicht bewölkt, die Sonne scheint und es ist angenehm warm.

Das Wetter kann sich schnell ändern. Gestern war der Himmel klar und die Sonne schien den ganzen Tag. Als du am nächsten Morgen aus dem Fenster gucktest, konntest du vor lauter Nebel die Straße nicht sehen.

Was also ist das Wetter?

Unser Planet Erde hat eine Lufthülle. Wetter ist ein Zustand der Luft an einem bestimmten Ort zu einer bestimmten Zeit. Weltweit beobachten und messen Wetterstationen und Wettersatelliten rund um die Uhr Temperatur, Luftfeuchtigkeit, Niederschlag, Luftdruck, Wind und Bewölkung.

1. Auf Kirchtürmen steht oft ein Wetterhahn. Welche Aufgabe hat er?

2. Beschreibe das Wetter vom heutigen Tag.

3. Erläutere einige Wetter- oder Bauernregeln. Soll man sich daran halten oder lieber nicht?

Wir beobachten und messen das Wetter

Einfache Wetterbeobachtungen und Messungen kann jeder durchführen. Du brauchst ein Thermometer, einen Niederschlagsmesser (ein großes Marmeladenglas und ein Zollstock reichen dafür schon aus). Etwas Geduld brauchst du natürlich auch, denn solche Messungen solltest du einen Monat lang regelmäßig durchführen.

Die Temperatur ermittelst du mit einem Thermometer in Grad Celsius (°C). Es hängt windgeschützt 2 m über dem Boden. Besonders geeignet ist ein Mini-Max-Thermometer. Es zeigt die tiefste Temperatur (Minimum) und die höchste Temperatur (Maximum) in einem bestimmten Zeitraum an.

Mit einem Niederschlagsmesser misst man die Menge des Regens, Schnees oder Hagels, die an einem Tag gefallen ist. Den Schnee musst du zum Messen erst schmelzen. Der aufgefangene Niederschlag wird in einen Messzylinder gefüllt. Er ist so eingeteilt, dass du die Höhe des Niederschlags in mm ablesen kannst. Ein Beispiel: Der Messzylinder zeigt 10 mm Regen an. Überall dort, wo dieser Regen gefallen ist, wäre der Erdboden 10 mm (= 1 cm) hoch mit Wasser bedeckt, wenn das Wasser nicht ablaufen, versickern oder verdunsten würde.

Für deine Messungen legst du einen Wetterbeobachtungsbogen nach folgendem Muster an:

Tag	Uhrzeit	Temperatur °C	Niederschlag mm
1. 9.			
2. 9.			

Projekt
Wir entwickeln ein Klimadiagramm

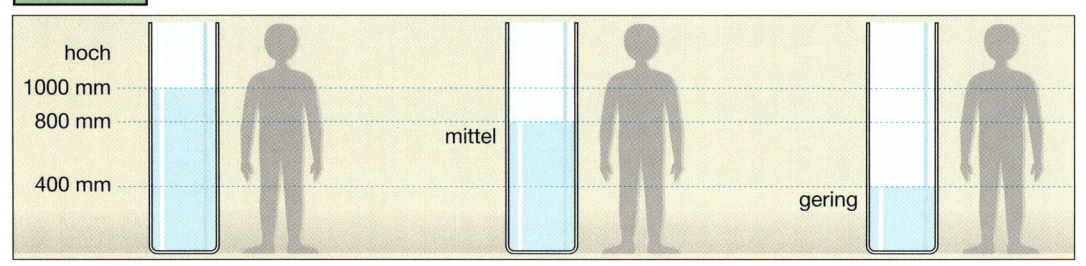

110.1 Stufen des Jahresniederschlags

Was ist Klima?
- Warum fahren im Sommer so viele Menschen an das Mittelmeer?
- Warum wachsen bei uns keine Bananen?
- Warum müssen wir unsere Häuser im Winter heizen?

Das liegt am Klima!

Als Klima bezeichnet man den durchschnittlichen Verlauf des Wetters in einem bestimmten Gebiet über einen langen Zeitraum.

Wie Klimawerte ermittelt werden
Temperatur- und Niederschlagswerte eines Ortes lassen sich in einem **Klimadiagramm** darstellen. Es gibt Auskunft darüber, welches der wärmste oder der kälteste Monat ist und in welchem Monat es am meisten oder am wenigsten regnet.

Ein Klimadiagramm zeigt immer nur das Klima im Durchschnitt vieler Jahre. Es zeigt nicht Hitzewellen, Regenschauer, Hagel oder Schneefall.

Der Durchschnitt der Temperatur (T) wird aus den Werten von 7, 14 und 21 Uhr errechnet. In der Nacht wird kein Wert abgelesen. Daher nimmt man den Wert von 21 Uhr doppelt. Die Werte werden zusammengezählt und durch vier geteilt.

Beispiel:
Temperatur um 7 Uhr 8 °C, um 14 Uhr 12 °C, um 21 Uhr 6 °C.
8 + 12 + 6 + 6 (21 Uhr doppelt nehmen) = 32
32 : 4 = 8. Die Durchschnittstemperatur am Tag beträgt 8 °C.

Die Durchschnittstemperatur eines Monats errechnet sich aus der Summe aller Tagesmittel, geteilt durch die Anzahl der Tage im Monat. Die Durchschnittstemperatur eines Jahres ergibt sich aus der Summe der Monate, geteilt durch 12.

Beim Niederschlag (N) ergibt sich der Wert eines Monats aus der Summe der Niederschläge pro Tag. Die Summe aller Monatswerte geteilt durch 12 ergibt den Jahresniederschlag.

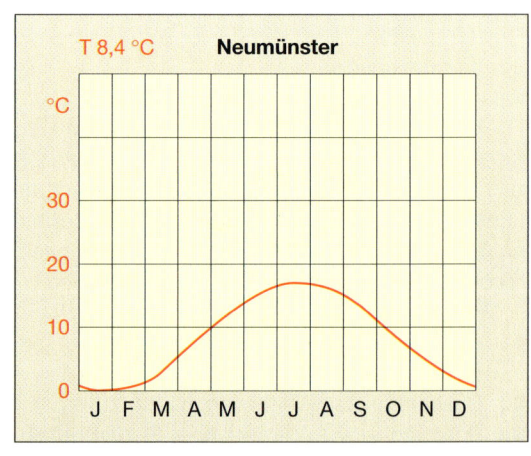

Monate		Temperatur °C	Niederschlag mm
Januar	J	0,0	66
Februar	F	0,2	56
März	M	3,0	43
April	A	7,4	53
Mai	M	12,1	53
Juni	J	15,4	69
Juli	J	17,1	92
August	A	16,5	89
September	S	13,3	74
Oktober	O	8,8	71
November	N	4,8	62
Dezember	D	1,9	62
Jahr		8,4	790

110.2 Klimatabelle von Neumünster

110.3 Temperaturdiagramm

Wir zeichnen ein Klimadiagramm
- Besorge Millimeterpapier oder kariertes Papier.
- Auf der Grundlinie trägst du im Abstand von 1 cm die Abkürzung für die Monate ein.
- Zeichne eine Linie von unten nach oben am linken Rand.
- Unterteile diese senkrechte Linie in Zentimeter, markiere sie mit geraden Strichen und ziehe Linien nach rechts. Fange die Unterteilung von der Grundlinie an.
- Schreibe links an die geraden Striche die Zahlen 0 (Grundlinie), 10, 20, 30, 40. Das ist deine Temperaturleiste.
- Trage die Temperaturwerte aus der Tabelle ein. Jeder Monat erhält einen Punkt.
- Verbinde die Punkte mit einer roten Linie.
- Zeichne rechts eine Linie von unten nach oben.
- Schreibe rechts an die geraden Linien, die du schon gezeichnet hast, die Zahlen 0, 20, 40, 60 usw. Das ist deine Niederschlagsleiste. Trage die Werte als blaue Balken ein.

Dies sind die Werte für Kiel:

	J	F	M	A	M	J	J	A	S	O	N	D
T	0	0	2	6	11	14	16	15	13	8	4	1
N	58	45	48	48	45	55	74	85	63	68	62	66

T = Temperatur in °C, N = Niederschlag in mm

1. Beschreibe das Temperaturdiagramm, das Niederschlagsdiagramm und das Klimadiagramm von Neumünster.

2. Beschreibe dein selbst entwickeltes Klimadiagramm von Kiel.

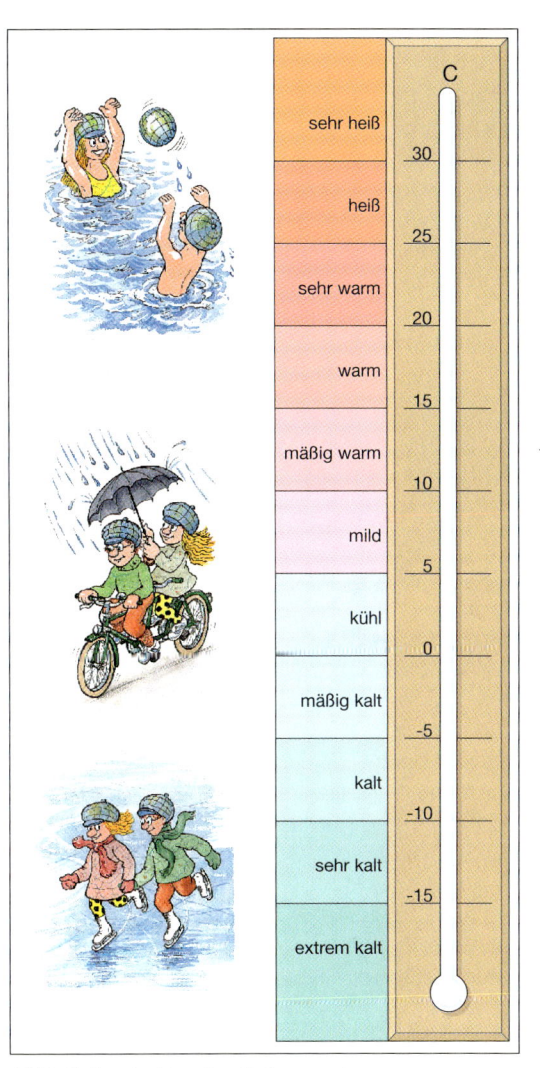

111.2 Stufen der Monatsmitteltemperaturen

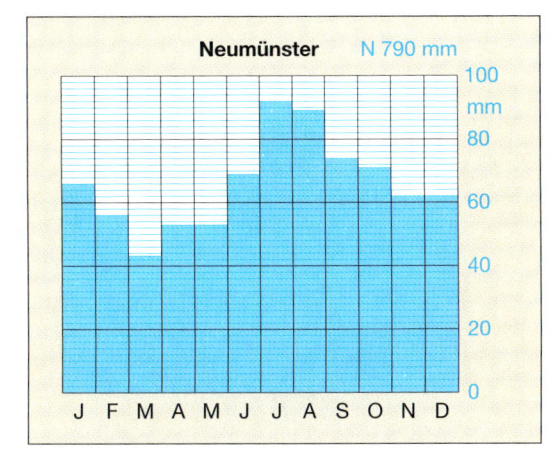

111.1 Niederschlagsdiagramm

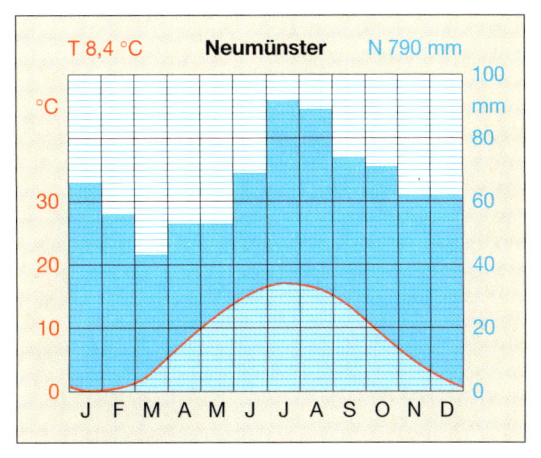

111.3 Klimadiagramm

2. Die Entstehung der Jahreszeiten

Frühling, Sommer, Herbst und Winter teilen auf der Nordhalbkugel und auf der Südhalbkugel das Jahr in Abschnitte, in Jahreszeiten ein. Am Äquator gibt keine Jahreszeiten.
Warum ist das so?
- Die Erde umrundet die Sonne. Dazu braucht sie 365 Tage und 6 Stunden.
- Die Erdachse steht nicht senkrecht zur Umlaufbahn um die Sonne. Sie ist geneigt.

Die Jahreszeiten sind auf die unterschiedliche Sonneneinstrahlung zurückzuführen. Eine senkrechte Fläche erhält mehr Strahlen und damit mehr Wärme als eine schräge Fläche.

1. Ordne die Jahreszeiten auf der Nordhalbkugel und auf der Südhalbkugel einem Zeitraum zu. Fertige eine Tabelle an.
2. Wie entstehen die Jahreszeiten bei uns?
3. Was würde geschehen, wenn die Erdachse senkrecht stünde und nicht geneigt?

Frühling
bei uns: 21. 3. – 22. 6.
Die Sonne bescheint Nordhalbkugel und Südhalbkugel am 21. 3. gleichmäßig.
Am Äquator steht sie zur Mittagszeit senkrecht.
Auf der Südhalbkugel beginnt der Herbst.
Bis zum 23. 9. erhält die Nordhalbkugel mehr Sonnenlicht als die Südhalbkugel.

Sommer
bei uns 21. 6. – 23. 9.
Die Nordhalbkugel ist der Sonne am meisten zugeneigt.
Alle Gebiete nördlich des nördlichen Wendekreises haben ihren höchsten Sonnenstand und den längsten Tag.
Am Nordpol wird es nicht mehr dunkel. Auf der Südhalbkugel dauert der Winter vom 22. 6. bis 23. 9.

Herbst
bei uns 23. 9. – 22. 12.
Am 23. 9. ist keine Halbkugel zur Sonne geneigt.
Von nun an bis zum 21. 3. erhält die Nordhalbkugel weniger Sonnenlicht als die Südhalbkugel.
Am Äquator steht die Sonne am 23. 9. zur Mittagszeit senkrecht.
Auf der Südhalbkugel beginnt am 23. 9. der Frühling.

Winter
bei uns 22. 12. – 21. 3.
Am 22. 12. steht die Sonne auf der Nordhalbkugel am niedrigsten.
Der Tag ist kürzer als die Nacht. Zwischen dem Nordpol und dem nördlichen Polarkreis scheint die Sonne gar nicht.
Es herrscht Polarnacht.
Auf der Südhalbkugel beginnt am 22. 12. der Sommer.

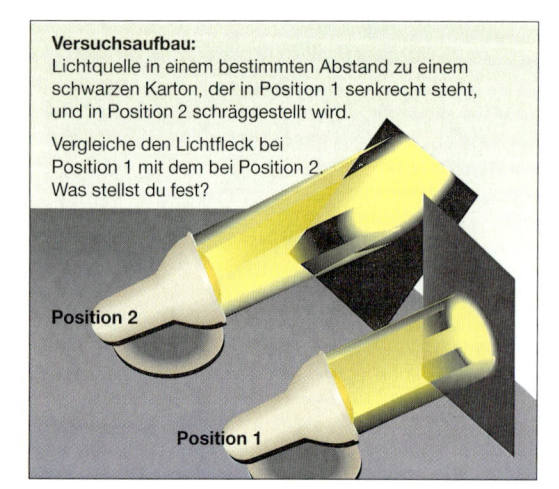

Versuchsaufbau:
Lichtquelle in einem bestimmten Abstand zu einem schwarzen Karton, der in Position 1 senkrecht steht, und in Position 2 schräggestellt wird.

Vergleiche den Lichtfleck bei Position 1 mit dem bei Position 2. Was stellst du fest?

112.1 Versuch

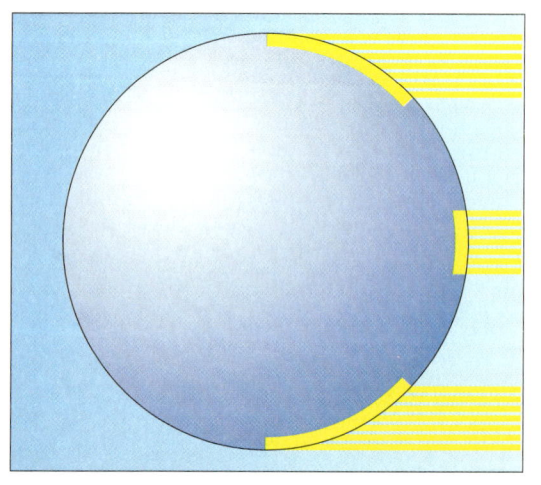

112.2 So treffen Sonnenstrahlen auf die Erde

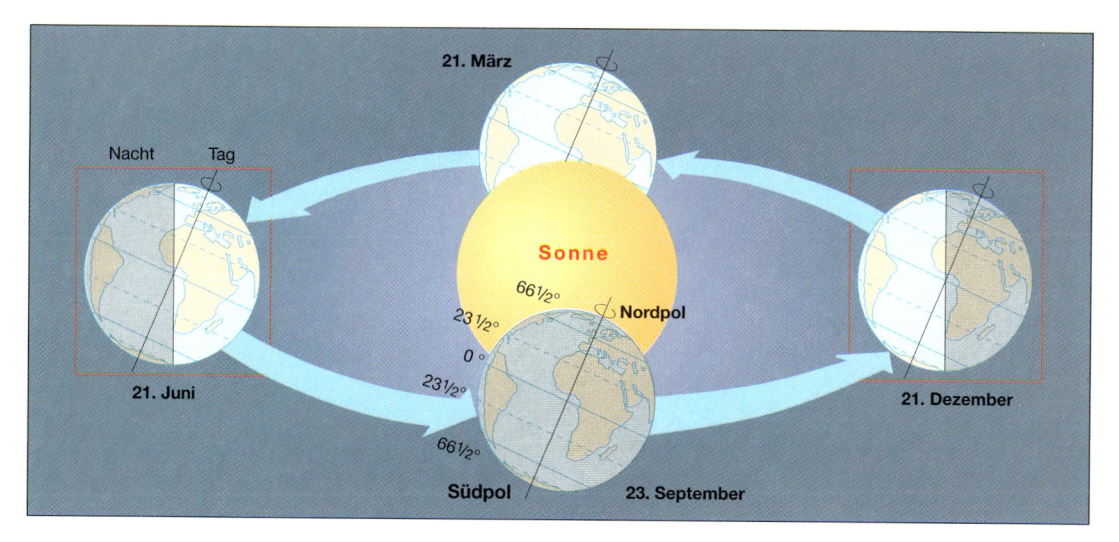

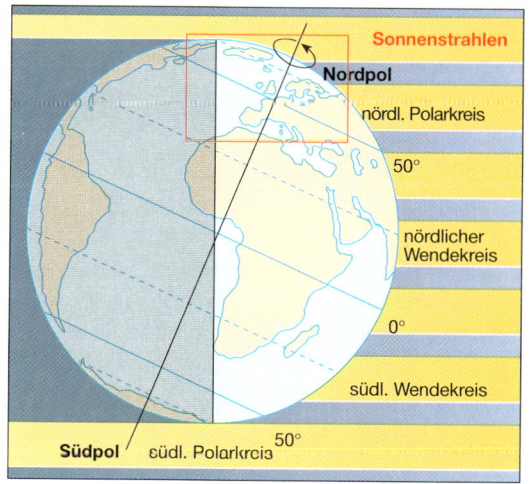

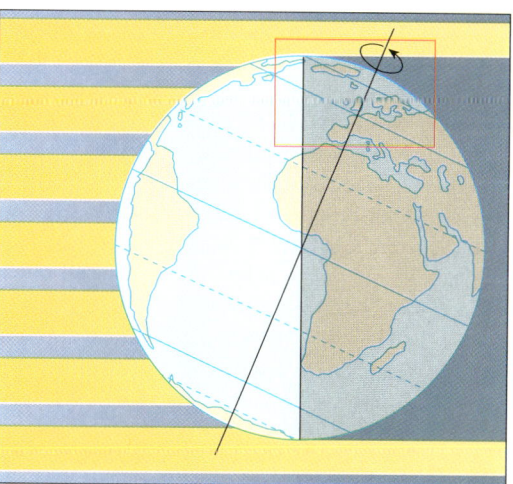

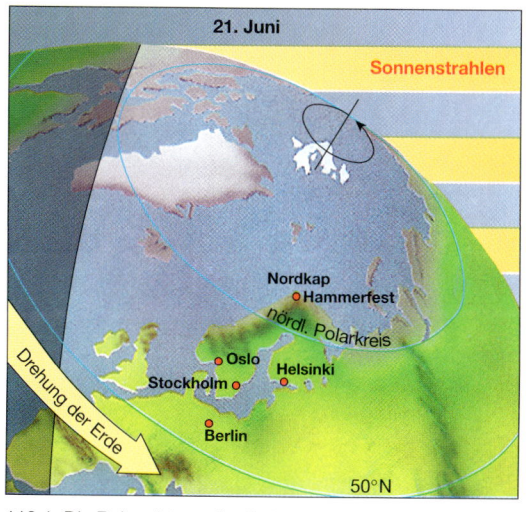

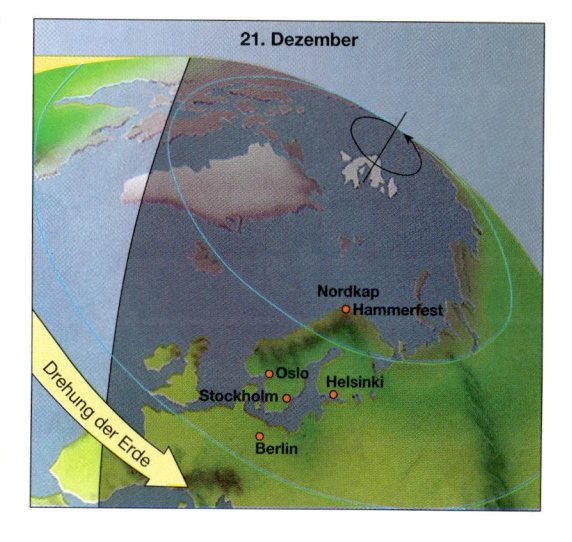

113.1 Die Beleuchtung der Erde im Jahreslauf

114.1 Tromsö im Januar, 12.00 Uhr

114.2 Tromsö im Juni, 22.00 Uhr

Tromsö im Januar. Die Sonne ist schon seit ein paar Wochen verschwunden. Seit dem 24. November habe ich sie nicht mehr gesehen. Tag und Nacht ist es dunkel. Ich gucke auf meine Armbanduhr und frage mich: Ist es drei Uhr nachmittags oder drei Uhr nachts? Nur zur Mittagszeit herrscht ein merkwürdiges Dämmerlicht. Die ständige Dunkelheit, die Polarnacht, bedrückt uns. Wir lachen kaum noch. Sehnsüchtig warten wir auf den 18. Januar. Heute ist es soweit. Mittags stehen wir auf dem Berg vor der Stadt. Da, endlich gegen 12 Uhr taucht ein roter Feuerball am Horizont auf. Wir jubeln vor Freude und fallen uns in die Arme. Doch schon nach ein paar Minuten geht die Sonne wieder unter.

Tromsö im Juni. Der Himmel ist tiefblau. Die Sonne steht niedrig und wirft ein weiches Licht auf die Erde. Um Mitternacht hat sie ihren tiefsten Punkt erreicht. Sie geht aber nicht unter, sondern steigt allmählich wieder höher. Die Mitternachtssonne oder der Polartag hat eine eigenartige Wirkung auf uns. Wir werden kaum müde. Überall in den Straßen stehen fröhliche Leute in Gruppen zusammen. Sie lachen und freuen sich. Wir feiern den Sommer, den langen Polartag. Auch die Natur scheint verwandelt zu sein. Die Flüsse und Seen erwärmen sich rasch. Schwärme von Mücken geben Vögeln reichliche Nahrung. Blumen, Büsche und Bäume beginnen schnell zu wachsen, als hätten sie viel nachzuholen und nicht viel Zeit dafür.

Mitternachtssonne

05,27   06,27   07,27   08,27   09,27   10,27   11,27   12,27   13,27   14,27   15

3. Polartag und Polarnacht

Während des Polartages geht die Sonne 24 Stunden nicht unter. Ein Fotograf hat jede Stunde eine Aufnahme gemacht. In 24 Stunden hat er sich einmal im Kreis gedreht. Um Mitternacht steht die Sonne am tiefsten. Sie scheint im Norden. Es ist so hell, dass der Fotograf noch Zeitung lesen kann. Der Polartag, die **Mitternachtssonne,** bringt die Schlafgewohnheiten durcheinander.

In der Polarnacht bleibt die Sonne 24 Stunden unter dem Horizont. Am Polarkreis dauert die Polarnacht einen Tag, am Nordpol ein halbes Jahr. In Hammerfest, der nördlichsten Stadt Europas, brennen zehn Wochen lang ununterbrochen die Straßenlampen, weil die Sonne dann dort nicht aufgeht.

115.1 Blühende Tundra

	Breitengrad	Polartag	Polarnacht
Nordkap	71° 10'	13. 5.– 29. 7.	18. 11.– 24. 1.
Tromsö	69° 17'	20. 5.– 22. 7.	25. 11.– 17. 1.

Einige Tiere halten Winterschlaf, andere ziehen nach Süden. Die Pflanzen hoch im Norden sind sehr niedrig. Die Moose, Flechten und Sträucher in der Tundra müssen jeden Sonnenstrahl nutzen. Die Sonnenstrahlen fallen sehr flach ein und erwärmen die Erde nur wenig. Der nördliche **Nadelwald** leidet unter Kältestress. Fichten brauchen am Polarkreis 120 Jahre, bis sie ausgewachsen sind, in Mitteleuropa nur 60 Jahre.

1. Wie lange dauern am Nordkap und in Tromsö Polartag und Polarnacht?
2. Beschreibe, wie Polartag und Polarnacht das Leben der Menschen bestimmen.

115.2 Nördlicher (borealer) Nadelwald

,27   17,27   18,27   19,27   20,27   21,27   22,27   23,27   00,27   01,27   02,27   03,27   04,27

4. Das Seeklima

David Reynolds hat einen Bauernhof nördlich von Shannon in Irland. Auf seinen Weiden ist das Gras das ganze Jahr über dicht und grün. Während der Wintermonate lässt er die Rinder und Schafe auf der Weide stehen. Nur bei Frost kommen die Rinder in den Stall. Aber Frost ist selten. Bauer Reynolds baut auch etwas Hafer und Kartoffeln an. Damit kann er schon früh im Jahr beginnen. Häufiger Regen im Sommer und im Herbst verzögert und erschwert die Ernte.

West- oder Südwestwinde treiben fast das ganze Jahr kühle und feuchte Luft vom Meer auf das Land. Die Sommer sind daher kühl. Da sich das Meer nicht so stark abkühlt wie das Land, sind die Winter mild. Kein Monat ist ohne Regen. Im Herbst und Winter ist es oft neblig. Die Temperaturunterschiede zwischen Sommer und Winter sind gering. Die Lage am Atlantik und an der Nordsee bringt Westeuropa ein ausgeglichenes Seeklima.

Die Ausläufer des Golfstroms wirken wie eine „Warmwasserheizung". Der Golfstrom ist eine warme Meeresströmung. Er hat seinen Ursprung im Golf von Mexiko.

1. Nenne Merkmale des Seeklimas.
2. Beschreibe, welche Vor- und Nachteile Bauer Reynolds durch das Seeklima hat.
3. Suche den Golfstrom im Atlas. Welche Bedeutung hat er für das Seeklima?

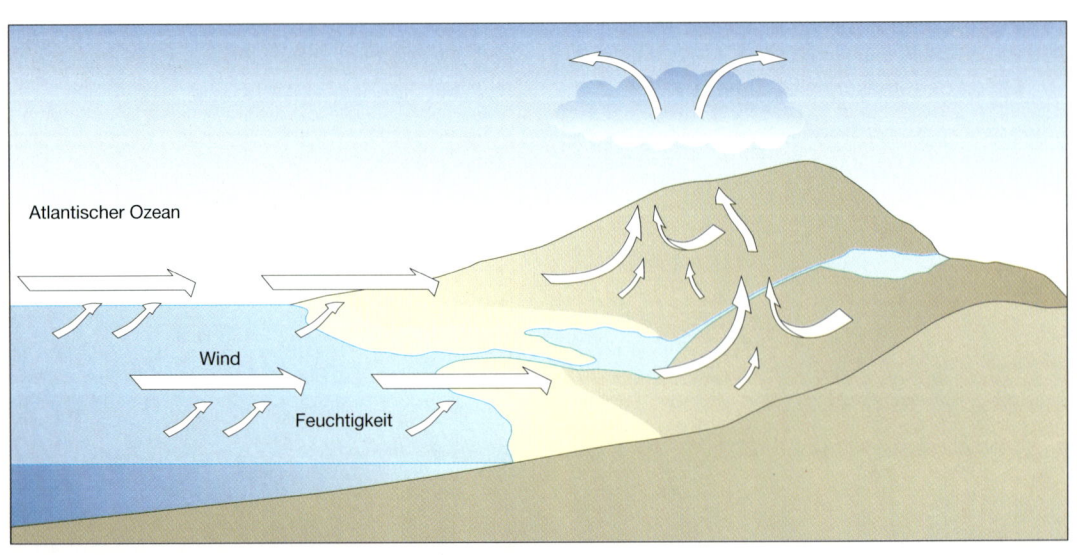

116.1 Niederschläge und Temperatur

116.2 Westwinde wehen über das Meer und nehmen Feuchtigkeit auf

117.1 Irland, die „grüne Insel"

117.2 Shannon im Oktober

Shannon (Irland) 53° N / 9° W
T 10,2 °C 2 m N 929 mm

Durchschnittstemperatur im Jahr höher als Neumünster (8,4 °C).

Geringe Temperaturunterschiede zwischen den Jahreszeiten, geringer Temperaturunterschied zwischen dem wärmsten und dem kältesten Monat.

Sommer mäßig warm, kühle Seeluft verhindert hohe Temperaturen, Getreide kann nicht immer ausreifen, für Weinanbau ist es zu kalt.

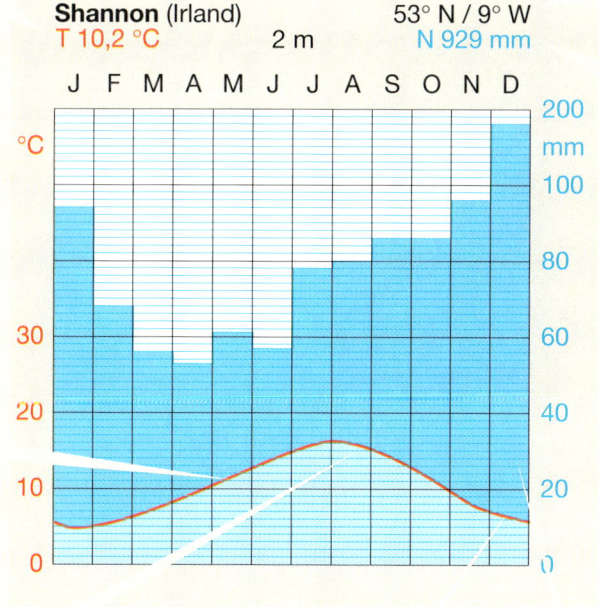

Milde Winter. Frost und Schnee nur wenige Tage im Jahr; Flüsse, Kanäle und Häfen frieren nicht zu; Schafe und Rinder können immer auf der Weide bleiben.

Breitenlage

Hohe Jahresniederschläge (höher als in Neumünster 790 mm); hohe Luftfeuchtigkeit das ganze Jahr über, daher auch häufig Nebel. Niederschlag gut für „englischen Rasen" im Fußballstadion, In Gärten und Parks und auf der Pferderennbahn. Der Rasen bleibt im Sommer und im Winter dicht und grün und kann ohne Schaden betreten werden.

Reichlich Niederschläge zu allen Jahreszeiten, in Schottland z.B. durchschnittlich 5 Regentage in der Woche.

118.1 Apfelsinenbaum

118.2 Bewässertes Salatfeld in Spanien

5. Das Mittelmeerklima

Sonniges, heißes und trockenes Wetter lockt im Sommer Millionen Urlauber in die Länder am Mittelmeer. Im Winter bringt feuchte Luft vom Atlantik Regen. Trotzdem bleiben die Winter mild. Das Klima am Mittelmeer ist ein Winterregenklima. Frost und Schnee fehlen. Daher sind Bäume und Büsche immergrün.

Der Ölbaum – meist Olivenbaum genannt – der Weinstock, der Feigenbaum und Weizen sind uralte Kulturpflanzen des Mittelmeerraumes. Sie werden schon in der Bibel erwähnt. Die Apfelsine kam vor etwa 400 Jahren in die Mittelmeerländer. Ihr Name verrät die Herkunft: Apfel aus China.

Fast alle Pflanzen haben sich dem sommertrockenen Klima angepasst. Die Blätter beim Olivenbaum, Lorbeer oder Oleander sind klein und haben eine lederartige Oberfläche. So schützen sie sich vor zu starker Verdunstung.

Für die Bauern ist die sommerliche Trockenheit ein großes Problem. Sie nutzen die Regenfälle und planen den Anbau so, dass sie die Ernte noch vor dem Sommer einbringen können. Mit dem **Regenfeldbau** ist eine Ausweitung des Anbaus nicht möglich. Deshalb bauten sie Bewässerungsanlagen und betreiben **Bewässerungsfeldbau.**

1. Nenne typische Pflanzen rund um das Mittelmeer. Wie haben sie sich angepasst?
2. Welche landwirtschaftlichen Erzeugnisse kommen aus dem Mittelmeerraum? Achte im Supermarkt darauf.

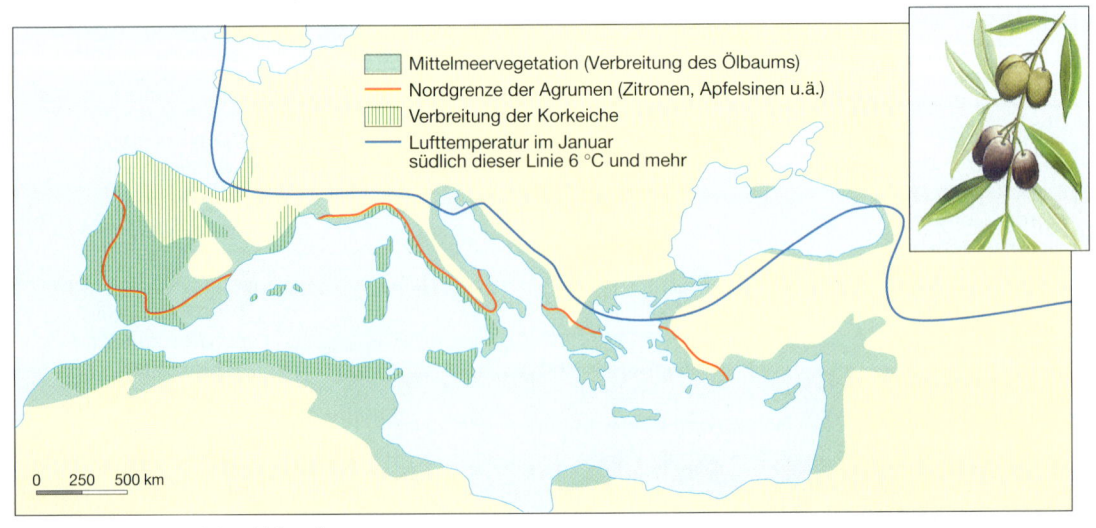

118.3 Verbreitung wichtiger Kulturpflanzen

Experiment
Vegetation und Klima

Warum haben die Bäume am Mittelmeer kleinere Blätter als in Deutschland?

Mit den folgenden Experimenten gelingt es dir zu zeigen, dass eine Pflanze Feuchtigkeit über die Blätter verdunstet, und eine Erklärung für das oben aufgeworfene Problem zu finden.

Für den ersten Versuch besorgst du dir zwei Gläser, Wasser und Speiseöl; außerdem benötigst du einen Weißdorn- und einen Birkenzweig – jeweils mit etwa derselben Blätterzahl. Fülle beide Gläser mit Wasser, stecke in jedes einen der frisch angeschnittenen Zweige und gieße anschließend vorsichtig Öl dazu, bis die ganze Wasseroberfläche bedeckt ist. Nun stellst du beide Gläser ans Fenster – möglichst über die Heizung. Markiere den „Wasserstand" und beobachte ihn in beiden Flaschen über mehrere Tage hinweg. Was stellst du fest?

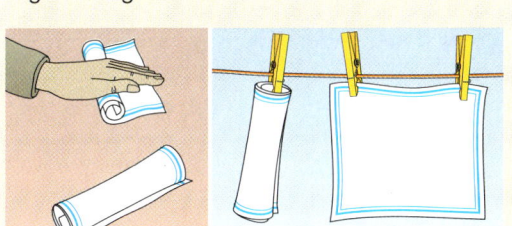

Beim zweiten Versuch machst du zwei gleich große Taschentücher nass. Das eine hängst du flach auf, das andere rollst du vor dem Aufhängen zusammen. Welches Taschentuch ist zuerst trocken? Kannst du nun erklären, warum sich die Blätter von Mittelmeerpflanzen zusammenrollen oder nur eine kleine Oberfläche haben?

119.1 Klimabedingungen und Früchte im Mittelmeerraum

Wissenswertes
Klimagebiete und Landschaftsgürtel

120.1 Klimagebiete in Europa

Legende:
- Seeklima
- Kaltes Klima
- Übergangsklima
- Landklima
- Mittelmeerklima

Kaltes Klima
- kalte Winter mit Schnee und Eis bis zu sieben Monaten
- Boden bleibt lange gefroren
- Niederschläge, auch als Schnee, gering: nicht mehr als 500–600 mm im Jahr
- kurze Sommer
- starke Mückenplage in Sommermonaten

Seeklima
- lange und meist kühle Sommer
- milde Winter
- hohe Niederschläge über das ganze Jahr
- im Herbst und Winter oft Nebel
- starke Westwinde
- Einfluss des Golfstroms: Meer speichert Wärme und gibt sie an die Luft ab.

Übergangsklima
- lange und kühle Sommer im Nordwesten, Süden und Osten heiß und trocken
- Winter im NW kühl und feucht, im S und O kalt
- Niederschläge im NW hoch, im S und O gering
- feuchte Meeresluft aus W oder trockene Luft aus O

Landklima
- warme bis heiße Sommer. Das Land erwärmt sich schneller als das Meer.
- sehr kalte Winter. Im Winter kühlt die Luft schnell ab. Das Land kann die Wärme nicht speichern.
- geringe Niederschläge, meist bei Gewittern

Mittelmeerklima
- im April schon Obstbaumblüte
- trockene, heiße Sommer
- milde, regenreiche Winter (Winterregenklima), selten Frost oder Schnee
- im Sommer vorherrschend Wind aus NO, im Spätherbst und Winter Westwinde

in Europa

121.1 Landschaftsgürtel in Europa

Legende:
- Tundra
- Landwirtschaftlich genutzte Fläche
- Nördlicher Nadelwald
- Übriger Wald
- Hartlaubgewächse

Landwirtschaftlich genutzte Fläche
- Bis auf das nördliche Nordeuropa sind Ackerbau und Viehhaltung fast überall verbreitet.
- Der Anteil von Weiden und Wiesen beträgt ein Drittel der landwirtschaftlichen Nutzfläche.

Tundra
- Wegen der Kälte wachsen nur Moose, Flechten und niedrige Sträucher.
- In einigen Gebieten ist der Untergrund ständig gefroren. Dauerfrostboden
- Im Sommer staut sich Wasser an der aufgetauten Oberfläche: Sümpfe

Nördlicher Nadelwald
- Nur wenige Arten: Fichten, Kiefern, Tannen, Lärchen und Birken
- Die Bäume wachsen wegen der Kälte nur langsam. Sie erreichen selten eine Höhe über 25 m.
- Das Holz der Bäume ist fest.

Übriger Wald
- Laub- und Mischwald (Buchen und Eichen), häufig nur reiner Fichtenwald
- Die Laubbäume sind sommergrün.
- Die Waldfläche war früher viel größer. Wald wurde für Ackerland und Weiden gerodet.

Hartlaubgewächse
- Einige Pflanzen haben schmale Blätter zum Schutz gegen die Verdunstung (z. B. der Ölbaum).
- Manche Pflanzen rollen ihre Blätter bei Hitze ein.
- Andere Pflanzen können mit langen Wurzeln das Grundwasser erreichen.

Eins vor – zwei seitwärts oder zwei vor – eins seitwärts –

In diesem Spiel sollst du die Vegetationszonen und Klimadiagramme einander zuordnen.

So darfst du dich bewegen:
eins vor – zwei seitwärts oder
zwei vor – eins seitwärts

Beginne mit dem ersten Bild ❶. Gehe zu dem zugehörigen Klimadiagramm. Springe weiter zum nächsten Bild und dann weiter zum Klimadiagramm. Zur Erleichterung sind einige Bildnummern angegeben.

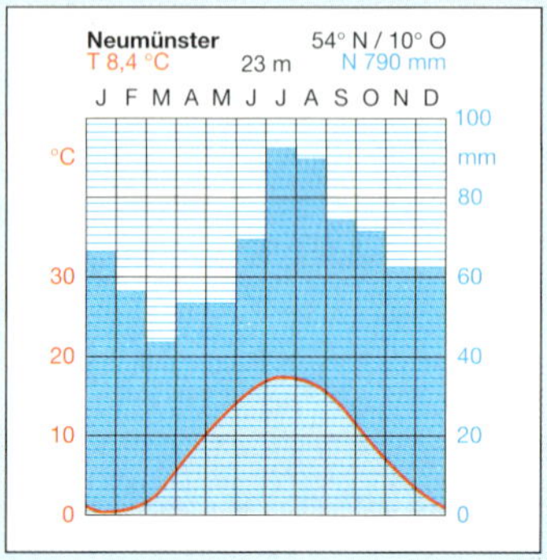

Vegetationszone
7. Buchstabe

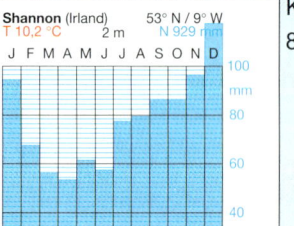

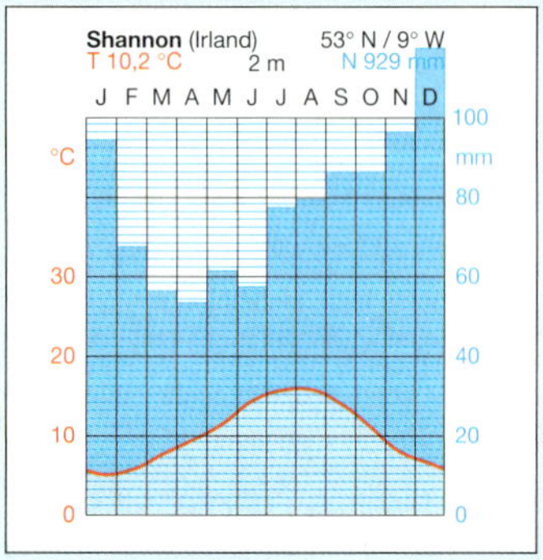

Klimazone
8. Buchstabe

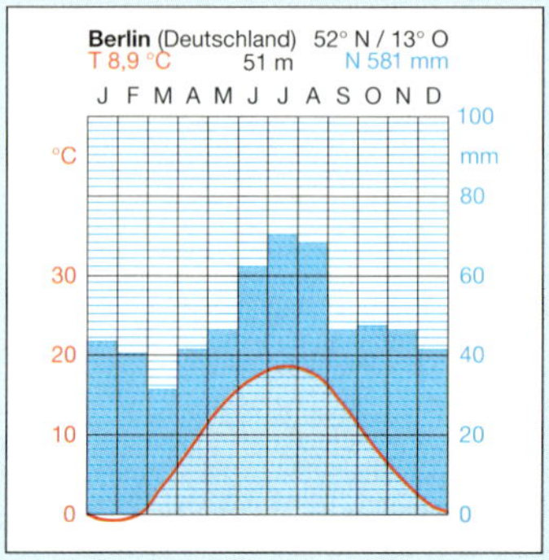

Klimazone
13. Buchstabe

Schreibe die Namen der Vegetationszonen und Klimazonen (siehe die beiden Seiten vorher) in der gefundenen Reihenfolge in einer Tabelle auf.

Vegetationszone	Klimazone	Buchstabe
1. Nördlicher Nadelwald	Landklima	w
2.		
3.		
4.		

Die Buchstaben bei den Klimadiagrammen ergeben von oben nach unten das Lösungswort.

durch die Klima- und Vegetationszonen in Europa

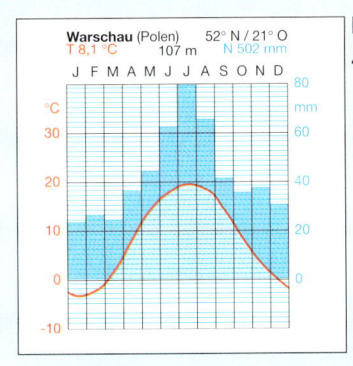

Warschau (Polen) 52° N / 21° O
T 8,1 °C 107 m N 502 mm

Klimazone
4. Buchstabe

Kuopio (Finnland) 52° N / 21° O
T 2,8 °C 107 m N 498 mm

Vegetationszone
16. Buchstabe

③

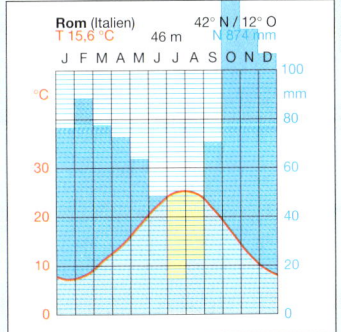

Rom (Italien) 42° N / 12° O
T 15,6 °C 46 m N 874 mm

Vegetationszone
2. Buchstabe

Valencia (Spanien) 39° N / 0°
T 17,0 °C 13 m N 422 mm

Klimazone
12. Buchstabe

123

124.1 Autobahnbau im Tessin

124.2 Fährhafen Kiel

Neue Verkehrswege verbinden Europa

125.1 Coquelles – Verladebahnhof vor dem Eurotunnel

126.1 Bauarbeiten auf Fünen

1. Brückenschlag nach Skandinavien

Brückenschlag über den Großen Belt

Gut eine Stunde dauert die Überfahrt mit Fährschiffen zwischen Nyborg und Korsör. Aber jetzt wird ein 150 Jahre alter Traum der Dänen wahr: die 18 Kilometer überspannende Verbindung zwischen den Inseln Seeland und Fünen beendet die Trennung zwischen Ost- und Westdänemark. Für Bahnreisende verkürzt sich die Zeit über den Großen Belt auf sieben Minuten. Autofahrer brauchen elf Minuten.

Frage an den Direktor der Baufirma: *Welche Bedeutung hat die feste Große-Belt-Querung für Nordeuropa?*
Antwort: *Wir leisten einen Brückenschlag für Europa. Diese Verbindung und die Querung des Öresunds sind wichtig für mehr als 20 Millionen Einwohner in Südschweden, Dänemark und Norddeutschland.*
Frage: *Welche Auswirkung hat die Brücke auf den Verkehr?*
Antwort: *Heute rechnen wir mit 7600 Autos und Lastwagen am Tag. In Zukunft werden es doppelt so viele sein. Wir wollen auch täglich 140 Personenzüge und 100 Güterzüge über den Großen Belt leiten, also alle sechs Minuten einen Zug.*

Brückenschlag über den Öresund

Die feste Verbindung zwischen Dänemark und Schweden ist 17 km lang. Sie besteht aus einem Tunnel und einer 15 km langen Brücke. Die Baufirmen rechnen damit, dass im Jahr 2000 die ersten Autos und Züge die Verbindung nutzen.

Überquerung des Fehmarnbelts

Bislang war die „Vogelfluglinie" mit den Fährschiffen von Puttgarden nach Rödbyhavn die kürzeste und schnellste Verbindung nach Skandinavien. Mit den neuen Brücken über die Ostsee verliert aber die „Vogelfluglinie" an Bedeutung. Deshalb denken Schleswig-Holstein und Dänemark daran, eine Brücke oder einen Tunnel für die gesamte Strecke zu bauen. Aber vor dem Jahr 2010 wird diese feste Landverbindung wegen der umfangreichen Arbeiten nicht fertig sein.

1. Nenne die drei neuen Bausteine im Verkehrsnetz von Nordeuropa.
2. Wie breit sind die Wasserstraßen, die überwunden werden müssen?
3. Erläutere, warum die Fährschiffe für den Verkehr nicht mehr ausreichen.
4. Du möchtest mit dem Intercity nach Göteborg fahren. Zeige die Strecke auf der Karte (127.1) und dann auf einer Wandkarte.

Großer Belt
Kombination von Brücken und Bahntunnel (im Bau)

Straßenhochbrücke 8,6 km
Flachbrücke 6,6 km (fertig)
Bahntunnel
Insel Sprogø

Öresund
Kombination von Tunnel und Brücken (geplant)

Hochbrücke 6,5 km
Flachbrücke 5,4 km
Tunnel
Kopenhagen — Malmö

Fehmarnbelt
(mögliche Querung)

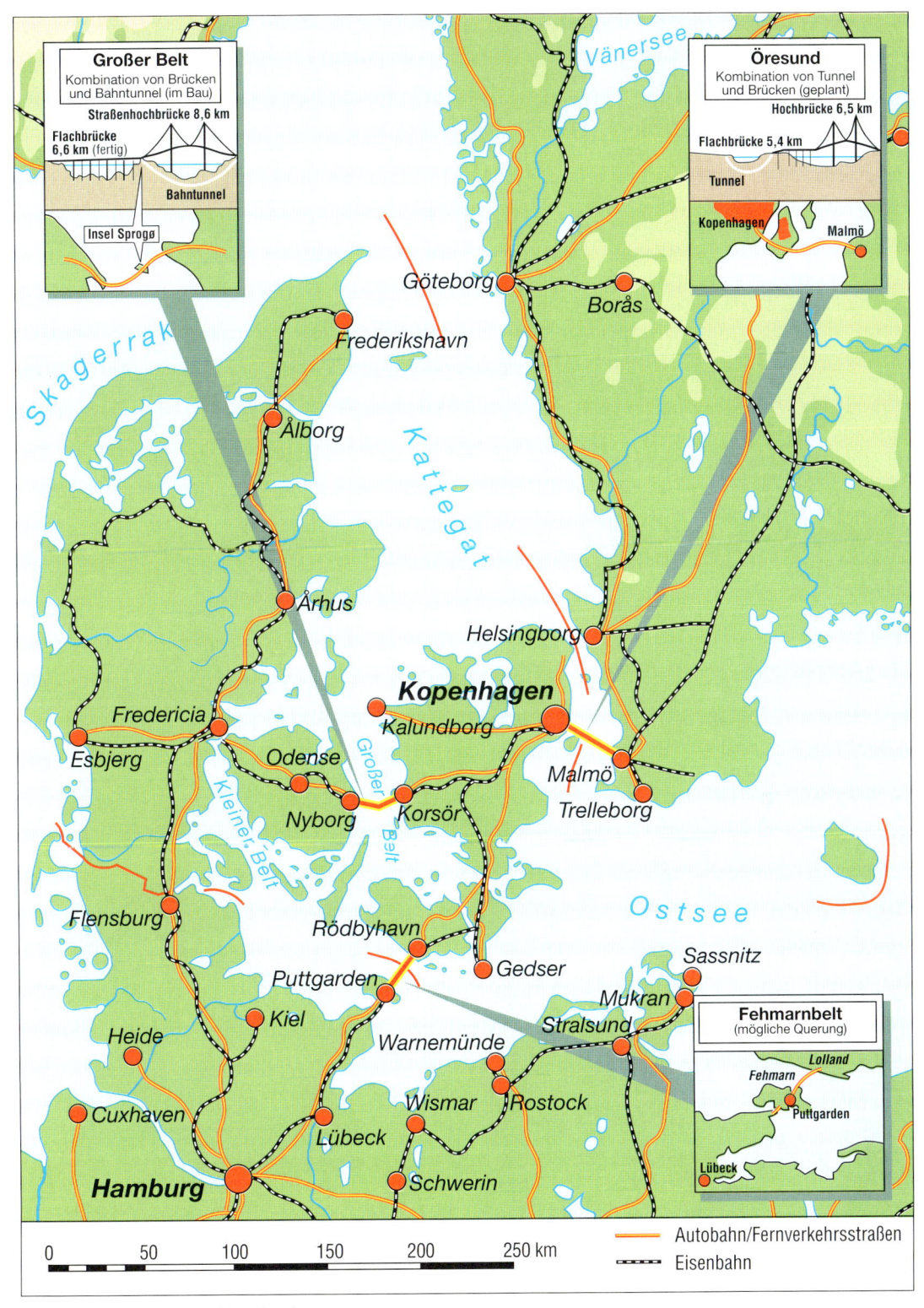

Lolland
Fehmarn
Puttgarden
Lübeck

Vänersee
Skagerrak
Kattegat
Ostsee

Göteborg
Borås
Frederikshavn
Ålborg
Århus
Helsingborg
Kopenhagen
Kalundborg
Fredericia
Esbjerg
Odense
Großer Belt
Kleiner Belt
Nyborg
Korsör
Malmö
Trelleborg
Flensburg
Rödbyhavn
Puttgarden
Gedser
Sassnitz
Mukran
Stralsund
Heide
Kiel
Warnemünde
Cuxhaven
Wismar
Rostock
Lübeck
Schwerin
Hamburg

0 50 100 150 200 250 km

— Autobahn/Fernverkehrsstraßen
▭▭▭ Eisenbahn

127.1 Verkehrswege nach Skandinavien

2. Europa im Zeichen schneller Züge

1995 gab es in den Ländern der Europäischen Union über 150 Millionen Autos. Täglich berichten die Verkehrsnachrichten von Staus. Die Autos verstopfen die Städte und sie belasten die Umwelt. Viele Geschäftsleute und Urlauber benutzen auch bei Kurzstrecken das Flugzeug.

Autofahrer und Flugreisende sollen auf die Eisenbahn umsteigen. Die Bahn ist umweltfreundlicher. Hochgeschwindigkeitszüge sparen Zeit. Solche Hochgeschwindigkeitszüge fahren heute schon in Europa. Auf den Hauptstrecken in Deutschland fährt der InterCity Express (ICE) und in Frankreich der TGV (Train á Grande Vitesse, das bedeutet Hochgeschwindigkeitszug). Die meisten Strecken sind für die schnellen Züge noch nicht geeignet. Deshalb soll in Europa bis zum Jahr 2015 ein Schnellbahnnetz gebaut werden. Die Länge wird 35 000 km betragen. Das ist fast einmal um den Äquator. Die Kernstrecke verbindet Paris, London, Brüssel, Amsterdam und Köln. Die schnellen Züge können auf die unterschiedlichen Stromnetze der Länder umschalten.

1. Nenne Gründe, warum Europa ein Schnellbahnnetz baut.
2. Wähle einige Abfahrts- und Ankunftsorte aus (Abb. 129.1). Vergleiche die Fahrzeiten in den Jahren 1960, 1994 und 2020.
3. Suche in Abb. 128.1 die Neubaustrecken.

128.2 Geplante Strecken für das Schnellbahnnetz

128.1 Der InterCity Express (ICE)

128.3 Benzinverbrauch 1997

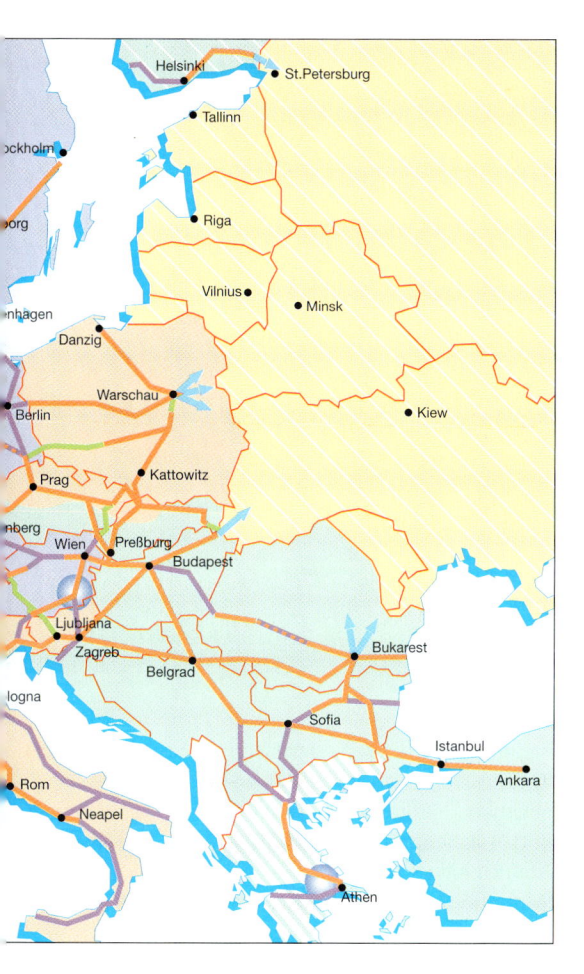

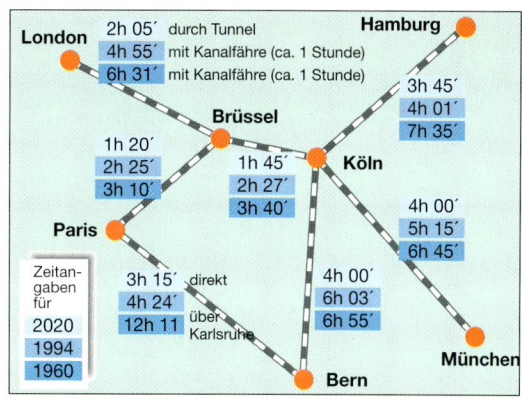

129.1 Fahrzeiten für Direktverbindungen mit der Bahn ohne Aufenthalte

— Neubaustrecken bis 250 km/Stunde
— Ausbaustrecken bis 220 km/Stunde
— Ausbau noch nicht festgelegt
— neue Streckenverbindungen und Anschlüsse
● europäische Schlüsselverbindungen
→ noch nicht festgelegt, ob Ausbaustrecke oder Neubaustrecke
Herkömmliche Strecken: bis 160 km/Stunde

Übertrage das Rätsel in dein Heft.
Die Lösung in den umrandeten Kästchen von oben nach unten heißt:

1 Von der Straße auf die ....
2 Abkürzung für InterCity Express
3 Hier gibt es immer wieder Staus.
4 Wichtiger Knotenpunkt in Deutschland
5 Für Geschwindigkeit über 250 km/Stunde
6 Großer Nachteil der Autos
7 Schlüsselverbindung in Großbritannien
8 Von Köln hierher in Zukunft 3 Std. 45 Min.
9 Für Geschwindigkeit bis 220 km/Stunde
10 Gegenüber früher sind die neuen Züge .....
11 Ein weiterer Vorteil der neuen Züge
12 Hier laufen mehrere Strecken zusammen.
13 Mit ein Grund für die schnellen Züge
14 Französischer Hochgeschwindigkeitszug
15 Konkurrenz für Hochgeschwindigkeitszug

130.1 Verkehrswege über die Alpen

3. Verkehrswege über die Alpen

Wer von Mittel- nach Südeuropa reisen will, muss die Alpen, Europas höchstes Gebirge, überqueren. Wie eine riesige Mauer ziehen sie sich von Genua bis nach Wien auf einer Länge von 1200 km und einer größten Breite von 200 km. Eine gedachte Verbindungslinie vom Bodensee zum Comer See teilt sie in Ost- und Westalpen.

Die Alpen sind in zahlreiche Bergketten unterteilt. Von ihren schnee- und eisbedeckten Bergen fließen die Schmelzwässer verschiedenen Meeren zu. Die breiten in West-Ost-Richtung verlaufenden Täler von Inn und Rhône sind verkehrsgünstige Siedlungs- und Wirtschaftsgebiete.

Die Römer bauten die ersten Straßen über die Alpen. Sie überwanden den Gebirgskamm an seinen niedrigsten Stellen, den **Pässen**. Meist reiste man zu Fuß. Wer es sich leisten konnte, mietete sich ein Maultier. Das Reisen über die Pässe war jedoch beschwerlich. Es war aber auch gefährlich, denn mit plötzlichen Wetterveränderungen, langen Wintersperren und mit Dieben mussten die Reisenden rechnen.

Seit der Erfindung des Autos und mit dem aufkommenden Massenverkehr in den fünfziger und sechziger Jahren kam es zu einer regelrechten Verkehrsexplosion. Der zunehmende Warenverkehr und die Urlaubsreisen in Sommer- und Winterferien führten zu nie gekannten Verkehrsströmen. Heute schieben sich Personenwagen- und Lastwagenkolonnen durch die Alpentäler. Staus bis zu 30 km Länge und mehr sind keine Seltenheit. Die Bewohner der betroffenen Alpentäler sind unzufrieden, denn:

- die Zahl der Unfälle nimmt zu,
- die Ortsdurchfahrten sind ständig überlastet,
- die Bewohner werden durch Lärm und Abgase der Fahrzeuge belästigt,
- durch das hohe Fahrzeugaufkommen sind besonders Kinder und alte Leute gefährdet.

Man begann deshalb damit, neue Alpenstraßen anzulegen, um den Verkehr aus den Orten herauszuhalten. Beim Bau müssen die Verkehrsplaner folgendes beachten:

- Die Straßen müssen ganzjährig befahrbar sein.
- Die Steigung der Straßen muss gering ausfallen.
- Es müssen Brücken gebaut werden, damit Täler leichter überwunden werden. Brücken erreichen immer größere Spannweiten (bis 174 m) und verändern das Bild der Alpentäler.
- Der Bau von Tunneln verhindert zu starke Steigungen und bringt kürzere Verbindungen.
- An lawinengefährdeten Straßenabschnitten müssen Schutzgalerien gebaut werden.

"Wir hatten eine beschwerliche Reise über den Brennerweg, der zu allen Zeiten wegen der vielen Ungewitter, Donners und Blitzens sehr unsicher ist. Diese Stürme nötigen gar oft die Reisenden, die sie auf diesem fürchterlichen Gebirge überfallen, einige Tage lang zu warten, bis sie vorüber sind."

(aus dem Tagebuch eines Italienreisenden, 1707)

Familie Jensen aus Flensburg will nach Rimini in den Sommerurlaub fahren. Mutter fragt: „Habt ihr euch schon überlegt, wie wir fahren?" Herr Jensen meint: „Wir fahren natürlich die Brennerautobahn!" „Fahr doch über den Reschen-Pass, da sieht man mehr von der Landschaft!" sagt Hanna. „Nein, mit unserem Wohnwagen ist das Fahren kein Vergnügen. Die Brennerautobahn ist bequemer!"

Heute überqueren rund 70 000 000 Menschen bei Urlaubs- und Geschäftsreisen jährlich die Alpen. Davon benutzen:

das Auto	52 500 000
die Bahn	11 600 000
das Flugzeug	5 900 000

Wenn der Wetterbericht meldet: „10 cm Neuschnee", erfreut dies die Skifahrer. Für den Winterdienst heißt dies: „10 cm Neuschnee auf der Brennerautobahn bedeutet für die Winterfahrzeuge des österreichischen Straßendienstes 10 000 Tonnen Schnee. Mit einem durchschnittlichen Räumtempo von 40 bis 60 km/h müssen die Schneemassen von der Fahrbahn geschoben und teilweise abtransportiert werden, um einen zügigen Verkehr gewährleisten zu können."

1. Vergleiche eine Alpenüberquerung früher und heute.
2. Nenne Pässe, die zwei Länder miteinander verbinden.
3. Beschreibe das jährliche Verkehrsaufkommen am Brenner (Abb. 131.1).

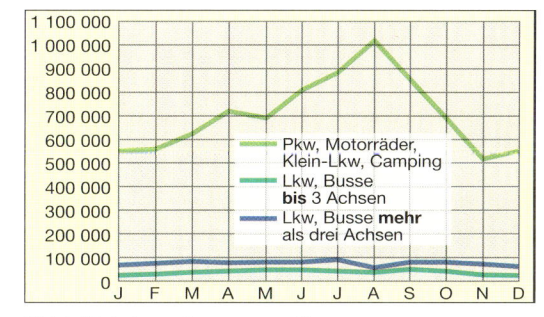

131.1 Verkehrsaufkommen am Brenner

Du kannst

ein Spiel „Welcher Pass passt?" basteln.
Fertige dazu Karten an, auf die du am oberen und am unteren Rand Orte schreibst, die durch eine Passstraße verbunden werden (Atlas, Straßenkarte Alpen). Auf kleinere Kärtchen oder in Kronkorken schreibst du die verschiedenen Pässe. Lege dann deinen Mitschülerinnen und Mitschülern die „Ortskarten" vor und lasse sie den passenden Pass dazwischen legen.

Projekt
Brauchen wir die Ostseeautobahn?

132.1 Autobahngegner protestieren gegen den Bau der A 20

Die einen sind dafür

Die Landstraßen und Bundesstraßen in Mecklenburg-Vorpommern sind völlig überlastet. Die Verkehrsnachrichten berichten jeden Tag über Staus. Tag und Nacht quälen sich Lastwagen und Pkw durch die engen Straßen in den Dörfern und Städten. Die Menschen finden keine Ruhe mehr. Auspuffgase verpesten die Luft.
Wir wollen die Innenstädte entlasten. Wir möchten, dass die Menschen wieder ohne Lärm und Abgase leben können.
Deshalb brauchen wir eine Autobahn, die A 20. Sie ist Teil der europäischen Verkehrswege. Sie verbindet Paris in Frankreich mit St. Petersburg in Russland. So erhalten auch die Ostseehäfen Rostock und Stralsund einen guten Anschluss. Sie können ihren Handel mit den osteuropäischen und den skandinavischen Ländern ausweiten. Zusammen mit den bestehenden Autobahnen wird auch die Verbindung zum Südwesten und Südosten Deutschlands und Europas besser.
Wir hoffen auch, dass wegen der Autobahn neue Betriebe kommen und Arbeitsplätze schaffen. Denn in Mecklenburg-Vorpommern gibt es immer noch viele Menschen ohne Arbeit.
Wir sind dafür, dass bei der neuen Strecke für die A 20 die Natur möglichst geschont wird. Wir wollen die Erholungsgebiete entlang der Ostseeküste erhalten. Wochenendurlauber aus den nahen Großstädten sollen die Ostseeküste schnell erreichen. Auch Urlauber aus dem Süden und Westen Deutschlands sollen die Ostseeküste schnell und sicher erreichen.

Die anderen sind dagegen

Entlang der Ostseeküste und auf der Strecke für die A 20 gibt es noch viele Naturgebiete. Hier leben viele Pflanzen und Tiere, die schon vom Aussterben bedroht sind. Die neue Autobahn zerschneidet solche Naturgebiete. Im Vogelschutzgebiet im Recknitz- und Trebeltal würden dann wohl keine Adler mehr brüten. Der Autolärm und die Abgase von der A 20 stören auch die Greifvögel im Vogelschutzgebiet im Peenetal. Die Jungvögel können nicht mehr aufgezogen werden.
Wir sehen die Vorteile dieser Autobahn nicht. Wir glauben nicht, dass die Eingriffe in die Natur gering sind. Die Autobahn soll auch Moore durchqueren. Wir wissen alle, dass Moore immer seltener werden.
Die A 20 braucht wie jede andere Autobahn viel Platz. Wir halten auch nichts von großen Brücken, die die Autobahnbauer in die Landschaft stellen.
Wir sind sicher, dass der Verkehr von Frankreich und dem Ruhrgebiet nach Polen und Russland zunehmen wird. Auch in umgekehrter Richtung werden der Personen- und der Güterverkehr zunehmen.
Wir fordern daher den Gütertransport auf der Schiene und nicht auf der Straße. Dazu müsste die Bahn nur das vorhandene Schienennetz modernisieren. Die Lastwagen können dann zu den Laderampen der Bahn fahren. Auf der Bundesstraße 105 kann der normale Autoverkehr laufen. Der Gütertransport auf der Bahn schützt also beide, die Natur und den Menschen.

133.1 Strand an der Ostsee

133.3 Ein falsches Bild?

1. Bildet drei Gruppen. Gruppe 1: Lest den Text „Die einen sind dafür". Sammelt Gründe für den Bau der A 20. Sicher fallen euch noch mehr Gründe ein. Gruppe 2: Lest den Text „Die anderen sind dagegen". Sammelt Gründe gegen den Bau der A 20. Überlegt, ob ihr noch mehr Gründe findet. Gruppe 3: Lest beide Texte durch. Ihr sollt nachher eine Entscheidung treffen.
2. Beide Gruppen tragen ihre Gründe vor. Mitglieder aus Gruppe 1 dürfen Gruppe 2, Miglieder aus Gruppe 2 dürfen Gruppe 1 befragen.
3. Gruppe 3 ist Schiedsrichter. Die Mitglieder stimmen ab, ob Gruppe 1 oder Gruppe 2 die besseren Gründe hatte.

133.4 Es wäre so schön gewesen …

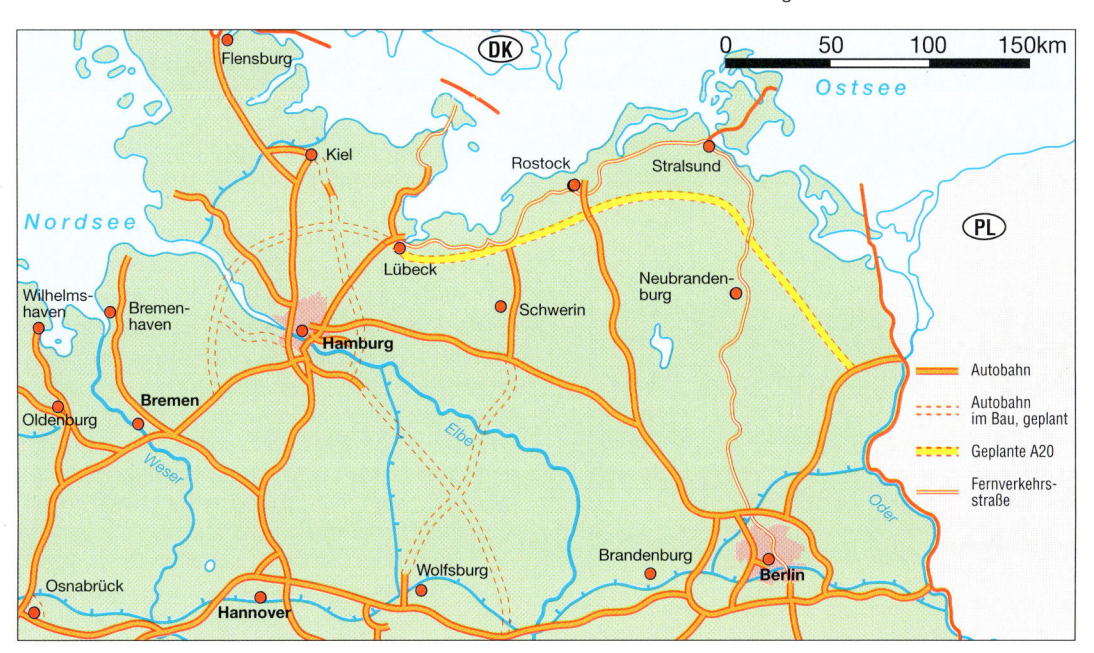

133.2 Der Verlauf der Ostseeautobahn (A 20)

Spielend durch Europa

Hin und wieder erhält man als Werbemittel eine Europakarte. Auch in alten Atlanten, die in der Schule nicht mehr benötigt werden, kannst du fündig werden. Daraus lässt sich ein **„Europa-Puzzle"** herstellen.
Klebe die Karte auf Plakatkarton und zeichne darauf ein Gitternetz, so dass sich gleich große Quadrate ergeben. Diese schneidest du aus und überklebst sie mit Klarsichtfolie.

Wer schafft es in der kürzesten Zeit, „Europa" wieder richtig zusammenzusetzen?

Willst du dir die Staaten Europas und ihre Hauptstädte auf spielerische Weise einprägen?
Mit einem **„Staaten-Domino"** geht das ganz einfach.

Für das Anfertigen dieses Spiels benötigst du eine Schere, bunte Holz- oder Filzstifte, Plakatkarton und Klarsichtfolie.

Und so gehst du vor:
1. Schneide 42 Plakatkarten aus (4,5 x 8 cm).
2. Gliedere die Kärtchen in zwei Hälften.
3. Zeichne jeweils auf die obere Hälfte der Karten die Flagge eines Staates und schreibe das entsprechende Autokennzeichen darunter. (Die Flaggen findest du am Schluss des Buches.)
4. Lege die Karten in eine Reihe und notiere auf der jeweils letzten Karte die Hauptstadt des Staates, der auf der nächsten Karte mit der Flagge abgebildet ist.
5. Überziehe die Karten mit Klarsichtfolie.

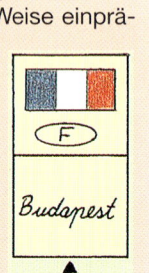

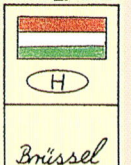

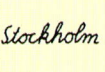

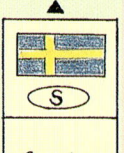

Möchtest du einen **„Rätselflug über Europa"** unternehmen?
Dann schreibe auf ein Blatt Papier untereinander die Zahlen 1 bis 12, nimm deinen Atlas zu Hilfe und schon kann es losgehen: *Ausgangspunkt ist der Flughafen unseres nördlichen Nachbarlandes (1). Der Kompass zeigt, dass wir in südöstlicher Richtung fliegen. Unter uns im Dunst sehen wir Deutschlands größte Insel (2). Nachdem wir das große Binnenmeer (3) überquert haben, überfliegen wir die Hauptstadt unseres östlichen Nachbarn (4). Wir landen aber nicht, sondern fliegen Richtung Westen. Unter uns liegt Deutschlands Hauptstadt (5). Der Pilot dreht nach Süden ab. Unter uns liegt ein großes Gebirge. (6). Nun überfliegen wir das Land, in dem es noch tätige Vulkane gibt (7). In der Hauptstadt dieses Landes (8) müssen wir auftanken. Jetzt fliegen wir nach Nordwesten. Vor uns liegt eine Hauptstadt, in der viele Kulturen zusammenleben (9). Viele Leute kennen von dieser Stadt nur den Eiffelturm. Leider können wir hier nicht bleiben, denn wir wollen auf eine große Insel (10). Bald überqueren wir eine Meerenge, die diese Insel vom Festland trennt (11). Der Pilot dreht nach Nordosten ab. Auf dem Meer unter uns sehen wir viele Schiffe (12). Noch eine Stunde Flugzeit, und wir landen wieder in Hamburg-Fuhlsbüttel.*

Wenn du Lust hast, schreibe einen ähnlichen „Rätselflug" für andere Teile Europas und lass die Stationen von deinen Klassenkameraden erraten.

Wir basteln ein „Europa-Quartett"

Zunächst überlegt ihr, welche Staaten ihr in eurem Spiel berücksichtigen wollt. Für jeden Staat werden vier Kärtchen benötigt, die am besten aus dünnem Karton ausgeschnitten werden. Diese gestaltet ihr entsprechend den abgebildeten Karten von Italien. Für jeden ausgewählten Staat braucht ihr deshalb eine Briefmarke und das Foto einer Sehenswürdigkeit (Fremdenverkehrsprospekt, Ansichtskarte). Alle zusätzlichen Informationen entnehmt ihr dem Atlas, dem Erdkundebuch oder einem Lexikon.

Die fertigen Spielkärtchen können abschließend mit Selbstklebefolie überzogen werden.

Viel Spaß beim Basteln und Spielen!

„Wir reisen durch Europa"

Im Laufe dieses Schuljahres habt ihr europäische Landschaften und Städte kennengelernt und manches Interessante erfahren. Mit diesem Wissen könnt ihr ein Würfelspiel entwickeln:

Als Spielplan dient eine (vielleicht selbst gezeichnete) Karte von Europa. Mit Klebepunkten markiert ihr die „Reiseroute", die an möglichst vielen interessanten Orten vorbeiführen sollte. Diese „Sonderfelder" werden farbig gekennzeichnet. Nun müsst ihr euch überlegen und aufschreiben, was ein Mitspieler tun muss, wenn er auf ein solches Feld kommt, z.B.

- Keine Wartezeit am Eurotunnel. Das Auto wird sofort verladen. Würfle noch einmal!
- Du machst eine Stadtrundfahrt in Warschau. Zwei Felder voran!
- Wie heißt die Hauptstadt des Landes, in dem du dich gerade befindest? Wenn die Frage nicht beantwortet werden kann, zehn Felder zurück!
- ...

Nun benötigt ihr noch einen Würfel und für jeden Mitspieler eine Spielfigur. Viel Spaß!

136.1 Algarve in Portugal

136.2 Heckenlandschaft in England

Die Vielfalt Europas im Spiegel seiner Länder

137.1 Weinanbau in Frankreich

137.2 Karstlandschaft in Griechenland

Einzelbilder ausgewählter Länder

138.1 Anbaugebiete und Produkte der Landwirtschaft

Legende:
- Milchwirtschaft
- Grünlandwirtschaft (Milch und Fleisch)
- Ackerbau und Viehzucht
- Getreide (vorwiegend Weizen und Mais)
- Weinbau
- Obst und Gemüse

1. Frankreich – von der Landwirtschaft zur Spitzentechnik

Landwirtschaft und Klima

Der Atlantik und das Mittelmeer beeinflussen das Klima in Frankreich. Die milden, feuchten Luftmassen vom Atlantischen Ozean können weit in das Landesinnere dringen. So findet man im größten Teil Frankreichs kaum Frost und reichlich Niederschläge. An der Mittelmeerküste herrscht sommertrockenes Klima, das sich auch über das Rhônetal weit nach Norden für den Obst- und Weinanbau vorteilhaft auswirkt.

In der **Bretagne** und der **Normandie** bietet das feuchte Meeresklima gute Voraussetzungen für den Anbau von Gemüse und für eine intensive Weidewirtschaft.

Im **Pariser Becken** werden Weizen, Zuckerrüben und Kartoffeln angebaut. Außerdem spielt der Weinbau eine Rolle.

Der **Mittelmeerbereich** leidet unter Sommertrockenheit. Daher sind die Böden landwirtschaftlich kaum zu nutzen. Bewässerungssysteme erlauben den Bauern jedoch einen ertragreichen Anbau von Obst, vor allem von Wein. Allerdings führt die einseitige Nutzung der Böden, die Monokultur, zu Problemen. Schädlinge und Krankheiten können zu großen Schäden führen.

In den **Gebirgsregionen** der Westalpen und der Pyrenäen wird Rinderzucht und Schafhaltung betrieben.

1. Welche Produkte aus der französischen Landwirtschaft kennst du?
2. Beschreibe die Karte (138.1). Wo liegen die Gunsträume und Ungunsträume der Landwirtschaft in Frankreich?

139.1 Triebwerk der Trägerrakete „Ariane"

139.2 Wichtige Industriestandorte

- Milchwirtschaft
- Grünlandwirtschaft (Milch und Fleisch)
- Ackerbau und Viehzucht
- Getreide (vorwiegend Weizen und Mais)
- Weinbau
- Obst und Gemüse

Frankreich
ist die fünftgrößte Industrienation der Erde,
baut die schnellsten Züge der Welt,
erzeugt drei Viertel seines Strombedarfs aus Atomkraft,
fertigt Raketen und Satelliten für die Raumfahrt,
ist nach den USA der wichtigste Flugzeughersteller in der Welt,
gibt mehr Geld für Forschung und Entwicklung aus als Deutschland.

139.3 TGV – Frankreichs Hochgeschwindigkeitszug

Technik und Industrie

Fauchend steigt die *Ariane-Rakete* vom Raketenzentrum in Französisch-Guayana in den Himmel. Die französischen Techniker und Ingenieure klatschen Beifall. Genauso stolz sind die Konstrukteure für den Hochgeschwindgkeitszug. Ihr TGV fuhr schon 1990 auf einer Rekordfahrt 515 km in der Stunde! Über 50 Atomkraftwerke erzeugen Strom und speisen ihn in andere europäische Netze ein.

Die Betriebe der Hochtechnologie liegen in ganz Frankreich. Hier werden neueste Forschungsergebnisse getestet und angewendet. Eine große Rolle spielen Elektronik und Informatik. Sie ermöglichen die schnelle Übertragung von Nachrichten. Die „jungen" Industrien wie Auto-, Flugzeug- und Elektronikindustrie nahmen im Raum von Paris ihren Anfang.

Bald wurde der Platz für die größer werdenden Fabriken und die Zulieferbetriebe knapp. Deshalb lagerte man wichtige Industriezweige aus. In Toulouse (sprich: tulus) ist das Zentrum des europäischen Flugzeugbaus. Betriebe des Maschinen- und Fahrzeugbaus, der Textil- und Lederindustrie sind in die Räume von Marseille (sprich: marßeij) Lyon, Bordeaux (sprich: bordo), nach Lothringen und in den Norden umgezogen.

Viele Fachkräfte, Forscher und Wissenschaftler lassen sich in Paris ausbilden. Daher werden viele Betriebe in das Pariser Becken zurückverlegt. Hier ist das bedeutendste Hightech-Zentrum.

1. Nenne Beispiele für Frankreichs Spitzentechnik.

2. Beschreibe, wie die Industrieschwerpunkte über das Land verteilt sind.

140.1 Einheimische und Ausländer

2. Paris – viele Nationalitäten in einer Stadt

Paris ist das Zentrum Frankreichs. Seit tausend Jahren ist es die Hauptstadt des Landes. Von Paris aus wird Frankreich verwaltet. Banken, Versicherungen und die Verwaltungen großer Industriebetriebe haben hier ihren Hauptsitz. Paris ist berühmt wegen seiner Sehenswürdigkeiten und lockt jedes Jahr Millionen von Touristen an. Ein halbes Jahr lang könnte der Besucher jeden Tag in ein anderes Museum gehen.

Zuwanderer aus ganz Frankreich und aus dem Ausland zieht es in die Hauptstadt. Jeder fünfte Franzose lebt in Paris. Zwei Millionen Einwohner hat die Stadt selbst. Im Großraum leben 11 Millionen Menschen, davon mehr als 800 000 Ausländerinnen und Ausländer.

140.2 Der Eiffelturm, das alte Wahrzeichen

140.3 La Grande Arche, ein neues Wahrzeichen

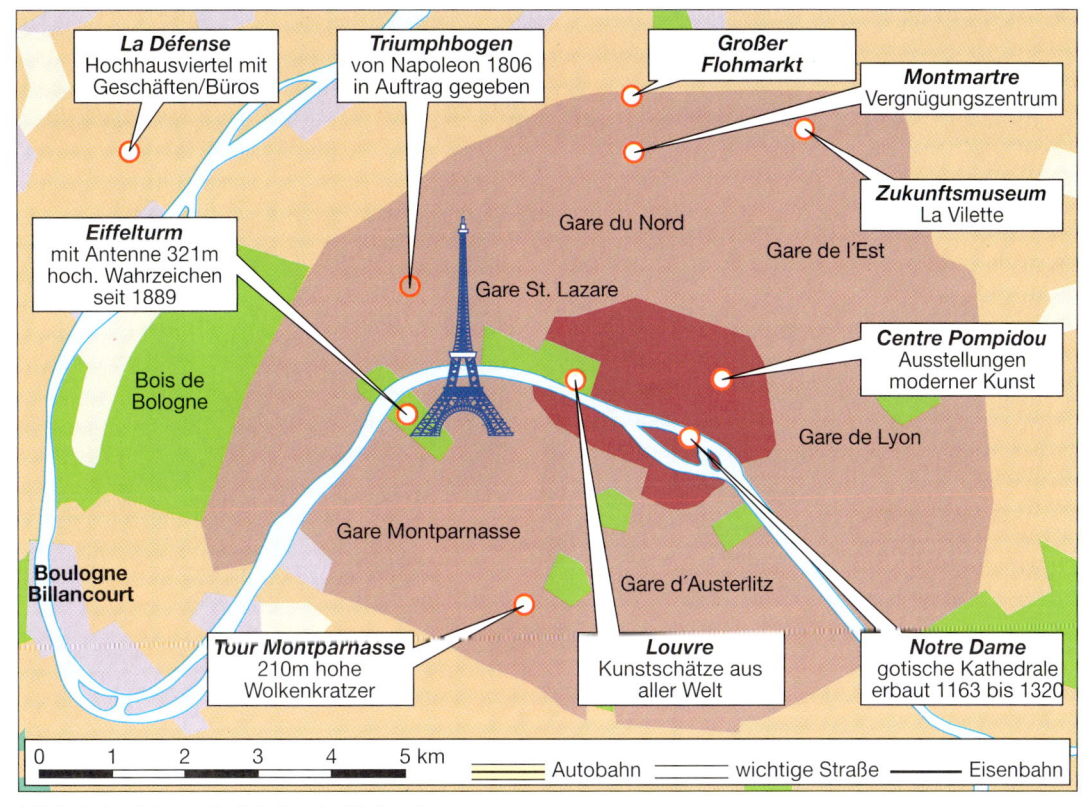

La Défense Hochhausviertel mit Geschäften/Büros

Triumphbogen von Napoleon 1806 in Auftrag gegeben

Großer Flohmarkt

Montmartre Vergnügungszentrum

Eiffelturm mit Antenne 321m hoch. Wahrzeichen seit 1889

Gare du Nord

Gare de l'Est

Zukunftsmuseum La Vilette

Gare St. Lazare

Bois de Bologne

Centre Pompidou Ausstellungen moderner Kunst

Gare de Lyon

Gare Montparnasse

Boulogne Billancourt

Gare d'Austerlitz

Tuur Montparnasse 210m hoher Wolkenkratzer

Louvre Kunstschätze aus aller Welt

Notre Dame gotische Kathedrale erbaut 1163 bis 1320

0 1 2 3 4 5 km — Autobahn — wichtige Straße — Eisenbahn

141.1 Einige Sehenswürdigkeiten der Weltstadt

Die meisten Ausländerinnen und Ausländer sind Flüchtlinge aus den früheren französischen Kolonien. Sie kommen aus Algerien, Marokko und Tunesien, aus dem Nahen Osten und aus Schwarzafrika, aus Vietnam, Laos und Kambodscha und aus Ozeanien. Sie bevölkern inzwischen schon ganze Stadtteile.

Vor 60 Jahren entstanden in den Vororten die ersten riesigen Wohnblocks. Wohnungen sind in Paris immer noch knapp und sehr teuer. Eine halbe Million Wohnungen sind eigentlich nicht mehr bewohnbar. 300 000 Menschen warten auf eine Sozialwohnung. Deshalb soll ein Doppelkranz von neuen Städten in den Umlandgemeinden das Zentrum entlasten. Die Architekten dürfen die Hochhäuser nicht mehr höher als 30 Stockwerke bauen. Die neuen Städte sind für Abwanderer aus Paris, für die Zuwanderer aus anderen Landesteilen und für die Einwanderer gedacht.

In wenigen Jahren wird „Groß-Paris" 15 Millionen Einwohner haben – so viel wie Schleswig-Holstein, Mecklenburg-Vorpommern, Hamburg, Niedersachsen und Bremen zusammen.

1. Nenne einige Beispiele, warum so viele Touristen nach Paris kommen.
2. Suche auf einer Weltkarte die Herkunftsländer der ausländischen Zuwanderer.
3. Welche Probleme hat Paris, weil so viele Menschen dort leben und arbeiten wollen?

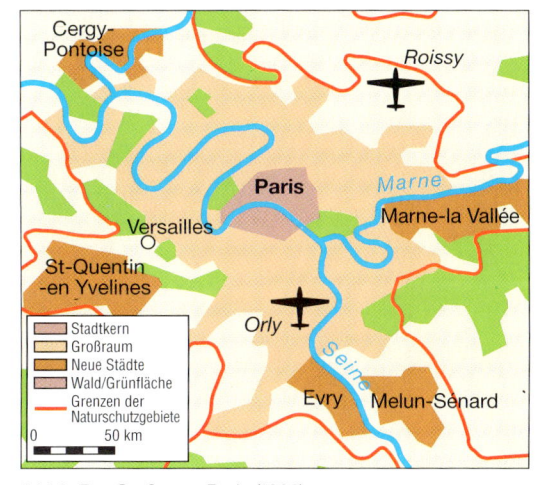

141.2 Der Großraum Paris (1996)

142.1 Textilfabrik um 1880

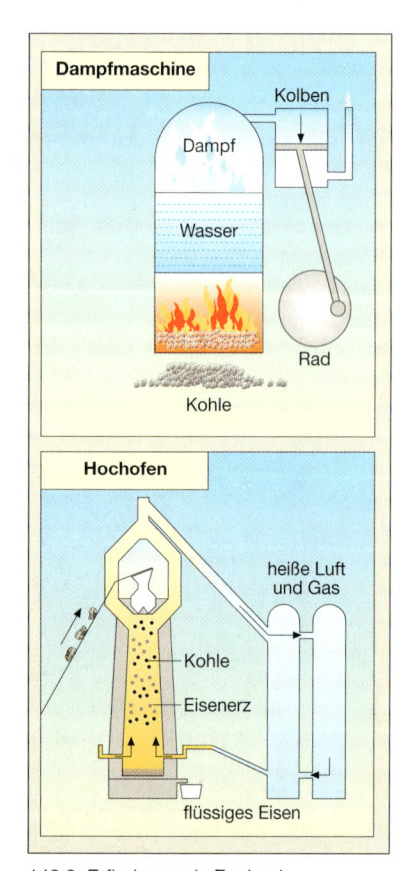

Dampfmaschine
Kolben
Dampf
Wasser
Kohle
Rad

Hochofen
heiße Luft und Gas
Kohle
Eisenerz
flüssiges Eisen

142.2 Erfindungen in England vor 200 Jahren

3. England – die Wiege der modernen Industrie

Manchester, 5. Juli 1835

Auf dem Gipfel der Hügel erheben sich dreißig oder vierzig Fabriken. Mit ihren sechs Stockwerken ragen sie hoch in die Luft und künden weithin von der Ansammlung der Industrie.

Der Boden ringsherum ist schon aufgewühlt, an tausend Stellen aufgerissen; aber er ist noch nicht von menschlichen Siedlungen bedeckt. Die Straßen, welche die einzelnen, noch schlecht zusammengefügten Teile der großen Stadt miteinander verbinden, bieten wie alles andere auch das Bild eines hastigen und noch nicht vollendeten Werkes. Einige dieser Straßen sind gepflastert, aber die Mehrzahl besteht aus Buckeln und schlammigem Boden, in dem der Fuß des Passanten oder der Wagen des Reisenden einsinkt.

Ein dichter Qualm liegt über der Stadt. Durch ihn hindurch ist die Sonne nur schemenhaft zu erkennen. In diesem verschleierten Licht bewegen sich unablässig dreihunderttausend Menschen. Tausend Geräusche ertönen ununterbrochen: die Schritte einer geschäftigen Menge, das Knarren der Zahnräder, das Zischen des Dampfes, der dem Kessel entweicht, das gleichmäßige Hämmern des Webstuhles, das schwere Rollen der Wagen.

(nach: Alexis de Toqueville, Die neue Welt der Industrie. Notizen von einer Reise nach England 1835)

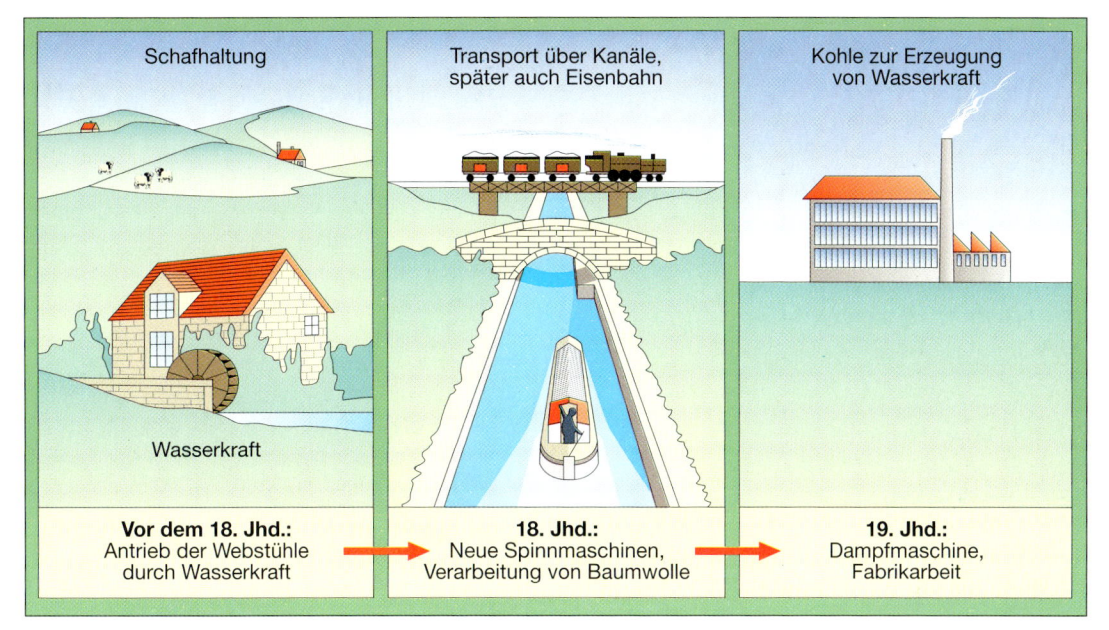

143.1 Der Anfang der Textilindustrie

Schafhaltung	Transport über Kanäle, später auch Eisenbahn	Kohle zur Erzeugung von Wasserkraft
Wasserkraft		
Vor dem 18. Jhd.: Antrieb der Webstühle durch Wasserkraft	**18. Jhd.:** Neue Spinnmaschinen, Verarbeitung von Baumwolle	**19. Jhd.:** Dampfmaschine, Fabrikarbeit

Die Erfindung des Webstuhles ermöglichte die Verarbeitung von Naturfasern und Wolle zu Stoffen. Die Textilverarbeitung fand in Mittelengland günstige Bedingungen (Standortvoraussetzungen) vor:
- Es gab bereits die Verarbeitung von Flachs. Flachs ist eine etwa 1 m hohe Pflanze. Die Fasern der Stengel verarbeiteten Weber in Heimarbeit zu festen Tüchern, dem Leinen.
- Die Wolle der Hochlandschafe verspannen Weber zu Fäden und verarbeiteten sie zu Stoffen.
- Die Wasserkraft der Flüsse trieben Spinnmaschinen und Webstühle an.

Die Erfindung der Dampfmaschine ermöglichte die maschinelle Herstellung. Die Stoffe konnten preiswerter und in großen Mengen hergestellt werden. Der benötigte Energierohstoff Kohle war in der Nähe. Neben den Textilrohstoffen Flachs und Schafwolle wurde nun auch Baumwolle aus Übersee verarbeitet. Der Hafen Liverpool war der Hauptumschlagplatz für die Wolle. Zunächst wurden die Rohmaterialien auf Binnenschiffen nach Manchester transportiert. Nach der Erfindung der Dampflokomotive entstand zwischen Liverpool und Manchester die erste Eisenbahnstrecke.

Für die Herstellung der Maschinen, Eisenbahnen, Schiffe und Brücken benötigten man große Mengen an Eisen. Die Erfindung des Hochofens ermöglichte die Umwandlung von Eisenerz in Roheisen in großen Mengen. In Mittelengland gab es Kohle und Eisenerzvorkommen. Unzählige Hochöfen wurden hier gebaut. In kürzester Zeit entstanden die Großstädte Manchester, Leeds, Birmingham und Sheffield.

1. Erkläre den Begriff „günstiger Standort".
2. Nenne Folgen der Industrialisierung für die Menschen (Text S. 142).
3. Was wurde in England erfunden? Nenne die Auswirkungen dieser Erfindungen.

143.2 Zug auf der Strecke Birmingham – London

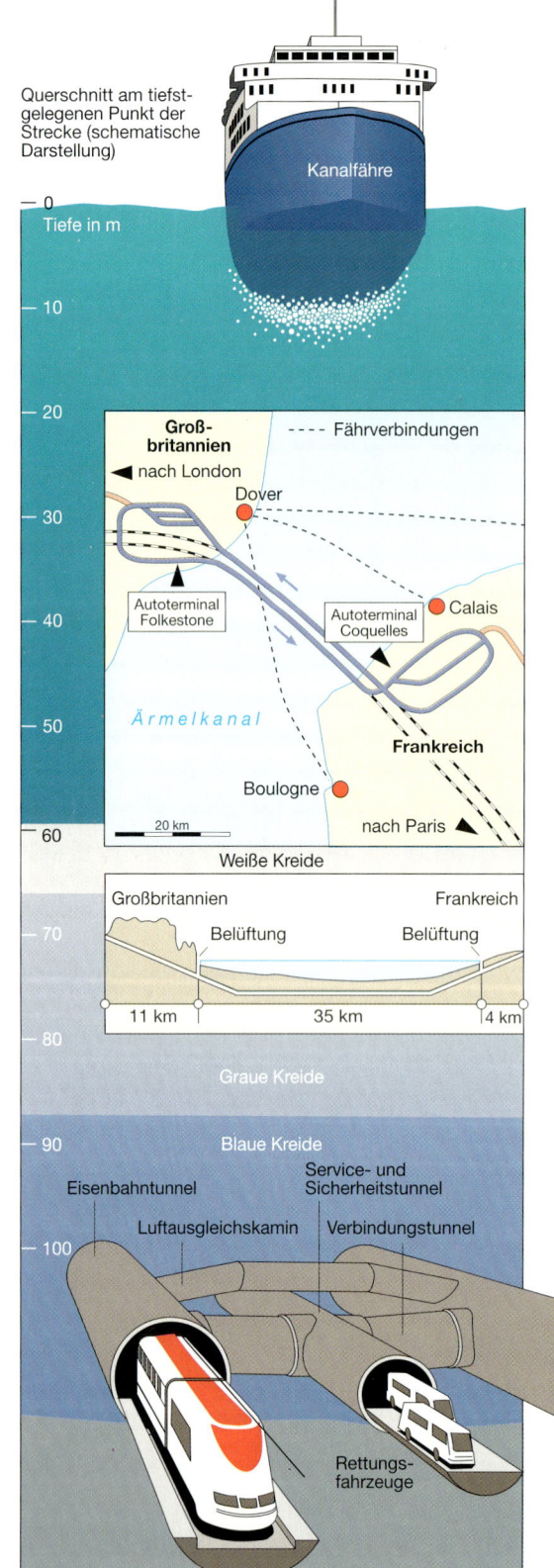

DIE AUTOBAHN NACH ENGLAND

Kommen Sie an Bord von „Le Shuttle", dem doppelstöckigen Pendelzug durch den Eurotunnel, und Sie werden überrascht sein, wie schnell und problemlos Sie die andere Kanalseite erreichen. Das Be- und Entladen dauert jeweils nur eine Viertelstunde, die Fahrt mit dem Shuttlezug nur 30 Minuten. Sie kommen also in gut einer Stunde von Frankreich nach England und zurück.

Le Shuttle verkehrt das ganze Jahr, täglich rund um die Uhr. Tagsüber fahren jeweils drei Züge pro Stunde, in der Nacht mindestens einer in jede Richtung durch den Kanal, pro Zug etwa 200 Fahrzeuge. Sie sind völlig unabhängig vom Wetter – von stürmischen Winden, rauer See – und den Gezeiten. So können keine Störungen auftreten und Sie müssen nie lange warten.

(aus einem Reiseprospekt)

4. Durch den Eurotunnel nach London

Seit über 200 Jahren gibt es Vorschläge, Frankreich und Großbritannien mit einem Tunnel zu verbinden. Aber erst seit 1994 fahren die Hochgeschwindigkeitszüge durch den „Eurotunnel". Großbritannien hatte vorher einen Tunnel immer wieder abgelehnt, weil es Nachteile für das Land befürchtete. Allein in der Stadt Dover kamen früher täglich 76 Fähren an. Sie brachten mehr als 18 Mio. Menschen und über eine Mio. Lkw im Jahr. Jetzt fürchten die Einwohner von Dover, dass Tausende von Arbeitsplätzen verloren gehen.

Die Franzosen haben auf ihrer Seite extra einen Bahndamm für die Hochgeschwindigkeitszüge gebaut und auch gute Zufahrtstraßen zu den Autobahnen geschaffen. In Südengland ist die Anbindung an den Eurotunnel noch nicht so gut.

Der Pendelzug „Le Shuttle" verkehrt in 35 Minuten zwischen den Terminals Folkestone und Coquelles, wo die Autos auf doppelstöckige Großwaggons verladen werden.

Der Schnellzug „Eurostar" bewältigt die Strecke zwischen London und Paris in drei Stunden.

144.1 Der Eurotunnel

145.1 Blick auf die City of London

145.2 Der Büroturm Canary Wharf Tower

In der Weltstadt London

Wiebke kehrt begeistert von ihren Sprachferien in London zurück. Ganz toll fand sie die Rundfahrt im Doppeldeckerbus. Sie erzählt von den Kaufhäusern Selfridges und Harrods, den Einkaufsstraßen Oxford Street und Regent Street, den vielen Museen, dem Buckingham Palast und dem Hyde Park. Natürlich hat sie auch Big Ben, den Tower und das Parlament besichtigt. Das Jugendhotel, in dem sie untergebracht war, liegt in der Baker Street. Ganz in der Nähe ist das Wachsfigurenkabinett. Dort werden bekannte Personen in Wachs nachgebildet und ausgestellt. Wiebke war auch erstaunt, dass in London so viele Menschen aus Indien, Pakistan, Bangla Desh und Afrika leben.

Der alte Kern von London ist die **City.** Hier wohnen nur noch wenige Menschen. Die Mieten sind sehr hoch. Heute ist die City eine Geschäftsstadt mit Regierungsgebäuden, Warenhäusern, eleganten Geschäften, Versicherungen und Banken.

In London findet man alle wichtigen britischen Banken und über 400 ausländische Geldinstitute. Die Stadt ist der „Marktplatz der Welt". An der Börse werden Aktien, das sind Firmenanteile, verkauft oder gekauft. Hier werden auch die Weltmarktpreise für Gold und Kupfer, für Baumwolle und Kakao festgesetzt.

Die Docklands. Im Herzen Londons, an der London Bridge, liegen die Docklands. Das ist der alte Hafen von London. Er zieht sich 17 Kilometer an der Themse entlang. Das Wasser in der Themse steigt und fällt mit den Gezeiten. Wegen des Tidenhubs mussten die Hafenanlagen Schleusen haben. Heute fahren große Schiffe London nicht mehr an. Supertanker können an der Themsemündung festmachen und Containerschiffe laufen den Hafen Tilbury an. Viele alte Lagerhäuser in den Docklands wurden abgerissen. Andere baute man zu Wohnungen und Büros um. Einige alte Hafengebäude sind jetzt Luxuswohnungen mit eigenen Bootshäfen.

Riesige Stahl- und Glasbauten entstanden. Die Bürotürme sollen die City entlasten. Viele Betriebe aus der Innenstadt sind hierher umgezogen. Die meisten Zeitungen werden von den großen Druckereien in den Docklands gedruckt. Die Stadtplaner hoffen, dass auch 100 000 Menschen in den Docklands eine neue Wohnung finden.

1. Erkläre, warum der Eurotunnel eine wichtige Verbindung für Großbritannien ist.
2. Beschreibe die Lage der City of London und der Docklands (Atlas).
3. Nenne Gründe, warum die Docklands sich zu einem neuen Zentrum herausbilden.

146.1 In Mailand

146.2 In Neapel

5. Italien – zwei Länder in einem?

Im Norden:
Wir kommen mit dem Auto vom Brenner-Pass herunter. Als wir Verona erreichen, liegt die weite Poebene vor uns. Soweit das Auge reicht, sehen wir Reis-, Weizen- und Zuckerrübenfelder. Die Bauern bringen hier die Hälfte der italienischen Ernte an Weizen, Reis und Zuckerrüben ein. Sie nutzen ihre Felder intensiv mit Hilfe von Bewässerungsanlagen und viel Mineraldünger. Die meiste italienische Butter und der meiste Käse stammen aus der Poebene. Vieh sehen wir nicht. Es steht in Ställen. Wir sind erstaunt über die vielen Weinfelder. Zuerst können wir nicht glauben, dass die Hälfte des italienischen Weins von hier kommt.

Auf gut ausgebauten Straßen fahren wir weiter über Modena und Mailand nach Turin. Das ist nicht das romantische Italien, das wir uns vorgestellt hatten. Hier herrscht die Industrie vor. Mailand und Turin sind die Wirtschaftszentren Italiens. Hochhäuser mit Banken, Versicherungen und Einkaufspassagen bestimmen das Bild der Innenstädte. Endlose Industriegebiete prägen die Außenbezirke. Die großen Industriezentren liegen alle im Norden Italiens. Kraftfahrzeuge und Flugzeuge, Motoren und Computer von hier werden überall auf der Welt verkauft. Manche sagen, in Mailand verdienen die Menschen das Geld und die Römer geben es dann aus.

Im Süden:
Ein Dorf in Kalabrien: Der Dorfplatz ist staubig. Es ist heiß. Etwa zwanzig Männer sitzen unter schattigen Bäumen auf den Steinbänken. Sie unterhalten sich leise oder dösen gelangweilt vor sich hin. Arbeit hat keiner von ihnen. Hin und wieder ergibt sich eine Gelegenheit, für ein paar Lire auf dem Weingut zu helfen. Manchmal dürfen sie auch einen Botengang für einen Geschäftsmann machen. Das ist selten genug. Aber davon können sie kaum eine Familie ernähren. Und die kleinen Hausgärten reichen gerade für etwas Gemüse. Weil es keine Arbeit gibt, haben die jungen Leute längst das Dorf verlassen. Zurück bleiben nur die alten Männer und die alten Frauen.

Neapel, Großstadt im Süden: Während in Mailand die Kinder zur Schule gehen, laufen zur gleichen Zeit in den Altstadtgassen von Neapel Tausende von Kindern geschäftig hin und her. Sie sind ganz außer Atem. Elfjährige tragen Tabletts mit Espresso auf dem Kopf. Sie bringen den Kaffee in Büros und Handwerksbetriebe. Sie tragen Lasten und machen Botengänge. Sie schuften zwölf Stunden am Tag. Ihr Lohn ist gering, aber sie tragen zum Familieneinkommen bei.
Der alte Bürgermeister sagt dazu traurig: „Sie werden keine Arbeit finden, weil sie in der Schule nichts gelernt haben. Sie gehen nicht zur Schule, weil sie arbeiten müssen."

(nach: „Il Giorno", Mailänder Tageszeitung)

Der reiche Norden

Im Norden Italiens liegen alte Handelsstädte. Geschickte Handwerker und wagemutige Kaufleute genossen hohes Ansehen. Besonders der Handel brachte den Städten Reichtum. Banken verwalteten das Geld der Kaufleute und liehen es für neue Unternehmungen aus. Die Bauern ernährten die Stadtbevölkerung, denn die Poebene ist eine fruchtbare Kornkammer. Aus Handwerksbetrieben wurden später oft Fabriken.

Italien gehört zur Europäischen Wirtschaftsgemeinschaft. Das erleichterte den Austausch von Waren mit den anderen Mitgliedsländern. Der Ausbau der Verkehrswege über die Alpen stärkte die Wirtschaftskraft Norditaliens. Die meisten Exportgüter werden hier hergestellt. Die Industrie ist vielseitig und wächst kräftig. Mailand und Turin sind Zentren der italienischen Hightech-Industrie. Die Menschen verdienen mehr als in anderen Regionen. Sie können sich deshalb mehr leisten.

Der arme Süden

Südlich von Rom beginnt der Mezzogiorno (ital. Mitte des Tages, Süden). Die Landwirtschaft spielt seit Jahrhunderten die Hauptrolle. Das Land gehörte früher meist wenigen Großgrundbesitzern. Sie beschäftigten nur in der Erntezeit viele Landarbeiter. Die Landwirtschaft bringt wegen der Trockenheit oder des schlechten Bodens wenig ein. Oft bearbeiten die Bauern nur Land, das sie von einem Großgrundbesitzer gepachtet haben. Wenn sie aufgeben, weil sich Kleinbetriebe nicht lohnen, finden sie nirgendwo Arbeit. Die Industrie zögerte mit dem Bau von Fabriken.

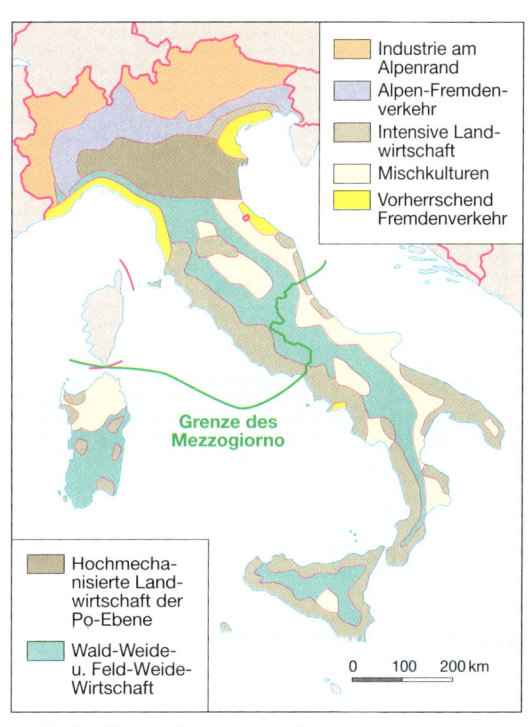

1472 Die Wirtschaftsregionen Italiens

Gut ausgebildete Industriearbeiter gibt es kaum. Der Südrand Europas ist kein wichtiger Absatzmarkt. Zu den Märkten im Norden ist der Weg weit. Der Mezzogiorno bleibt ein „Armenhaus".

1. Berichte über die Vorteile Norditaliens gegenüber dem Süden des Landes.
2. Überlege, welche Menschen den Mezzogiorno verlassen. Nenne einige Auswirkungen.

147.1 Autowerk im Norden: Turin

147.3 Kartoffelernte auf Sizilien

148.1 Das Kolosseum

148.2 Neptun- Brunnen auf der Piazza Navona

6. Rom – Hauptstadt Italiens und Stadt des Papstes

Ein kleiner Rundgang

Rom ist über 2700 Jahre alt. Heute leben hier drei Mio. Einwohner. Jedes Jahr besuchen über 15 Mio. Touristen die Stadt. Wenn sie mit der Bahn kommen, steigen sie am Zentralbahnhof aus, dem Termini. Flugzeuge landen auf dem Flughafen „Leonardo da Vinci" (sprich wintschi). Er liegt 28 km vom Zentralbahnhof entfernt. Viele Straßen in der Innenstadt sind für Autos gesperrt. Nur Fahrräder sind zugelassen.

Unsere erste Station bei der Stadtbesichtigung ist das *Forum Romanum*. Ein Forum ist ein Marktplatz. Hier war vor über 2000 Jahren das Zentrum des Römischen Weltreiches. Siegreiche Feldherren ließen auf dem Forum ihre Soldaten und Gefangenen vorbeimarschieren. Das *Kolosseum* war ein riesiger Kampfplatz, eine Arena. 85 000 Zuschauer konnten hier den Kämpfen zwischen den Schwertkämpfern, das waren die Gladiatoren, und wilden Tieren zusehen.

Uns fallen die vielen Kirchen und schönen alten Paläste auf. Einer davon ist der *Quirinals-Palast*. Der Quirinal ist einer der sieben Hügel, auf denen Rom erbaut wurde. Der Palast ist Sitz des italienischen Staatspräsidenten.

Unsere nächste Station ist der *Trevi-Brunnen*. Wer eine Münze in den Brunnen wirft, kommt wieder nach Rom. An der *Spanischen Treppe* treffen sich Touristen und Einheimische. Musiker spielen bis spät in die Nacht. Die Spanische Treppe hat ihren Namen von der Spanischen Botschaft oberhalb der Treppe. Wir überqueren nun die *Via del Corso*. Am Parlamentsplatz bleiben wir vor einem weiteren Palast stehen. Hier tagen die Abgeordneten des italienischen Parlaments. Die Stadtplaner haben vor, im Osten der Stadt ein neues Büroviertel entstehen zu lassen. Alle Regierungsstellen aus dem Zentrum sollen dorthin umziehen. Aber vorerst fehlt noch das Geld für die Bürostadt. Rom hat kaum Industrie. Die meisten Römerinnen und Römer arbeiten bei Behörden, Banken und Versicherungen.

Bevor wir den nächsten Haltepunkt erreichen, müssen wir den *Tiber* überqueren. Der Tiber ist ab Rom kanalisiert, sodass kleinere Schiffe ihn befahren können. Die *Engelsburg* war früher eine Festung. Vor über 1400 Jahren wütete eine schwere, ansteckende Krankheit, die Pest. Ein Engel erschien dem Papst und verkündete das Ende des „schwarzen Todes".

Wir gehen eine Prachtstraße entlang und sind im *Vatikan*. Die italienische Hauptstadt beherbergt den kleinsten Staat der Welt. Hier steht die größte Kirche der Welt, der *Petersdom*. Der Vatikan ist Sitz des Papstes. Die Kunstsammlungen sind unschätzbar. Auf dem *Petersplatz* versammeln sich Gläubige aus der ganzen Welt. Im Heiligen Jahr 2000 erwartet Rom noch mehr Besucher als sonst.

1. Nenne einige der Sehenswürdigkeiten und suche sie auf dem Stadtplan (Abb. 149.2).
2. Erkläre, warum der Vatikan eine so große Bedeutung hat.

149.1 Petersplatz; im Hintergrund die Engelsburg

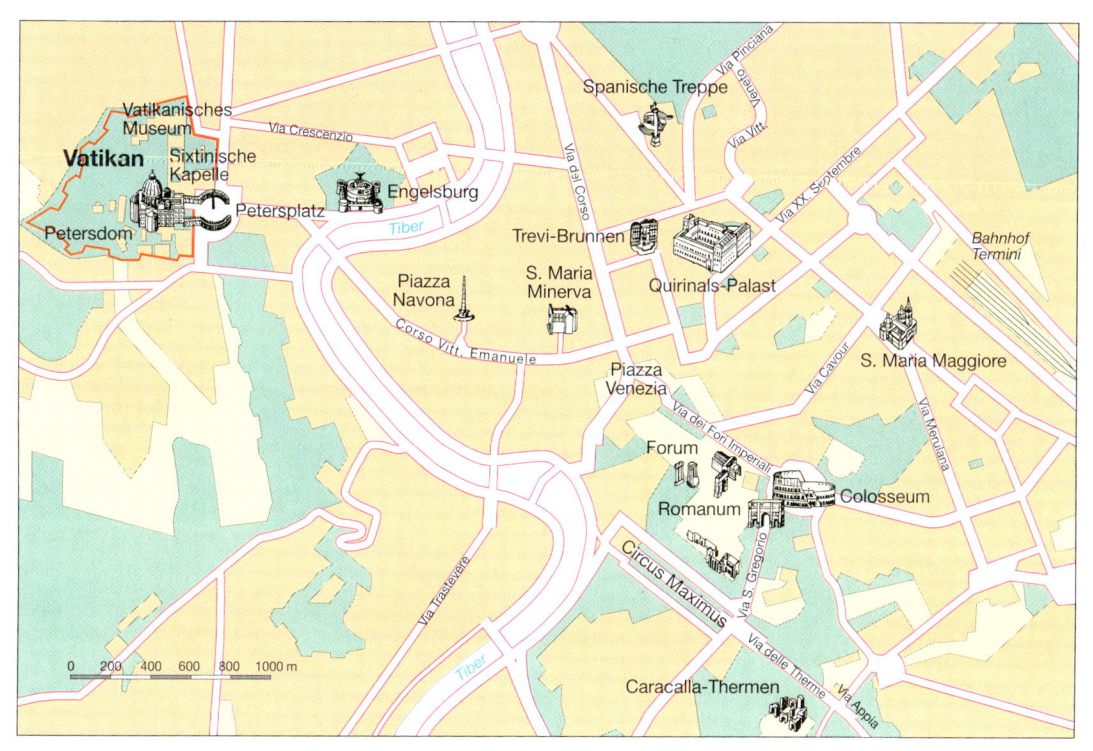

149.2 Die wichtigsten Sehenswürdigkeiten in der Innenstadt

150.1 In der Altstadt von Krakau. Krakau war bis 1550 polnische Hauptstadt.

150.2 An der Ostseeküste

Wusstest du, dass
- Polen nur 35 000 km² kleiner ist als Deutschland,
- Polen ein Land in Mitteleuropa ist,
- Polens Einwohnerzahl um die Hälfte kleiner ist als die von Deutschland,
- die Hauptstadt Warschau fast so viele Einwohner hat wie Hamburg, nämlich 1,7 Millionen Menschen,
- die Elbe 120 km länger ist als die Weichsel,
- Polen ein Industriestaat ist,
- das Einkommen eines Facharbeiters in Deutschland zehnmal höher ist als in Polen,
- polnische Bauarbeiter und Kunsthandwerker in Deutschland alte Gebäude wieder herrichten?

7. Unser Nachbar Polen

An der Ostseeküste ziehen sich breite Sandstrände hin. Dünenwälle und Steilänge überragen die Strände. In Nordpolen gibt es große Wälder und malerische Seenplatten wie in Schleswig-Holstein. Mittelpolen zwischen den Flüssen Oder und Bug ist ein breites Tiefland. Es ist das größte landwirtschaftliche Gebiet Polens. Im Süden erstrecken sich Gebirge: die Sudeten und die Karpaten. Die Hohe Tatra ist so hoch wie die Alpen.

Die Einwohner Polens sind dagegen, dass der Westen ihr Land zu Osteuropa rechnet. Das galt für die Zeit nach dem Zweiten Weltkrieg, als Europa in zwei Teile getrennt war. Polen ist ein Brückenland. Es verbindet West- und Osteuropa sowie Skandinavien und die Donauländer.

Deutschland und Polen haben einen Vertrag über gute Nachbarschaft und Zusammenarbeit geschlossen. Einige Schulen haben Patenschaften mit polnischen Schulen. Jedes Jahr fahren deutsche Jugendliche nach Polen und polnische Schülerinnen und Schüler kommen für einige Wochen nach Deutschland.

1. Nenne die Nachbarstaaten Polens (Atlas). Woran erkennst du, dass Polen ein Industrieland ist?
2. Die Pfadfinder haben in Polen eine große Bedeutung. Was ist anders als bei deutschen Pfadfindern?
3. Achte an deinem Schulort auf Ausstellungen, Konzerte oder andere Veranstaltungen von polnischen Künstlern.

Ein polnischer Pfadfinder berichtet:
"Unsere Zeichen sind das polnische Pfadfinderkreuz und die Lilie. Wenn ein Jugendlicher bei den Pfadfindern eintritt, verspricht er: "Ich habe den ehrlichen Willen, Gott und Polen von ganzem Herzen zu dienen, den Mitmenschen zu helfen und den Regeln der Pfadfinder zu gehorchen." Das Wort Gott können die Jugendlichen, die nicht an Gott glauben, weglassen. Früher erwartete der Staat, dass wir bei allen Feiertagen an den Aufmärschen mitmachen. Wir mussten zum Beispiel am 1. Mai mitmarschieren. Das ist heute nicht mehr so. Das Leben in den Pfadfinderlagern macht uns viel Spaß. Nur wenige haben noch die Uniformen wie früher. Die meisten tragen Jeans und T-Shirts."

151.1 In einem Pfadfinderlager

Rohstoffreiches Industrieland

Wichtigster Bodenschatz ist die Steinkohle. Viele Förderanlagen sind veraltet. Polen verkauft die Steinkohle auch in das Ausland. Deutschland gehört mit zu den Abnehmern. Steinkohle ist die Grundlage für die Schwerindustrie. Das wichtigste Industriegebiet liegt im Süden. In dem Oberschlesischen Industrierevier belasten Abgase aus den Fabriken die Umwelt stark. Das Industriegebiet um Lodz ist bekannt für seine Textilindustrie. In Warschau werden Maschinen und Fahrzeuge hergestellt. Stettin (Szczecin) und Danzig (Gdansk) sind Hafenstädte mit Schiffbau und Fischerverarbeitung. Viele ausländische Firmen bauen in Polen Fabriken. Eine der größten ist das Opelwerk in Gleiwitz (Gliwice).

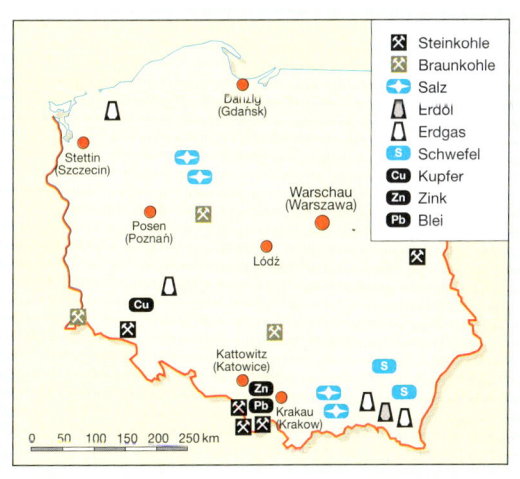

151.2 Rohstoffvorkommen

Landwirtschaft im Wandel

Ein Bauer erzählt: *"Unser Dorf liegt 60 km von Warschau entfernt. Ich habe im Jahr 1955 den Hof übernommen. Das Holzhaus war verfallen und wir haben es ausgebessert. Alle Gebäude waren nur mit Stroh gedeckt. Später haben wir das Holzhaus abgerissen und ein neues Steinhaus gebaut. Als ich mit der Landwirtschaft anfing, da gab es nur eine Sense und einen Pflug und ein Pferdchen. Einen Dreschflegel hatten wir auch. Richtige Straßen gab es nicht. Mein Hof ist 12 ha groß. Wir bauen alles Mögliche an: Kartoffeln, ein bisschen Kürbis und Getreide. Meine Frau versorgt die Hühner und die beiden Kühe. Wir haben auch jetzt keinen Luxus hier, aber vieles ist besser geworden."*

151.3 Getreideernte bei einem Kleinbauern

1945

8. Warschau – die Hauptstadt Polens

Am 1. September 1939 brach der Zweite Weltkrieg aus. Deutschland überfiel zuerst Polen. In Warschau lebten damals 1,4 Millionen Menschen. Innerhalb von wenigen Wochen besetzten deutsche Truppen die polnische Hauptstadt. Tausende von Einwohnern wurden in Konzentrationslager gesperrt oder als Zwangsarbeiter nach Deutschland verschleppt. 400 000 Juden waren in einem Getto eingepfercht, einem mit einer Mauer umschlossenen Stadtgebiet, das nur zwei Durchlässe hatte. Überall kämpften Menschen im Untergrund gegen die deutsche Besatzung. Aber der Kampf war ungleich.

Im Getto kam es zu einem Aufstand, den die deutschen Truppen mit äußerster Härte bekämpften. Bei diesem Kampf gingen alle Häuser im Getto in Flammen auf. Die Bewohner wurden umgebracht oder in Konzentrationslager abtransportiert. Auch der Warschauer Aufstand der polnischen Heimatarmee im Herbst 1944 wurde blutig niedergeschlagen. 200 000 Menschen kamen ums Leben. Wer überlebt hatte, musste die Stadt verlassen. Dann zerstörten Sprengkommandos die Häuser und brannten alles nieder. 1945, am Ende des Zweiten Weltkrieges, war Warschau menschenleer und voller Trümmer und Ruinen.

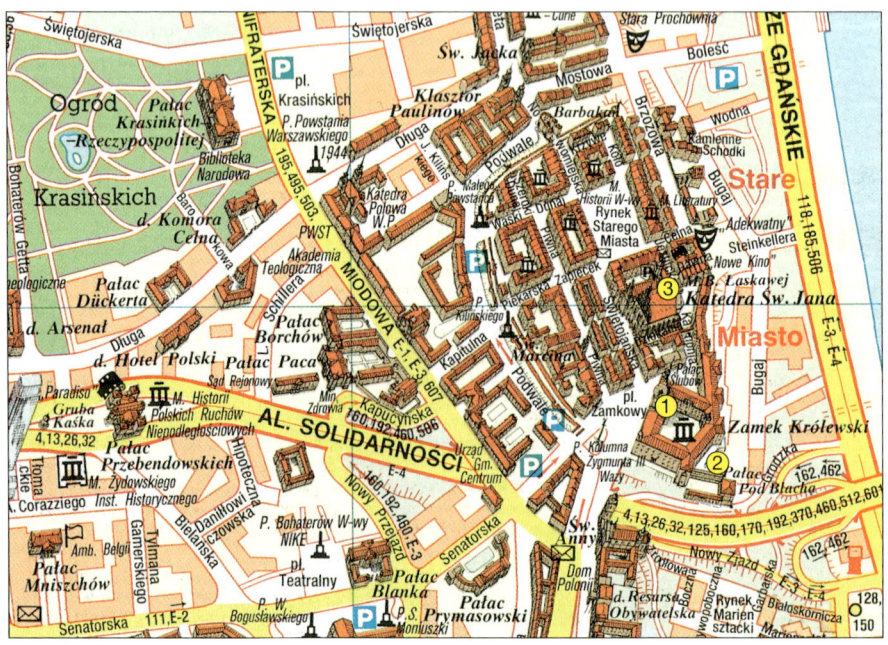

152.1 In der Altstadt von Warschau 1945 und heute

1. Königsschloss:
   früher eine Burg, im 17. und 18. Jahrhundert Sitz der polnischen Könige

2. Dom:
   Bauwerk vom Ende des 14. Jahrhunderts

3. Kirche:
   aus dem 15. bis 18. Jahrhundert

152.2 Stadtplan der Altstadt

153.1 Der Kulturpalast

153.2 In der Altstadt

Gleich nach dem Krieg begannen die Menschen mit dem Wiederaufbau. An der Weichsel wuchs eine neue Stadt. Verkehrswege wurden neu angelegt, Wohnblocks gebaut und Fabriken errichtet. Zu den ganz besonderen Leistungen in der Not der Nachkriegszeit zählen aber der Wiederaufbau des Königsschlosses und der Altstadt. Baumeister und Kunsthandwerker bauten die schönen alten Bürgerhäuser nach den früheren Vorlagen und Zeichnungen wieder auf.

Heute leben in Warschau 1,7 Millionen Menschen, etwa so viele wie in Hamburg. Warschau ist nicht nur die Hauptstadt, sondern auch Zentrum von Kultur und Wissenschaft mit vielen Hochschulen, Theatern und Museen. Ein Bauwerk überragt die ganze Stadt: Das ist der 234 m hohe Kulturpalast mit 3 288 Räumen. Aber die Warschauer mögen ihn nicht so sehr. Der Kulturpalast wurde 1955 als Geschenk der ehemaligen Sowjetunion eingeweiht.

1. Woran erkennst du Warschaus Willen, trotz der Kriegszerstörungen zu überleben?
2. Der Bürgermeister von Warschau lädt die Besucher in seine Stadt ein. Womit wirbt er?

„Ich möchte Sie ganz herzlich in Polens Hauptstadt willkommen heißen. Warschau ist eine offene und seine Gäste immer freundlich begrüßende Stadt. Warschau gehört seit Jahrhunderten zur Gemeinschaft der europäischen Städte. Es stellt, wie schon in der Vergangenheit, die Verbindung zwischen dem Westen und dem Osten her. Wir schaffen hier günstige Bedingungen für ausländische Firmen und ihre polnischen Partner.
Natürlich vergessen wir auch nicht, den Reisenden einen immer besseren Komfort, Möglichkeiten zum Erleben der weltbekannten Warschauer Kultur sowie Vergnügungsmöglichkeiten zu bieten. Das Netz guter Hotels in unserer Stadt wurde erheblich ausgebaut. Außerdem – was wohl auch wichtig ist – besitzt Warschau viele gemütliche Restaurants und Cafés, in denen man wirklich gut essen und seine Zeit verbringen kann. Unsere Museen und Sehenswürdigkeiten, die von der siebenhundertjährigen Geschichte Polens zeugen, stehen dem Besucher jederzeit offen.
Ich hoffe, dass gute Erinnerungen dazu beitragen, dass Sie uns bald wieder besuchen."

Marcin Swiecicki, Bürgermeister von Warschau, im Juli 1995

Wir arbeiten mit Bildern

Bilder sind Zeichnungen, Karikaturen oder Fotos. Fotos können vom Boden aus aufgenommen sein oder aus der Luft. Satellitenbilder stammen aus dem Weltraum. Bilder helfen dir, Menschen und Landschaften kennenzulernen. Sie geben dir Hinweise, wie Menschen leben und arbeiten und welche Probleme sie haben. Landschaftsaufnahmen zeigen dir, wie verschiedene Räume unserer Erde aussehen. Bilder sollen deine Phantasie anregen. Sie enthalten meistens mehrere Informationen. Du wirst schnell merken, dass bei fast allen Bildern mehr dahintersteckt, als du auf den ersten Blick glaubst. Um diese Informationen aus dem Bild zu holen, musst du dir selbst Fragen zum Bild stellen. Wenn du richtig gefragt hast, gibt dir das Bild die richtigen Antworten.

Bei der Auswertung ist es am einfachsten, wenn du in drei Schritten vorgehst. Manchmal ist es ganz hilfreich, wenn du aus dem Bild eine Skizze anfertigst. Dann kannst du das Bild leichter gliedern und du kannst dich auf das Wesentliche konzentrieren.

Erster Schritt: Betrachten des Bildes

1. Was ist dargestellt?
   - Landschaft (Wiesen, Felder, Gebirge, Seen, Täler, Wald, Meer)
   - Siedlungen (Dörfer, Städte)
   - Gebäude (Wohnhäuser, Fabrikanlagen, Bauernhöfe)
   - Verkehrswege (Straßen, Autobahnen, Eisenbahnlinien, Flugplätze, Wasserwege)
   - Menschen bei der Arbeit, in der Freizeit
   - Jahreszeiten (Hinweise auf Wetter und Klima)
   - Naturereignisse/Katastrophen (Vulkanausbrüche, Erdbeben, Überschwemmungen, Deichbrüche, Umweltschäden)

2. Gibt es eine Bildüberschrift oder Bildunterschrift?

3. Was fällt mir am Bild besonders auf?
   - Personen, Tiere, Landschaftsdarstellung, Arbeitsweisen, Geräte

Zweiter Schritt: Beschreiben des Bildes

1. Gliedern des Bildes in Vordergrund, Mittelgrund und Hintergrund

2. Welche Einzelheiten sind dargestellt?
   - Welche Vorgänge werden dargestellt? Gehören sie zum Vorder-, Mittel- oder Hintergrund?
   - Was tun die Personen gerade?
   - Welche Werkzeuge oder Geräte benutzen sie? Wie arbeiten sie damit?
   - Wo liegt z. B. die Siedlung, der Bauernhof, die Fabrik, die Wasserstraße?
   - Wie sieht die Landschaft aus (Natur, vom Menschen beeinflusst?)?

3. Welche Einzelheiten gehören zusammen?
   - Welche Teile gehören zusammen?
   - Was ist am wichtigsten?
   - Wo ist der Schwerpunkt?

Dritter Schritt: Erklären des Bildes

1. Warum macht der Mensch gerade das, was auf dem Bild dargestellt ist?
   - Ist die Nutzung des Bodens noch von anderen Bedingungen abhängig (z. B. vom Klima, von der Oberflächengestalt)?
   - Warum wurde eine Fabrik, eine Siedlung, eine Wasserstraße gerade an dieser Stelle und nicht woanders angelegt?

2. Was sagen mir die Einzelheiten?
   - Was kann ich daraus schließen?
   - Wie begründe ich meine Schlussfolgerung?
   - Wo muss ich mir noch weitere Informationen beschaffen (aus dem Schulbuch, aus einem Lexikon)?

3. Was ist die Hauptaussage des Bildes?

155.1 _____

Gib den Bildern eine Bildunterschrift.
Vergleiche deine Bildunterschriften mit denen deiner Nachbarin oder deines Nachbarn.
Stelle die Einzelheiten in beiden Bildern fest.
Wende Fragen auf die Bilder an.
Gib den Bildern jetzt noch einmal eine Bildunterschrift. Hat sie sich geändert?

155.2 _____

156.1 Ehemaliges Zechengelände in Bochum

156.2 Opelwerk in Bochum auf dem ehemaligen Zechengelände

Europas Wirtschaft wandelt sich

157.1 Autoproduktion um 1950

157.2 Autoproduktion heute

Das Sorgenkind der EU: die Landwirtschaft

Ein europäischer Landwirt ernährte 1950 **5 Menschen.**

Ein europäischer Landwirt ernährt heute **60 Menschen.**

158.1 Fortschritt bei den Landwirten in Europa

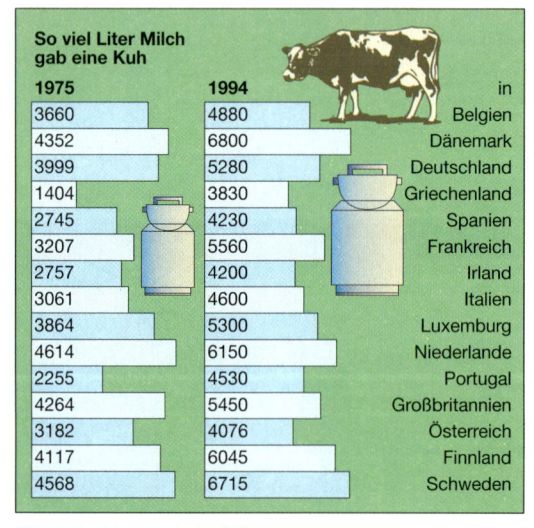

So viel Liter Milch gab eine Kuh

1975	1994	in
3660	4880	Belgien
4352	6800	Dänemark
3999	5280	Deutschland
1404	3830	Griechenland
2745	4230	Spanien
3207	5560	Frankreich
2757	4200	Irland
3061	4600	Italien
3864	5300	Luxemburg
4614	6150	Niederlande
2255	4530	Portugal
4264	5450	Großbritannien
3182	4076	Österreich
4117	6045	Finnland
4568	6715	Schweden

158.2 Probleme mit der Milch

Nahrungsmittel für alle

In den 15 Ländern der Europäischen Union (EU) gibt es mehr Weizen, Zucker und Fleisch, als wir aufessen können. Auch Milch, Käse und Butter sind zu viel da. In der Vergangenheit war der Überschuss noch größer. Dabei hatte alles so gut angefangen.

Die EU will zweierlei erreichen: Alle Menschen in Europa sollen genügend zu essen haben. Das ist erreicht. Alle Bauern sollen ein ausreichendes Einkommen haben. Deshalb werden ihnen feste Preise garantiert. Das Problem ist, dass in guten Jahren die Ernte für Weizen und Zuckerrüben besser ausfällt als sonst. Die Menschen essen aber nicht mehr Brot und Zucker als vorher. Die EU kauft den Bauern die Überschüsse ab und lagert sie in Silos und Kühlhallen ein. In Jahren mit schlechter Ernte sollen sie verkauft werden.

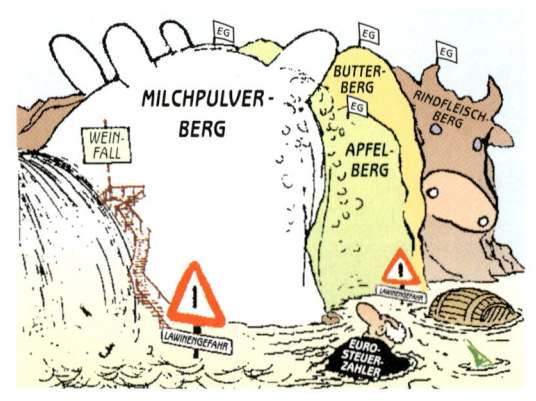

158.3 Europa – deine Berge, deine Seen

158.4 In einem Schweinemastbetrieb

159.1 Überschüsse werden vernichtet

Die Überschüsse lassen sich oft nur mit Verlust verkaufen. Die Landwirte sollten auch vor billigerem Getreide und Fleisch aus dem Ausland geschützt werden. Ein Zoll verteuert die Nahrungsmittel so, dass sie gleich teuer sind wie in der EU.

Die Landwirte waren nun geschützt. Die Kosten für den Aufkauf und das Einlagern der Überschüsse wurde aus einer gemeinsamen europäischen Kasse bezahlt. Bald war nicht mehr genug Geld dafür da, denn die Kosten stiegen immer höher. Die Landwirtschaft wurde zum Sorgenkind.

1. Erkläre, warum die Landwirtschaft das Sorgenkind der EU ist.
2. Was verstehst du unter dem „Teufelskreis für die Landwirte"?
3. Mache Vorschläge, wie die Überschüsse abgebaut werden könnten.

159.2 In einer Legehennenbattterie

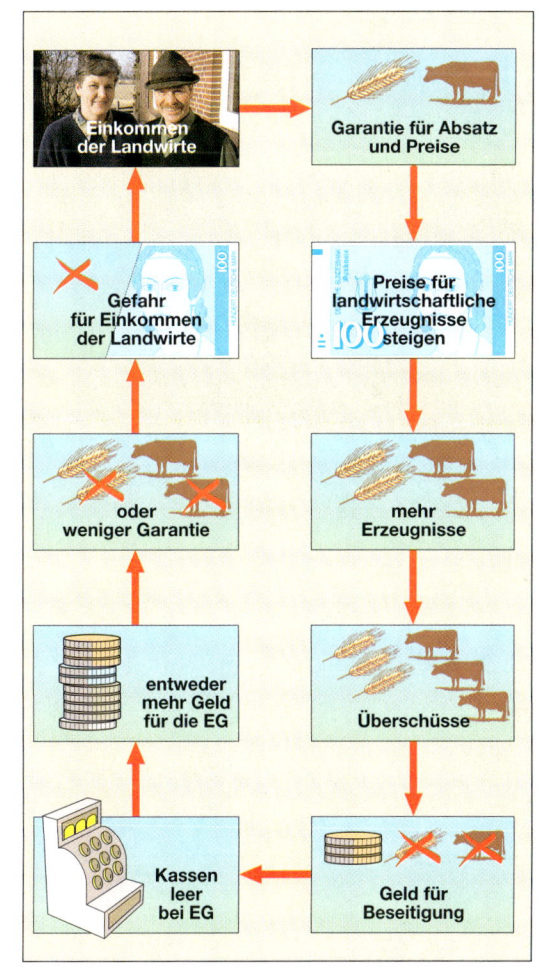

159.3 Ein Teufelskreis für die Landwirte in der EU

Wir arbeiten mit Tabellen und Diagrammen

Land	Auf 1000 Einwohner kommen so viele Fahrzeuge*
Dänemark	374
Deutschland	491
Frankreich	506
Niederlande	420
Polen	211
Japan	511
USA	746
China	2
Ägypten	28

*Pkw, Lkw und Busse

Fahrzeugdichte in ausgewählten Ländern (1995)

160.1 Eine Tabelle

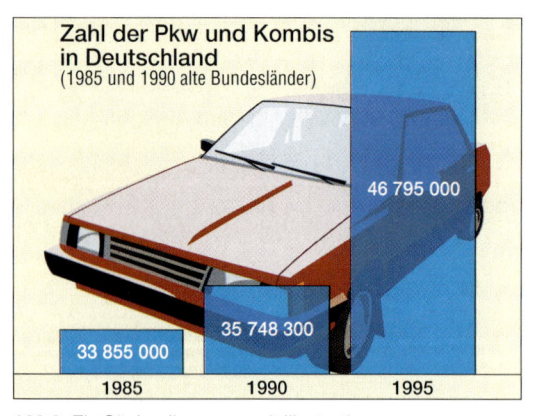

160.2 Ein Säulendiagramm mit Illustration

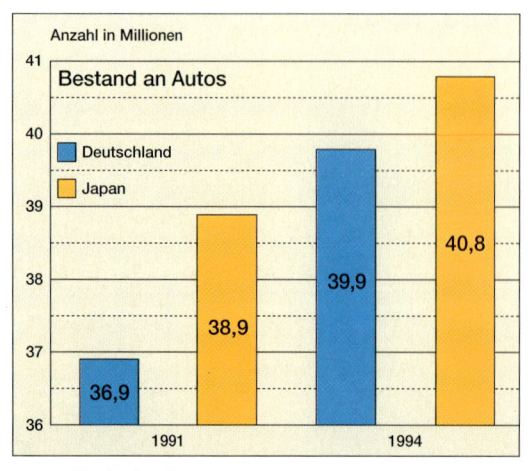

Zahl der Pkw und Kombis in Deutschland (1985 und 1990 alte Bundesländer)
- 1985: 33 855 000
- 1990: 35 748 300
- 1995: 46 795 000

160.3 Ein Säulendiagramm

Bestand an Autos (Anzahl in Millionen)
- Deutschland 1991: 36,9
- Japan 1991: 38,9
- Deutschland 1994: 39,9
- Japan 1994: 40,8

Zahlen in den Texten und Tabellen dieses Buches sind durch Messungen oder Zählungen ermittelt worden. Dann wurden die Zahlen geordnet und zusammengestellt. Eine solche Zusammenstellung ist eine **Tabelle.** Zum „Lesen" einer Tabelle gibt die Überschrift oder die Unterschrift einen ersten Hinweis. Meistens ist eine Tabelle in Spalten unterteilt. In Abb. 160.1 sind es zwei Spalten. Jede Spalte hat eine Überschrift: in diesem Fall Land und Auf 1000 Einwohner ...

Nun kannst du die einzelnen Spalten lesen. Für „Fahrzeuge" findest du noch eine Erklärung unter den Spalten. Danach vergleichst du die Aussagen. Du kommst zu dem Ergebnis, dass die Fahrzeugdichte in den USA am höchsten und in China am niedrigsten ist.

Anschaulicher als eine Tabelle ist ein **Säulendiagramm.** Wenn die Säulen ansteigen, wird die angezeigte Menge größer. In Abb. 160.2 sind die Mengenangaben in die Säulen eingetragen. Um das Lesen zu vereinfachen, steht nach den Millionen und den Hunderttausendern ein Punkt. Oft steht auch nur ein Zwischenraum, also 33 855 000. Bei Millionenzahlen findest du auch andere Zahlenangaben, die abgerundet sind, z. B. in der ersten Säule 33,9 Mio. Unter den Säulen stehen weitere Erklärungen, bei unserem Beispiel Jahreszahlen. Auf den ersten Blick kann man erkennen, dass die Zahl der Autos von 1985 bis 1995 um etwa 13 Millionen zugenommen hat.

Abb. 160.3 zeigt ein anderes **Säulendiagramm.** Auf der senkrechten Leiste (Spalte) sind die Größenwerte eingetragen, hier die Anzahl in Millionen. Die Zahlen fangen aber mit 36 an und nicht mit 0. Die waagerechte Leiste (Spalte) unten zeigt zwei Jahreszahlen – 1991 und 1995. Auch die Farben für die Säulen werden erklärt. Das Diagramm enthält vier Säulen. Für jede einzelne Säule kannst du den Wert auf der linken Spalte ablesen. Zur Erleichterung sind diese Werte noch einmal in die Säulen eingetragen. Dieses Säulendiagramm eignet sich besonders gut zum Vergleich. Wir erkennen, dass in Deutschland und in Japan die Zahl der Autos von 1991 bis 1995 gestiegen ist. Insgesamt fahren in Japan aber mehr Autos als in Deutschland.

Ein **Balkendiagramm** ist nichts anderes als ein auf die Seite gelegtes Säulendiagramm. Du kannst es also wie ein Säulendiagramm lesen. Ein Balkendiagramm, ein anderer Name ist Streifendiagramm, veranschaulicht häufig den Anteil an einer Gesamtmenge. Abb. 161.1 hat keine senkrechte Spalte. Dafür sind die Zahlenangaben mit den Erklärungen eingefügt: z. B. 39 917 600 Pkw und 87 400 Busse. Der längste Balken liegt unten, dann folgen die anderen Balken. Die Unterschrift zeigt an, um welches Thema es sich handelt und für welches Jahr die Zahlen gelten. Wenn du herausfinden willst, wie viele Kraftfahrzeuge insgesamt 1995 auf den Straßen in Deutschland fuhren, brauchst du nur die Zahlen zu addieren.

In einem **Liniendiagramm** – ein anderes Wort hierfür ist **Kurvendiagramm** – kannst du besonders gut Entwicklungen ablesen. Das Thema ist auf der untersten waagerechten Spalte angegeben. In der zweiten waagerechten Spalte stehen die Jahreszahlen von 1990 bis 1995. Die senkrechte Spalte enthält die Angabe in Millionen. Unser Diagramm bringt zwei Linien, die obere für Japan, die untere für Deutschland. Zuerst betrachten wir die untere Linie. Wir stellen fest, dass Deutschlands Autoexport zwischen 2 und 2,5 Millionen schwankt. 1993 war ein Tiefpunkt, 1994 ging es wieder aufwärts. Japans Autoexport lag 1990 bei über 6 Millionen Fahrzeugen und ist bis 1995 auf unter 3,8 Millionen Autos abgesunken. Zum Schluss vergleichen wir den Verlauf der beiden Linien.

Auch ein **Kreisdiagramm** gibt den Anteil an einer Gesamtmenge an. Ein anderer Ausdruck für Kreisdiagramm ist **Tortendiagramm.** Du kannst erkennen, welcher Bereich sich das „größte Stück aus der Torte" herausschneidet. In Abb. 161.3 sind vier Länder die Tortenstücke. Auf einen Blick erkennt man, dass Japan 1995 der größte Autohersteller war. Für diejenigen, die es genau wissen wollen, steht die Zahl in Millionen im jeweiligen Tortenstück.

1. Erstelle eine Tabelle über die Schülerzahlen in den letzten fünf Jahren an deiner Schule. Die Zahlen wird dir die Sekretärin geben können.
2. Fertige ein Säulendiagramm über die Anzahl der Mädchen und Jungen in deiner Klasse an und male es farbig aus.

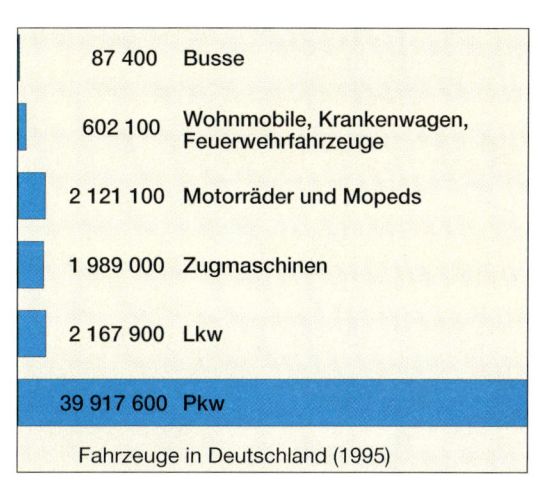

87 400	Busse
602 100	Wohnmobile, Krankenwagen, Feuerwehrfahrzeuge
2 121 100	Motorräder und Mopeds
1 989 000	Zugmaschinen
2 167 900	Lkw
39 917 600	Pkw

Fahrzeuge in Deutschland (1995)

161.1 Ein Balkendiagramm

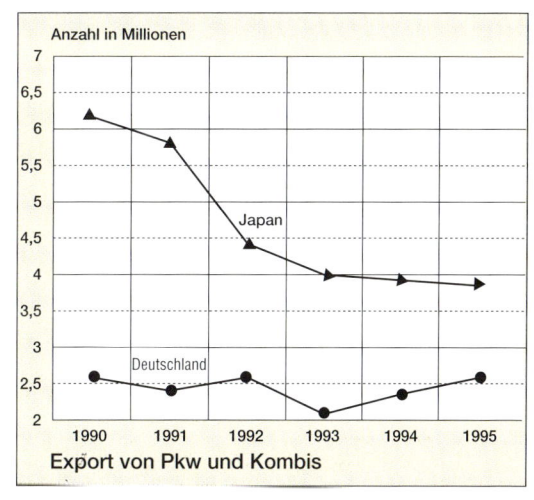

Export von Pkw und Kombis

161.2 Ein Liniendiagramm

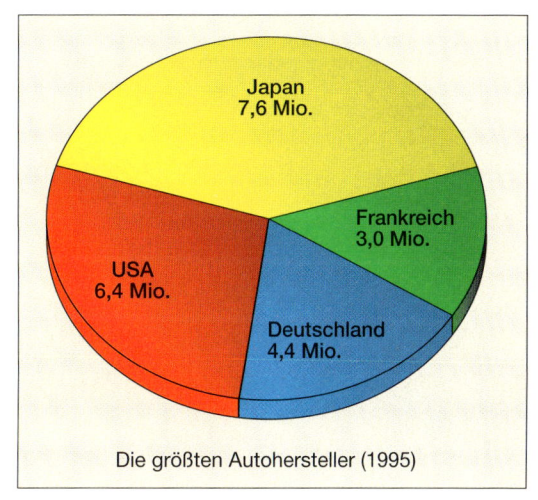

Die größten Autohersteller (1995)
- Japan 7,6 Mio.
- USA 6,4 Mio.
- Deutschland 4,4 Mio.
- Frankreich 3,0 Mio.

161.3 Ein Kreisdiagramm

Arbeitsteilung in Europa

162.1 Formationsflug der Airbusfamilie

162.2 Der größte Transporter der Welt, die „Beluga"

162.3 Endmontage in der „Otto-Lilienthal-Halle"

Wo der Airbus gebaut wird

Als dieses Ungetüm von Flugzeug zur Landung in Hamburg Finkenwerder ansetzte, traute ich meinen Augen kaum. Die „Beluga", ein Flugzeug der Airbus Industrie, sieht aus wie ein „weißer Wal". Es kann bei einer Geschwindigkeit von 750 km in der Stunde 1700 km weit fliegen. Die „Beluga" ist das größte Transportflugzeug der Welt. Allein die Ladeluke hat fast die Höhe eines fünfstöckigen Hauses! Das riesige hochgeklappte Frachttor ermöglicht das Laden von Bauteilen, ohne sie vorher zerlegen zu müssen. So befördert die „Beluga" komplette Cockpits, Rumpfhecks, Flügel sowie Seiten- und Höhenleitwerke für den Airbus.

Seit Herbst 1996 pendelt dieser Frachtriese zwischen den europäischen Werken der Airbus Industrie hin und her. Vor allem liefert er Flugzeugbauteile zur Endmontage nach Toulouse in Frankreich, der Zentrale der Airbus Industrie. Facharbeiter bauen in diesem Werk die Flugzeuge für den Mittel- und Langstreckenflug zusammen. Die Wetterbedingungen sind an diesem Ort ausgesprochen günstig. Die fertiggestellten Flugzeuge können daher zu jeder Zeit getestet werden.

Seit 1993 fertigt das Werk Hamburg Flugzeuge für den Kurzstreckenflug. Die „Beluga" liefert auch hier die Teile. Der Zusammenbau der vorgefertigten Einzelteile erfolgt in acht Schritten.

Zuerst werden alle Großbauteile des Rumpfes zusammengefügt. Das Flugzeug erhält seinen ersten Schutzanstrich. Gleichzeitig bauen die Facharbeiter Küchen, Toiletten und den Frachtraum ein. An der zweiten Station werden die Flügel und die Räder angebaut. Das Flugzeug rollt zur dritten Station. Facharbeiter bringen das Höhen- und Seitenleitwerk an. Eine weitere Gruppe vervollständigt inzwischen die Inneneinrichtung: Sie passt Versorgungskanäle ein und verlegt Teppichböden. Die Techniker der nächsten Station befestigen die Triebwerke und bereiten die Maschine für den ersten Flug vor.

Noch einmal werden etwa 150 kg Farbe verbraucht. Jeder Kunde hat seine eigenen Vorstellungen, welche Farben das Flugzeug haben soll. Endlich wird die Maschine betankt, mehrfach probegeflogen, bevor sie an eine Fluggesellschaft ausgeliefert wird.

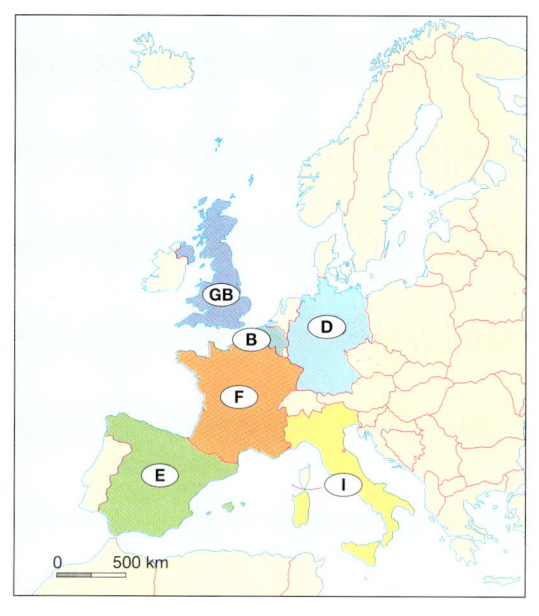

Wer fertigt was?

1. Ermittle, aus welchen Ländern die einzelnen Bauteile stammen.
2. Nenne Gründe, warum nicht jedes europäische Land ein eigenes Flugzeug baut.
3. Denke über den Satz nach: „Airbus Industrie – Partnerschaft in Europa". Nenne Vor- und Nachteile dieser Partnerschaft für die einzelnen Länder.

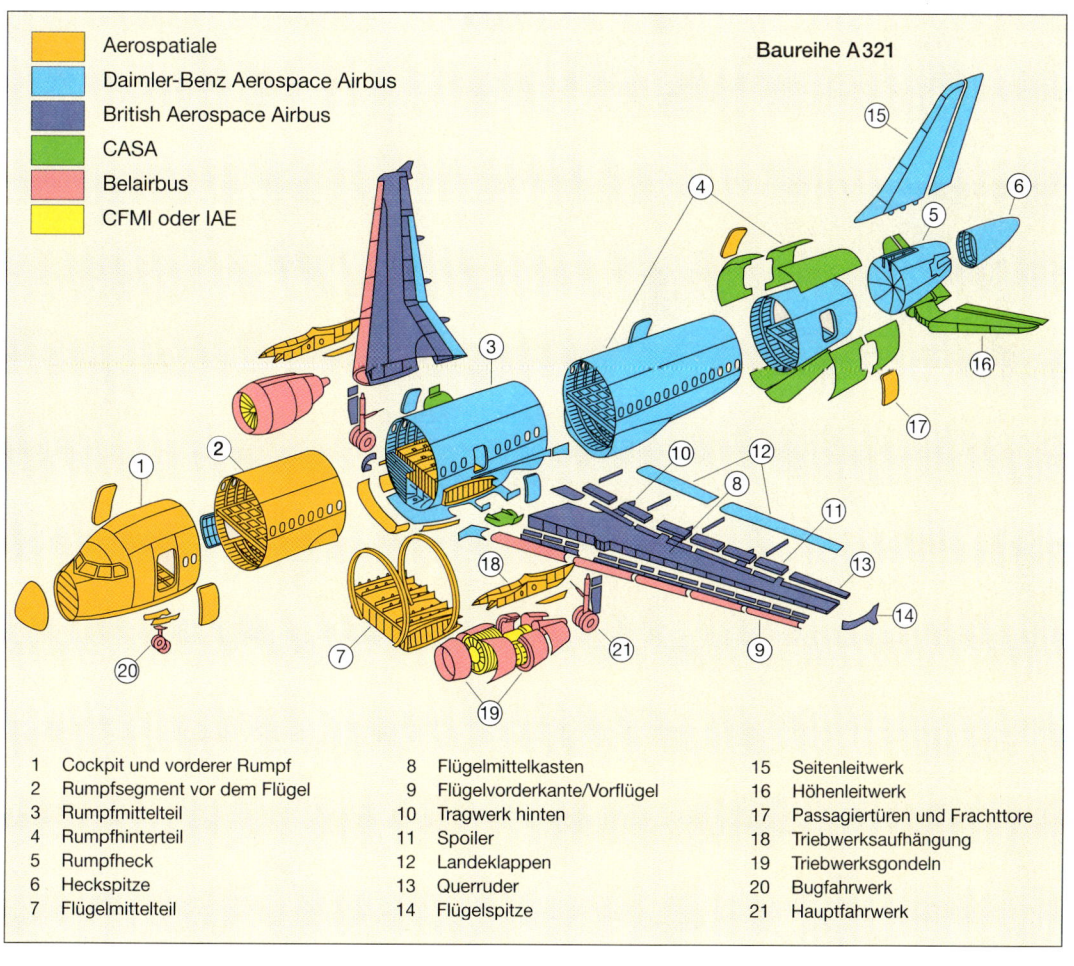

Baureihe A 321

- Aerospatiale
- Daimler-Benz Aerospace Airbus
- British Aerospace Airbus
- CASA
- Belairbus
- CFMI oder IAE

Nr.	Bauteil	Nr.	Bauteil
1	Cockpit und vorderer Rumpf	8	Flügelmittelkasten
2	Rumpfsegment vor dem Flügel	9	Flügelvorderkante/Vorflügel
3	Rumpfmittelteil	10	Tragwerk hinten
4	Rumpfhinterteil	11	Spoiler
5	Rumpfheck	12	Landeklappen
6	Heckspitze	13	Querruder
7	Flügelmittelteil	14	Flügelspitze
15	Seitenleitwerk	18	Triebwerksaufhängung
16	Höhenleitwerk	19	Triebwerksgondeln
17	Passagiertüren und Frachttore	20	Bugfahrwerk
		21	Hauptfahrwerk

164.1 Gastarbeiterzug 1960 bei der Ankunft in Deutschland

164.2 Grenzübergang nach Polen 1997

Wanderungsbewegungen in und nach Europa

165.1 Asylbewerberheim

165.2 Notlager für Flüchtlinge in Deutschland

Flüchtlinge und Arbeitssuchende in Europa

166.1 Ausländer in Frankreich

166.2 Ausländer in den Niederlanden

In den Jahren zwischen 1960 und 1980 brauchten die Industrieländer in West- und Mitteleuropa viele Arbeitskräfte. Den Versprechungen der Anwerber folgten Italiener, Spanier, Portugiesen und Türken. Sie kamen als *Gastarbeiter*. Viele holten ihre Familien nach. Ohne ausländische Arbeitnehmerinnen und Arbeitnehmer könnten manche Betriebe gar nicht arbeiten.

Viele Ausländer kommen aus Afrika und Asien. Sie stammen aus Ländern, die früher Kolonien von europäischen Staaten waren. Frankreich zum Beispiel hat Algerier, Marokkaner und Tunesier aufgenommen, Großbritannien Inder und Pakistani, Holland Menschen aus Indonesien.

Der Bürgerkrieg in Jugoslawien hat 1,4 Mio. Menschen zu Flüchtlingen gemacht. Das ist die Hälfte der Einwohnerzahl von Schleswig-Holstein. Auch aus Osteuropa drängen viele Menschen in die „reichen" Länder im Westen Europas.

1. Beschreibe, woher die Ausländerinnen und Ausländer kommen.
2. Nenne Gründe, warum so viele Menschen in die Europäische Union kommen wollen.
3. Kannst du dir vorstellen, warum die „reichen" Länder gegen weitere Zuwanderer sind?

- An der deutsch-polnischen Grenze bereitet sich der Bundesgrenzschutz auf einen Nachteinsatz vor. Er hat Hinweise, dass eine Schlepperbande Männer, Frauen und Kinder gegen viel Geld aus Indien über die Grenze nach Deutschland schmuggeln will.
- Die spanische Polizei entdeckt vor der Küste ein kleines offenes Boot. Der Motor ist ausgefallen. In dem Boot sitzen verängstigte Marokkaner. Sie haben keine Ausweise und kein Geld. Der Polizei erzählen sie, sie wollen nach Frankreich und dort Arbeit suchen.
- In den Niederlanden halten sich 200 000 Ausländer ohne eine Aufenthaltsgenehmigung auf. Sie leben dort illegal. Spanien rechnet mit 200 000, Frankreich mit mehr als 300 000, Italien mit 1,5 Mio. Ausländern, die keine gültige Erlaubnis haben, in dem Land zu leben.
- Bürgerkriegsflüchtlinge aus dem ehemaligen Jugoslawien sollen aus Deutschland wieder zurückgeschickt werden.

166.3 Nachrichten aus Europa

- reiche Länder
- Nicht EU-Land
- arme Länder

In den Ländern der Europäischen Union lebten 1995 rund 18 Millionen Ausländer. In den Ländern der Europäischen Freihandelszone (EFTA) Island, Norwegen, Liechtenstein und Schweiz lebten 1,5 Millionen Ausländer.

**in Großbritannien
2,6 Millionen**
davon
780 000 Inder
430 000 Pakistani

**in Frankreich
3,6 Millionen**
davon
850 000 Portugiesen
700 000 Algerier
550 000 Marokkaner
260 000 Italiener

**in Deutschland
7 Millionen**

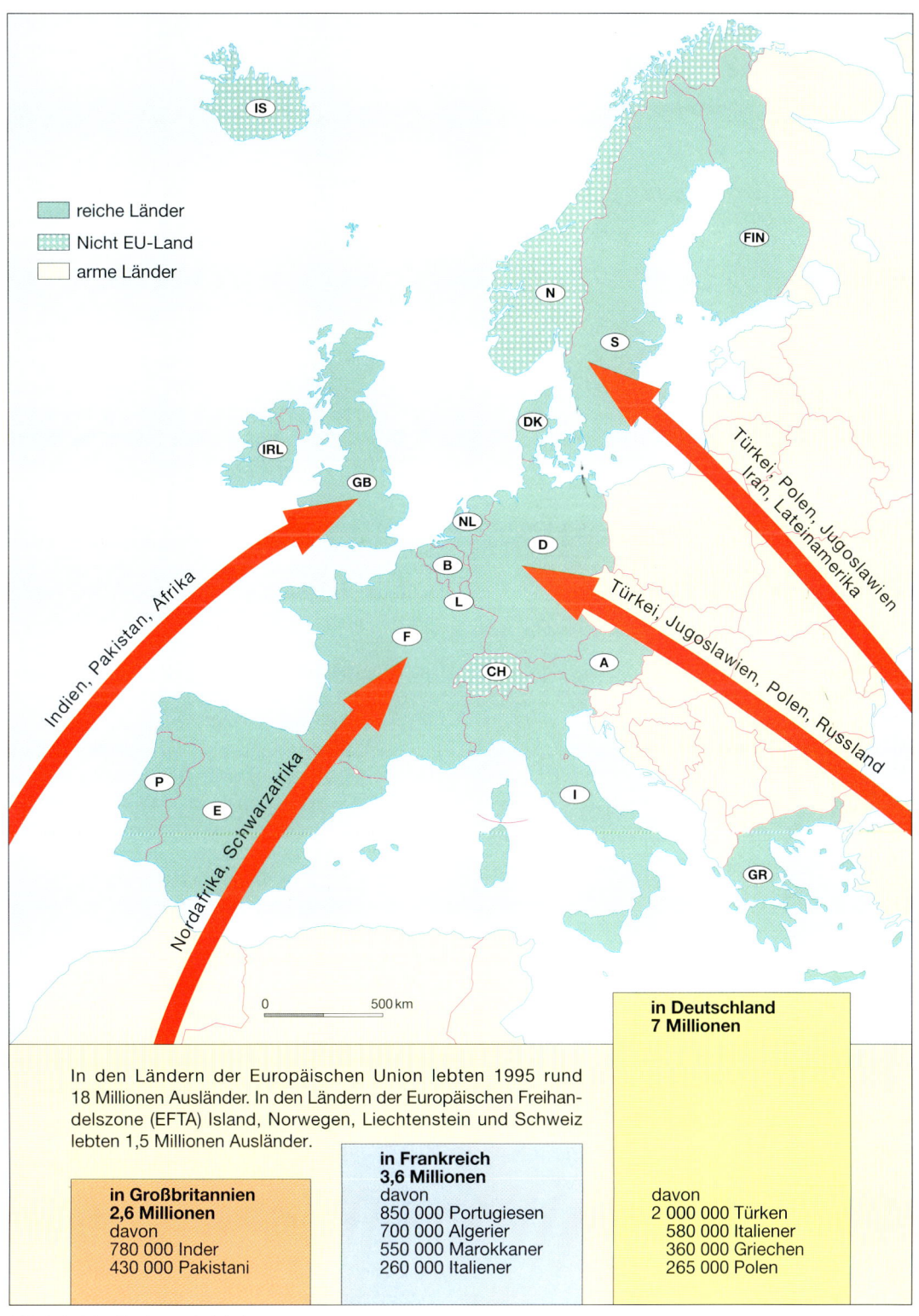

davon
2 000 000 Türken
580 000 Italiener
360 000 Griechen
265 000 Polen

167.1 Auf der Suche nach Arbeit

Flüchtlinge und Asylbewerber bei uns

Flüchtling: eine Person, die unfreiwillig ihre Heimat verlassen hat, z. B. wegen eines Krieges oder einer Naturkatastrophe oder aus wirtschaftlicher Not

Asylbewerber: Person, die eine Zuflucht, ein Heim sucht. Das Wort Asyl kommt aus dem Griechischen und bedeutet „Freistatt". Früher fanden Verfolgte, sogar Verbrecher, in der Kirche für einige Zeit Sicherheit.

168.1 Ankunft von Asylbewerbern im Lager

168.2 Asylbewerberheim

Die meisten Ausländerinnen und Ausländer, die längere Zeit in Deutschland leben, haben einen Arbeitsplatz und eine Wohnung gefunden. Die Mehrheit der Deutschen steht ihnen wohlwollend und verständnisvoll gegenüber. Manchmal kommt es aber zu ausländerfeindlichen Ausschreitungen. Deutsche geben den ausländischen Mitbürgerinnen und Mitbürgern die Schuld für Arbeitslosigkeit und Wohnungsmangel in Deutschland.

Viele ausländische Familien leben in einem geschlossenen Wohngebiet. Dort wohnen fast nur Ausländer. Sie ziehen auch oft in Wohngebiete mit älteren Häusern. Häufig machen sie schlechte Erfahrungen mit deutschen Vermietern, wenn sie versuchen, in einem rein deutschen Wohngebiet eine Wohnung zu finden.

Die meisten Ausländerinnen und Ausländer haben sich eingelebt. Zu direkten Begegnungen mit Deutschen oder sogar Freundschaften kommt es jedoch nur selten. Das liegt oft an den fehlenden Sprachkenntnissen. Viele Deutsche haben kaum Ahnung von fremden Kulturen und Gebräuchen.

Siv Widerberg: **Ausländer**
Mein Papa ist Ausländer.
Und meine Mama ist Ausländerin,
Klaus und ich, wir sind auch Ausländer,
eben jetzt, obwohl wir Deutsche sind.
Denn eben jetzt sind wir in Dänemark.
Ha ha!
Daran hast du nicht gedacht, was?
Dass Deutsche auch Ausländer sind
– im Ausland.
(Aus: Siv Widerber, Kinder lesen, Hannover, 1982)

1. Beschreibe das Foto oben. Bedenke, dass das Bild in Deutschland aufgenommen wurde.
2. Vergleiche die Aussagen der Asylbewerber auf der rechten Seite. Warum sind sie nach Deutschland gekommen? Was erwarten sie?
3. Stelle dir vor, du bist ein Ausländer/eine Ausländerin. Welche Sorgen hättest du in einem fremden Land?

Ich heiße **Sejdiu** und bin Kosovo-Albaner. Ich bin Anfang 1996 mit dem Flugzeug nach Deutschland gekommen. Zu Hause musste ich mich verstecken. Die Polizei suchte mich, weil ich in einer politischen Gruppe mitgearbeitet habe. Ich habe Technologie studiert, aber zum Examen fehlte mir noch ein Jahr. Ich bin jetzt 27 Jahre alt und möchte in Deutschland ein neues Leben anfangen. Nach Hause zurückkehren kann ich nicht, bevor die Regierung gewechselt hat.

Am liebsten würde ich nach Kiel gehen. Das setzt aber voraus, dass die Behörden meinen Asylantrag anerkennen.

Ich heiße **Michael** und komme aus Nigeria. Dort habe ich Elektronik studiert. Ich bin 28 Jahre alt und lebe schon vier Jahre in Deutschland. Zu Hause habe ich im Gefängnis gesessen, weil ich gegen die Militärregierung war. Bekannte haben mir geholfen und so konnte ich fliehen. Eigentlich wollte ich in die USA. Das ging nicht, weil ich keinen Pass und kein Visum hatte.

Zur Zeit bin ich fest angestellt als Betreuer für Asylbewerber. Ich bin mit einer deutschen Frau verheiratet. In Deutschland habe ich keine Probleme. Ich habe viele Freunde und versuche, mich anzupassen.

Meine Name ist **Bayram.** Ich bin Kurde. Die türkische Regierung lässt es nicht zu, dass wir unsere Heimat Kurdistan nennen. Aber wir Kurden lieben unsere Heimat. Ich bin 26 Jahre alt und schon seit zwei Jahren in Deutschland. Ich wollte nicht zum türkischen Militärdienst, weil ich nicht gegen Kurden kämpfen möchte.

Ich habe schon gut Deutsch gelernt. Aber ich bin ohne Arbeit, weil ich keine Arbeitserlaubnis besitze. Mein Onkel lebt schon 30 Jahre in Deutschland. Er und Freunde und Bekannte helfen mir. Wie es in den nächsten Jahren weitergeht, weiß ich nicht.

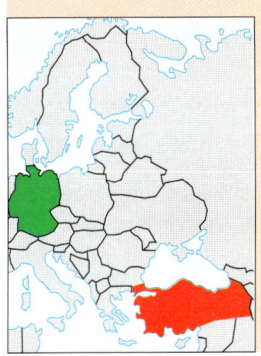

Ich heiße **Jamal.** Ich bin 26 Jahre alt. Ich bin Palästinenser aus dem Libanon. Im Februar 1996 bin ich nach Deutschland gekommen und habe Asyl beantragt. Ich habe keine Ausweise. Deswegen darf ich mich im Libanon nicht aufhalten. Ich kann nicht lesen und nicht schreiben.

Als ich vier Jahre alt war, starb mein Vater im Bürgerkrieg. Meine Mutter wurde schwer verwundet. Ich kam in ein Heim für kleine Kinder. Das war wie ein Gefängnis. Ich habe nichts gelernt. Ich kann nur kämpfen. Ich möchte Deutsch lernen. In Zukunft will ich in Frieden leben, ohne Krieg und ohne Kämpfe.

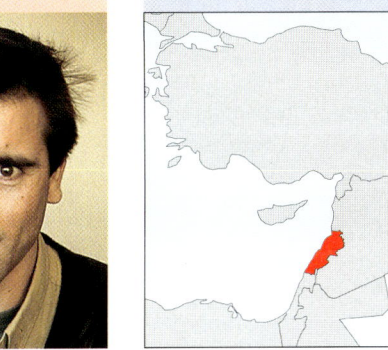

Projekt
Wir befragen Ausländerinnen und Ausländer bei uns

170.1 Die 6 b der Schule Koppeldamm in Elmshorn

Nurai erzählt:
Ich bin hier in Deutschland geboren. Meine Familie ist aber schon länger hier, nämlich seit 17 Jahren. Zuerst kam mein Papa allein nach Deutschland. Später hat er die Familie nachgeholt. Mein Vater und meine Mutter kommen aus einem Dorf in der Nähe von Kayseri in der Türkei. Dort war mein Vater Bauer. Hier arbeitet er auf dem Schlachthof. Meine Mutter ist Hausfrau.
Als ich drei Jahre alt war, kam ich in den deutschen Kindergarten. Dort habe ich Deutsch gelernt. Zu Hause spreche ich mit Papa und Mama türkisch, aber mit meinen drei Schwestern deutsch.
In meiner Freizeit bin ich meist zu Hause. Viermal in der Woche muss ich in die Moschee. Das dauert den ganzen Nachmittag. Meine Hausaufgaben kann ich erst hinterher machen. Manchmal gehe ich noch auf den Spielplatz. Dort treffe ich andere Kinder. Es sind schon deutsche Mädchen zu uns nach Hause gekommen, aber das ist selten.
Ab und zu gehe ich mit meinen Eltern spazieren oder wir besuchen türkische Bekannte. Wir Kinder wollen nicht in die Türkei zurück. Papa ist damit einverstanden. Wir sollen hier unsere Ausbildung abschließen. Einmal im Jahr fahren wir in die Türkei in den Urlaub.

Auf Spurensuche
In der Klasse 6 b sind 27 Schülerinnen und Schüler. Unter ihnen gibt es elf, deren Familien nicht aus Deutschland stammen. Die 6 b möchte wissen, woher diese Mitschülerinnen und Mitschüler und ihre Eltern kommen.

Darja, Alexander und Viktor sind mit ihren Eltern und Geschwistern vor kurzer Zeit aus Kasachstan gekommen. Alena und ihre Familie sind auch noch nicht lange in Deutschland. Sie wohnten früher in Kirgistan. Renés Mutter stammt aus Spanien, sein Vater aus Marokko. Die beiden türkischen Mädchen Nurai und Hacer sind schon in Deutschland geboren. Auch die vier türkischen Jungen Hanifi, Serdar, Serkan und Zija sind hier geboren.

Die 6 b überlegt, welche Fragen sie stellen sollen:
- Wo bist du geboren?
- Woher stammen deine Eltern?
- Wann sind sie nach Deutschland gekommen?
- Wie sind sie nach Deutschland gekommen?
- Warum sind sie nach Deutschland gekommen?
- Wie viele Geschwister hast du?
- Wo arbeitet dein Vater?
- Wo arbeitet deine Mutter?

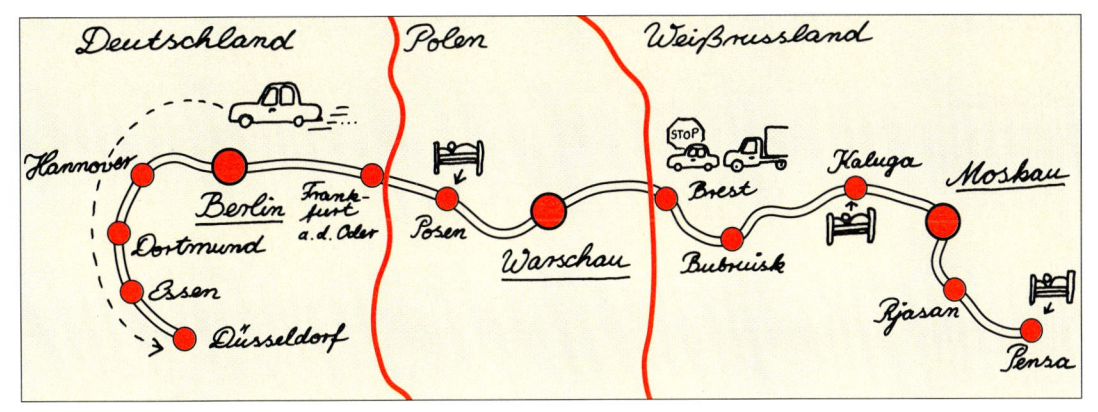

171.1 Viktor zeichnet eine Karte, woher er kommt.

Dann ermittelt die 6 b die Zahl der ausländischen Schülerinnen und Schüler in anderen Klassen. Das Ergebnis überrascht sie. Auf einem großen Stadtplan markieren sie mit verschiedenen Farben, wo ihre ausländischen Mitschülerinnen und Mitschüler wohnen. Jetzt wollen sie wissen, wie viele Ausländerinnen und Ausländer überhaupt in ihrer Stadt leben. Ihre Erdkundelehrerin / ihr Erdkundelehrer bringt die Zahlen aus dem Rathaus mit.

Schnell macht einer den Vorschlag, einmal den ganzen Schulort an einem Wandertag zu erfassen. Sie stellen Fragen zusammen:
– Wo habe ich ein Geschäft oder ein Lokal mit einem ausländischen Namen gesehen?
– Was kann ich dort kaufen, tun, beobachten?
– Wo begegnen mir Menschen anderer Länder?
– Wo wohnen sie?
– Welche Aufgaben erledigen sie?

Nationalität	Anzahl
afghanisch	1
brasilianisch	1
deutsch	217
deutsch (Aussiedler)	27
griechisch	1
iranisch	1
italienisch	1
jugoslawisch	6
libanesisch	1
pakistanisch	1
polnisch	4
spanisch	1
türkisch	46
Summe	308

171.2 Schülerinnen und Schüler an der Schule Koppeldamm 1996

106 Nationalitäten im Jahr 1995 – davon aus:	Anzahl
Afghanistan	55
Dänemark	70
Griechenland	99
Italien	147
ehem. Jugoslawien	171
Kasachstan	265
Pakistan	38
Polen	929
Russland	172
Türkei	1 797
Vietnam	32
Zaire	13
insgesamt	5 216

171.3 Ausländerinnen und Ausländer in Elmshorn 1995

Die Klasse entwirft einen **Erkundungsbogen:**

Lokal/Restaurant	Straße/Platz	Herkunft	Was ich beobachtet habe
Gyros	A-Straße	türkisch	Schülertreff
Taverna	B-Straße	griechisch	ganz neu
Pizzeria	C-Straße	italienisch	schnellste Pizza
Peking-Ente	D-Straße	chinesisch	nur für Erwachsene
Eisdiele	E-Straße	italienisch	Schülertreff

Wissenswertes
Gründe für Wanderungsbewegungen

172.1 Tatsache oder Vorwand?

172.2 Drohung oder Wirklichkeit?

Schon immer verließen Menschen ihre Heimat. Engländer, Italiener, Holländer und Deutsche wanderten nach Amerika aus. Deutsche aus dem Rheinland, aus Hessen und aus Schwaben zogen vor über 200 Jahren nach Russland. Polen fanden vor 100 Jahren Arbeitsplätze im Kohlebergbau im Ruhrgebiet. Die meisten Menschen flüchteten vor der Armut oder weil man ihnen einen anderen Glauben aufzwingen wollte.

Armut und Hunger sind heute immer noch die wichtigsten Gründe. Europa ist ein Zuwanderungskontinent geworden. Viele Menschen aus den Ländern der Dritten Welt hoffen, hier vor Verfolgung und Not sicher zu sein. Doch nur jeder fünfte Flüchtling schafft es, Europa zu erreichen.

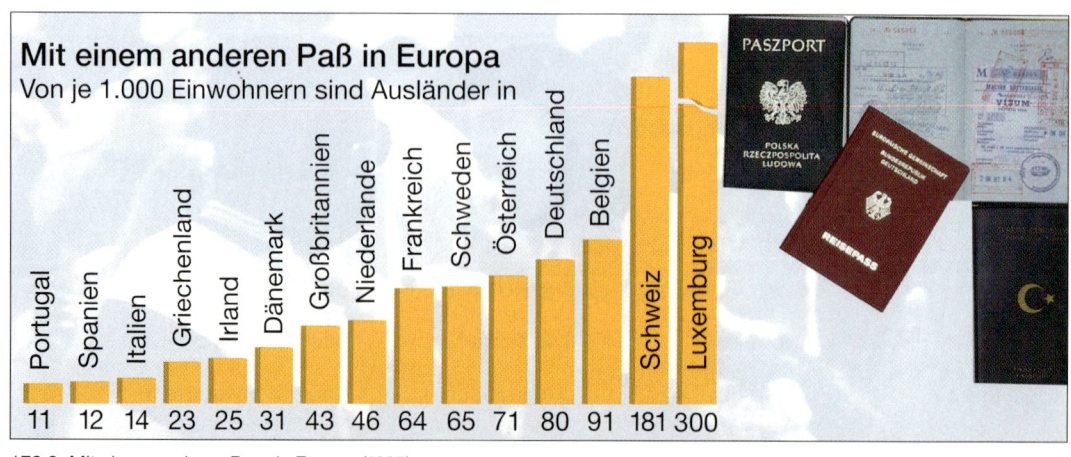

Mit einem anderen Paß in Europa
Von je 1.000 Einwohnern sind Ausländer in

Portugal	Spanien	Italien	Griechenland	Irland	Dänemark	Großbritannien	Niederlande	Frankreich	Schweden	Österreich	Deutschland	Belgien	Schweiz	Luxemburg
11	12	14	23	25	31	43	46	64	65	71	80	91	181	300

172.3 Mit einem anderen Pass in Europa (1995)

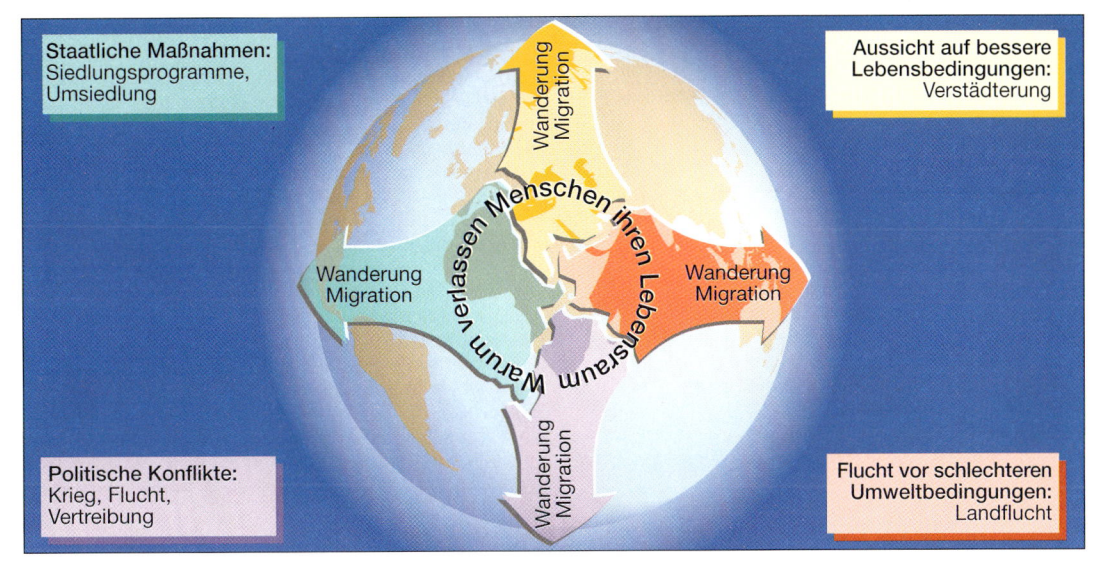

173.1 Eine Welt bricht auseinander

- Staatliche Maßnahmen: Siedlungsprogramme, Umsiedlung
- Aussicht auf bessere Lebensbedingungen: Verstädterung
- Politische Konflikte: Krieg, Flucht, Vertreibung
- Flucht vor schlechteren Umweltbedingungen: Landflucht

Warum verlassen Menschen ihren Lebensraum

Millionen von Menschen verlassen ihre Heimat wegen eines Kriegs oder Bürgerkriegs. Millionen verlieren ihren Lebensraum durch Naturkatastrophen wie Erdbeben und Vulkanausbrüche, Sturmfluten und Überschwemmungen. Hunderte von Millionen flüchten vor schweren Umweltschäden. Die Böden sind zerstört, die Wälder abgeholzt, die Gewässer verschmutzt. Die Weideflächen reichen für die Tiere nicht mehr aus. Die Ackerflächen sind so klein, dass sie den Bauern und seine Familie nicht mehr ernähren. Viele flüchten deshalb vom Land in eine große Stadt.

Die meisten Wanderungsbewegungen finden in den Ländern der Dritten Welt statt. Die Wanderung einzelner Menschen oder ganzer Gruppen bezeichnen wir als **Migration**. Diese Migration kann vom Land in die Stadt erfolgen, in eine andere Region oder in ein anderes Land. Das 20. Jahrhundert ist zu einem Jahrhundert der Flüchtlinge geworden.

1. Sieh dir die beiden Karikaturen an (172.1 und 172.2). Was sagen sie aus?
2. Nenne die Länder in Europa mit den höchsten Anteilen an Ausländern (172.3).
3. Zähle auf, warum Menschen ihre Heimat verlassen. Betrachte dazu auch die Bilder auf den Seiten 164 und 165.
4. Notiere, was das Fernsehen in einer Woche über Flüchtlinge berichtet. Sammle dazu auch Zeitungsausschnitte.

Jahr	Millionen
1990	15
1991	17
1992	19
1993	21

davon in
Europa	7,5
Afrika	6,0
Asien	6,5
Amerika	0,8

1994	23
1995	25
2003	80 ?

173.2 Flüchtlinge weltweit (in Millionen)

REFUGEE GO HOME

Flüchtling, geh nach Haus! Wenn er es könnte, würde er es tun.

173.3 Ausländerfeindlich – ausländerfreundlich

Sachregister – Begriffserklärungen

Ackerbau 62
Nutzung von Land durch Anbau von Kulturpflanzen, z.B. Kartoffeln, Weizen
Äquator 16
längste Umfangslinie der Erde, Länge von rund 40 000 km, teilt die Erde in eine Nord- und eine Südhalbkugel
Arbeitssuchende 166
Menschen, die eine Tätigkeit suchen, um den Lebensunterhalt für sich und ihre Familie zu verdienen
Artgerechte Tierhaltung 54, 55, 57
Ställe mit Auslauf, Pflege der Tiere
Astronaut 10
Teilnehmer an einem Raumfahrtunternehmen, in Russland als Kosmonaut bezeichnet
Asylbewerber 167,168
verfolgte Person, die Schutz in einem anderen Staat sucht
Auto 78, 80, 82

Balkendiagramm 161
Bauernhof 52, 58
Bebenzentrum 32
stärkste Erschütterung bei einem Erdbeben
Bodennutzung 62, 63
Einteilung einer landwirtschaftlich genutzten Fläche in Ackerland, Weideland, Wald
Bodenschätze 84
Vorkommen von Rohstoffen (Erze, Salze, Erdöl und Steinkohle)
Breitenkreise 16
parallel zum Äquator verlaufende Kreise um die Erde, geben die geographische Breite vom Äquator (0°) bis zu den Polen (90°) an

Chemische Industrie 70
wandelt natürliche Rohstoffe um und stellt künstliche Rohstoffe her
Deichbau 42
Maßnahme zum Schutz gegen Hochwasser durch Aufschüttung eines Dammes
Diagramm 160
Darstellung von Zahlen in einer Zeichnung, um sie leichter vergleichen zu können
Dienstleistung 65, 66, 89
Tätigkeit, die nicht auf die Herstellung von Waren ausgerichtet ist

Erdbeben 32, 33, 35
Erschütterung der Erdoberfläche, die von einem Zentrum in der Erdoberfläche ausgeht
Erdkern 39
Erdkruste 39
Erdmantel 39
Erdumfang 7
Erholungsgebiet 102
siehe auch Urlaub
Eskimo 26
Bevölkerungsgruppe der nordamerikanischen Arktis von Alaska bis Grönland und NO-Sibirien
Europäische Union (EU) 128,158
Zusammenschluss von 15 Staaten in Europa, Ziel: enge wirtschaftliche, kulturelle und politische Zusammenarbeit

Fahrzeugbau 78
Flüchtling 166,167,168
Person, die wegen Verfolgung, Krieg oder aus politischen Gründen die Heimat verlassen muss
Flughafen 88
Forstwirtschaft 62
Teilbereich der Landwirtschaft, der sich mit Nutzung, Pflege und Aufbau des Waldes beschäftigt

Genussmittel 50
Produkte, die wegen des Geschmacks oder der anregenden Wirkung genossen werden wie Gewürze, Kaffee, Tee, Schokolade
Gesichtsfeld 15
Teil eines Raumes, der ohne Kopf- oder Augenbewegung wahrgenommen werden kann
Gitternetz 16
Quadratnetz in topographischen Karten, ermöglicht das genaue Eintragen und Auffinden von Orten. Die einzelnen Quadrate sind meist mit Buchstaben und Zahlen versehen.
Globus 6, 16,17
Kugelmodell der Erde und von anderen Himmelskörpern
Gradnetz 16
besteht aus gedachten senkrecht aufeinander stehenden Breiten- und Längenkreisen, dient zur Ortsbestimmung auf der Erde
Großlandschaft 106
Grünlandwirtschaft 62
landwirtschaftliches Betriebssystem, das zur Futtergewinnung dient

Hauptstadt 92, 140,152
Himmelsrichtung 14
Hüttenwerk 68
Anlage, in der aus Erz (z. B. Eisenerz, Kupfererz) das Metall ausgeschmolzen wird

Industrie 65 ff., 84,139, 142

Jahreszeit 108,112

Karte 18,19
eine im Maßstab verkleinerte und vereinfachte Abbildung der Erdoberfläche
Kinder 28
Klima 108,110,119
Wettergeschehen im durchschnittlichen Jahresverlauf in einem Gebiet, das man über längere Zeiträume beobachtet
Klimadiagramm 110
stellt die Monatsmitteltemperaturen als Kurve und die Monatssummen der Niederschläge als Säulen dar
Klimazonen 123
gürtelartig auf der Erde angeordnete Gebiete mit typischen Klimaten, sind durch unterschiedliche Sonneneinstrahlung (Temperaturzonen) und die Windsysteme bedingt
Kohle 66
fester Brennstoff, der vorwiegend aus abgestorbenen Pflanzen unter Luftabschluss und Druck der darüber liegenden Schichten umgewandelt wurde
Kompass 15
für Kapitäne, Piloten und Landvermesser wichtiges Instrument, um die Himmelsrichtung zu bestimmen

Kontinent 12
die großen Landmassen der Erde
Kreisdiagramm 161
Kulturstadt 90
von der Europäischen Union jedes Jahr vorgeschlagene Stadt mit besonderen kulturellen Veranstaltungen (Konzerte, Theater- und Filmvorführungen, Ausstellungen)
Kurvendiagramm 161
Küstenschutz 42

Landklima 120
heiße Sommer, kalte Winter, geringe Luftfeuchtigkeit, geringe Bewölkung, große Temperaturunterschiede zwischen Tag und Nacht im Innern großer Landmassen
Landschaftsgürtel 120
Landschaftsschutzgebiet 94
Landwirtschaft 49, 138, 158
Längenkreise 17
gedachte Linien, die senkrecht zum Äquator stehen und durch die Pole gehen
Liniendiagramm 161
Luftfrachtverkehr 88

Magma 31, 39
Gestein, das im oberen Erdmantel und in der Erdkruste aufgeschmolzen wird.
Marktrecht 86
Meridian 17
andere Bezeichnung für den Längenkreis innerhalb des Gradnetzes
Messestadt 86, 87
Migration 173
Wanderungsbewegung einzelner Bevölkerungsgruppen oder Völker
Mittagslinie 17
Mittelmeerklima 118, 120
Klima mit trockenen, heißen Sommern und milden, feuchten Wintern
Mitternachtssonne 114, 115
die zwischen den Polen und den Polarkreisen stets sichtbare Sonne (Polartag)
Müll 77
Mustermesse 86

Nadelwald 115
Pflanzengemeinschaft, in der Nadelbäume vorherrschen
Naherholung 94
Nahrungsmittel 50, 158
Nationalpark 44
steht unter strengem Naturschutz mit weitgehenden Nutzungsverboten, geeignete Erholungseinrichtungen sind zugelassen
Naturpark 94
ein in sich geschlossener größerer Landschaftsbereich, der sich durch Schönheit und Erholungswert auszeichnet und daher gesetzlich geschützt wird
Naturschutzgebiet 94
Nordhalbkugel 12

Ökobauernhof 56
Ökologischer Anbau 54, 57
Ozean 12

Pass 130
Übergang über einen Gebirgskamm an einer vergleichsweise niedrigen Stelle

Pendler 80
Arbeitnehmerinnen/Arbeitnehmer, die täglich große Strecken zum Arbeitsplatz zurücklegen
Planet 10
Himmelskörper, der sich in einer Umlaufbahn um die Sonne bewegt
Polartag 115
Zeitraum, in dem die Sonne nördlich oder südlich der Polarkreise nicht untergeht
Polarnacht 115
Zeitraum, in dem die Sonne nördlich oder südlich der Polarkreise nicht über den Horizont geht

Sandkasten 47
Säulendiagrammm 160
Seebad 97
Seeklima 116, 120
vom Meer beeinflusstes Klima mit ganzjährigen hohen Niederschlägen, kühlen Sommern und milden Wintern
Sonderkultur 62
landwirtschaftliche Güter, die nicht zu den Grundnahrungsmitteln gehören, z.B. der Wein
Spitzentechnik 138
deutsche Bezeichnung für Hightech
Stahl 66, 68
Standortfaktor 84
Steinkohlenbergwerk 66
Sturmflut 40, 41
ungewöhnlich hohes Ansteigen des Wassers an Meeresküsten
Südhalbkugel 12

Tabelle 160
Tortendiagramm 161

Übergangsklima 120
Urlaub 58, 94, 96, 98, 100

Vegetation 119
Gesamtheit der Pflanzen, die ein Gebiet bedecken
Vegetationszone 119
Verkaufsmesse 86
Verkehrsweg 125, 130
Vulkan 31, 34
Stelle auf der Erde, an der glutflüssiges Gestein austritt

Walzwerk 68
Anlage, in der Metallblöcke zu Blechen verarbeitet werden
Wanderungsbewegung 165, 172
siehe unter Migration
Wattenmeer 44, 45
Küstensaum an der Nordseeküste, der zweimal täglich vom Meer überflutet wird und danach wieder trockenfällt
Weltall 10
Weltstadt 145
Stadt mit großer Einwohnerzahl, kulturelles und wirtschaftliches Zentrum
Wetter 109
der augenblickliche Zustand in der Atmosphäre an einem Ort (Regen, Sonne, Kälte)
Windrose 14
zeigt die Himmelsrichtungen an
Wintersport 101
Wohnort 23

Bildquellenverzeichnis

Titelfoto: Kiel (Deutsche Luftbild, Hamburg)

Action Press, Hamburg: 20.2, 164.2
airport Köln-Bonn: 88.1
AJD, Bonn: 62.3
Astrofoto, Leichlingen: 11.2
Atlanta Handelsgesellschaft, Bremen: 50 (oben links), 51 (oben links), 51 (oben Mitte), 51 (oben rechts)
Barth, Wißgoldingen: 43.1
BASF, Ludwigshafen: 71.1
Bavaria, Gauting: 24.1 (Messerschmidt), 25.1 (Knight), 50 (oben rechts), 50 (oben Mitte), 81.4 (Holtappel), 122 (Mitte links) (Guy Marche), 136.2 (Nägele), 137.1 (Guy Marche), 147.3 (Tessore)
Behr, Hermannsburg: 118.2
Binder, Stadthagen: 76.3
Birkhahn & Nolte: 42.2
Cloeren, Düsseldorf: 118.1
CMA, Bonn: 62.4
Cramm, Langenhagen: 133.1, 136.1
Daimler Benz Aerospace Airbus GmbH, Hamburg: 162.1, 162.2, 162.3
Deutsche Luftbild, Hamburg: Titelfoto, 40.1(1), 40.1(2)
Deutsche Messe AG, Hannover: 87.1, 87.2
Deutsche Presse-Agentur, Frankfurt am Main: 21.2, 28.1 (Agence France), 28.3 (Pressens Bild), 30.1, 32.1, 33.1, 33.2, 91.2, 125.1, 126.1, 132.1, 159.1, 164.1
Deutsche Renault AG, Brühl: 157.2
Eggert, Waldesch: 47.1, 47.2, 47.3, 47.4
Ertel, Dortmund: 172.3
Fiat Automobil AG, Frankfurt: 147.1
Fiedler, Güglingen: 34.2
Fischer, Oelixdorf: 20.1, 23 (oben), 52.1, 54.1, 56.1, 60.1, 94.1, 149.1, 150.1, 150.2, 151.1, 152.1(1), 152.1(2), 153.1, 153.2, 168.2, 169 (4 Fotos)
Focus, Hamburg: 21.1
Fremdenverkehrsamt Seefeld: 100.1 (unten rechts)
Fremdenverkehrsamt Wolkenstein: 100.1 (oben)
Geo-Media-Archiv Bronny, Castrop-Rauxel: 115.1, 122 (oben rechts)
GEOSPACE, Beckel-Satellitenbilddaten, Salzburg: 11.1
Gerber, Leipzig: 98/99 (6 Fotos)
Gerst, Empfingen: 139.3
Gerstenberg, Wietze: 143.2
Gesamtverband des deutschen Steinkohlenbergbaus, Essen: 66.1, 66.2, 67.1(1), 67.1(2)
Geyer, Köln: 62.6, 100.1 (unten links), 101.1, 101.2
Grota, Hamminkeln: 151.3
Hafen- u. Verkehrsbetriebe der Landeshauptstadt Kiel: 124.2
Haversath, Gießen: 137.2
IFA, Taufkirchen: 48.2 (Gottschalk), 140.2 (Everts), 146.2 (Fiedler)
IMA, Hannover: 57.1, 62.1, 76.2, 158.4, 159.2

Interfoto, München: 80.1, 80.1 (Einklinker), 117.1 (TG), 123 (unten links), 142.1
Ittermann, Meschede: 49.1
Jansen, Klein Nordende: 140 (oben rechts)
Kleine, Harsewinkel: 62.5
Kobe, Steel: 83.1
Kommunalverband Ruhrgebiet (KVR), Essen: 69.1 (Schumacher)
Kost und Seidel, Münster: 90.1
Kurverwaltung Grömitz: 96.1, 97.1(1 + 2) (W. Jo Schmid, München), 97.2 (W. Jo Schmid, München)
Lade, Berlin: 117.2 (Krecichwost), 166.1
Leipziger Messe GmbH, Leipzig: 86.1, 86.2
Lichtblick, Berlin: 92.1
London Docklands Development Corporation: 145.2
Look, München: 27.1
Mangold, Ottobrunn: 124.1
Martin, Wiesbaden: 89.1
Mauritius, Berlin: 8.1, 49.2 (Rossenbach), 64.1 (Rosenfeld), 65.2 (Cotton), 128.1, 139.1 (Rosenfeld), 148.1 (Waldkirch), 148.2 (World P/Holt), 155.2 (Fiedler), 166.2 (Pigneter)
Mitsubishi Deutschland: 82.1
Müller, Olstykke: 26.3
Naturbild AG: 48.1
Nezthaut, Bochum: 69.3
Opel AG, Bochum: 156.1, 156.2
Pongratz, München: 15.2
Putzig, Itzehoe: 140 (oben links)
Raab, Wendelstein: 145.1
Raach, Merzhausen: 26.4
Reichert, Badenweiler: 81.2(1), 81.2(2)
Reinert, Reutlingen: 134 (oben rechts), 135 (unten rechts)
Richter: 122 (unten rechts)
Rohmeyer, Ottersberg: 15.1
RWE-DEA, Hamburg: 65.1
Schäfer, Hannover: 131 (links)
Schornick, Miehlen: 104.1
Seidel, Baden-Baden: 29.1, 29.2, 29.4
Stern, Hamburg: 73.1, 73.1 (Einklinker)
Superbild Bach, Grünwald: 50 (unten rechts), 51 (unten rechts), 140.3
Transdia, Kiel: 44.1 (Schmidtke),
Ueter, Düsseldorf: 165.1
UNHCR, Genf: 165.2
Vario Press, Bonn: 168.1
Verlagsarchiv: 6.1, 10.2, 18 (unten), 19 (unten), 26.1, 27.2, 35.1, 35.2, 76.1, 105.1, 114.1, 114.2, 114 (unten), 115.2, 123 (oben rechts), 123 (oben links), 123 (unten rechts), 131 (rechts), 146.1, 158.1(1), 158.1(2)
Volkswagen AG, Wolfsburg: 78.2, 79.1, 155.1, 157.1
Walther, Grömitz: 170.1
Wilhelmi, Bonn: 62.2
Wostok, Köln: 29.5
Zefa, Düsseldorf: 28.2 (Mug Shots), 29.3 (Pelaez)
Zeiß, Oberkochen: 11.3

Land	Code	Land	Code
Albanien 28 700 km² 3,4 Mio. Einw.	AL	**Malta** 320 km² 0,4 Mio. Einw.	M
Andorra 450 km² 0,07 Mio. Einw.	AND	**Moldau** 33 700 km² 4,4 Mio. Einw.	MD
Belgien 30 500 km² 10,1 Mio. Einw.	B	**Monaco** 1,9 km² 0,03 Mio. Einw.	MC
Bosnien-Herzegowina 51 130 km² 3,5 Mio. Einw.	BOS	**Niederlande** 40 800 km² 15,5 Mio. Einw.	NL
Bulgarien 110 900 km² 8,8 Mio. Einw.	BG	**Norwegen** 323 900 km² 4,3 Mio. Einw.	N
Dänemark 43 100 km² 5,2 Mio. Einw.	DK	**Österreich** 83 900 km² 8,0 Mio. Einw.	A
Deutschland 357 010 km² 81,6 Mio. Einw.	D	**Polen** 312 300 km² 38,4 Mio. Einw.	PL
Estland 45 100 km² 1,5 Mio. Einw.	EST	**Portugal** 92 400 km² 9,8 Mio. Einw.	P
Finnland 338 100 km² 5,1 Mio. Einw.	FIN	**Rumänien** 237 400 km² 22,8 Mio. Einw.	RO
Frankreich 544 000 km² 58,0 Mio. Einw.	F	**Russland** 17 075 400 km² 147,0 Mio. E.	RUS
Georgien 69 700 km² 5,5 Mio.	GO	**San Marino** 60 km² 0,03 Mio. Einw.	RSM
Griechenland 132 000 km² 10,5 Mio. Einw.	GR	**Schweden** 450 000 km² 8,8 Mio. Einw.	S
Großbritannien und Nordirland 244 100 km² 58,4 Mio. Einw.	GB	**Schweiz** 41 300 km² 7,2 Mio. Einw.	CH
Irland 70 300 km² 3,6 Mio. Einw.	IRL	**Slowakei** 49 000 km² 5,4 Mio. Einw.	SK
Island 103 000 km² 0,3 Mio. Einw.	IS	**Slowenien** 20 300 km² 1,9 Mio. Einw.	SLO
Italien 301 300 km² 57,2 Mio. Einw.	I	**Spanien** 506 000 km² 39,8 Mio. Einw.	E
Jugoslawien 102 170 km² 10,8 Mio. Einw.	YU	**Tschechische Republik** 78 880 km² 10,3 Mio. Einw.	CZ
Kroatien 56 500 km² 4,5 Mio. Einw.	HR	**Türkei** 774 800 km² 61,9 Mio. Einw.	TR
Lettland 64 600 km² 2,6 Mio. Einw.	LV	**Ukraine** 603 700 km² 51,2 Mio. Einw.	UA
Liechtenstein 160 km² 0,03 Mio. Einw.	FL	**Ungarn** 93 000 km² 10,1 Mio. Einw.	H
Litauen 65 200 km² 3,7 Mio. Einw.	LT	**Vatikanstaat** 0,44 km² 300 Einw.	V
Luxemburg 2 600 km² 0,4 Mio. Einw.	L	**Weißrussland** 207 600 km² 10,1 Mio. Einw.	BY
Mazedonien 25 710 km² 2,2 Mio. Einw.	MK	**Zypern** 9 250 km² 0,7 Mio. Einw.	CY